호모 테크니쿠스
기술 · 환경 · 윤리

호모 테크니쿠스

기술·환경·윤리

양명수 지음

한국신학연구소 · 1995

머리말

호모 테크니쿠스 곧 기술인의 장래는 어떻게 될 것인가?

우리 민족은 날로 거대해져 가는 기술의 영향력을 어떻게 다루어야 할 것인가?

20세기 말에 사는 인류에게 가장 중요한 문제는 기술문명을 어떻게 할 것인가 하는 문제다. 문화와 문명을 나누는 사람들도 있지만, 그렇게 할 필요도 없이 기술은 단순히 물질생산뿐 아니라 정신생활까지 지배하고 있기 때문이다. 기술은 경제라고 하는 하부구조뿐 아니라 정치, 도덕, 종교 따위의 상부구조에까지 깊숙히 들어가 있다는 말이다.

그것은 단순히 하부구조가 상부구조를 결정히는 식이 아니라, 어느 것이 먼저라 할 수 없게 두 구조에 같이 영향을 주어 왔다. 기술적 세계관이 기술적 생산방식을 가져 온 것이며, 거꾸로 기술적 생산방식이 기술적 세계관을 가져온 측면도 있다. 중요한 것은 기술이 단순히 물질생산만이 아니라는 것이다. 그리고 바로 그 문제 때문에 오늘날 기술에 대한 전면적인 검토와 비판이 생각있는 모든 사람들의 주제가 되는 것이다.

오늘날 모더니즘과 포스트모더니즘 논쟁도 알고 보면 기술이 일으킨 문화 효과를 둘러싼 논쟁이라 할 수 있다. 그리고 오늘날 상징이 다시 중시되고, 철학이 언어철학으로 되어가는 것도 기술의 상상력을 어떻게 평가할 것인가? 하는 문제와 연관되어 있다. 그래서 서양 특히 유럽에서는 기술 자체를 주제로 삼는 기술철학 또는 기술신학이 상당히 진지하게 논의되고 있다.

우리 나라에서도 모든 현실 문제에 깊이 있게 들어가 보면 기술문제를 짚고 넘어가지 않을 수 없다. 환경문제는 말할 것도 없고, 인권문제, 민주주의의 발전과 위기의 문제, 경영의 합리화 문제, 신세대 문제, 가치관의 혼란문제, 종교문제에 이르기까지 기술이 그 속에 숨어 있다. 다만 그것을 밝혀내고 처방할 기본 개념들을 갈고 닦는 기술철학이나 기술신학이 제대로 논의되고 있지 않아 딱하다.

이 책은 그 면에서 공헌하고자 한다. 그래서 오늘날 우리 나라 학계에서 흔히 하는 것과 달리, 기술문제를 환경문제를 얘기하기 위한 서론 정도로 다루는 것이 아니라 기술의 정체를 본격적인 주제로 삼는다. 다시 말하면 '기술이란 무엇인가' 하는 것이 이 책을 꿰뚫는 일관된 관심이다. 그것은 두번째 논문의 주제이지만 사실 이 책 전체의 주제다. 기술이 무엇인지 알면 우리 민족이 어떻게 주체적으로 미래를 이루어 나가야 할지 알게 될 것이기 때문이다.

그 문제에서 가장 강조하려 했던 것은 기술이 단순히 경제개발의 도구가 아니라 하나의 세계관이요, 정신이라는 점이다. 기술은 사람 중심의 세계관을 확립한 장본인이다. 기술이 곧 사람 중심의 세계관이다. 그 점에서 그것은 문화의 본질이요, 인간화의 주축이다. 그 인간화는 권위의 중심이었던 신의 인간화부터 시작되었다. 신의 인간화를 통해 인간의 인간화를 이룩하고자 했다. 신의 인간화란 서양의 이야기 같지만 사실 신성한 것의 해체라는 점에서 봉건사회의 권위구조의 해체를 뜻하고 그 점에서 우리 사회하고도 밀접히 연결된다.

기술은 절대신의 인간화라는 초월성의 이동 연장선상에서 모든 성스러운 것의 세속화, 신성한 것의 비신성화를 통해 사회제도를 민주화하며 인권을 확립하는 데 결정적인 역할을 한다. 초월성의 변화와 함께 그런 문제가 발생한다는 점에서 기술은 신학의 문제가 된다. 이 문제는 첫번째 논문의 주제지만 역시 이 책 전체를 통해 늘 강조하려고 했다.

　　기술을 두고 이런저런 평가를 많이 하지만 그것이 사람 중심의 세계관으로 인간화를 이룩하고 인권의 발전에 이바지했다는 점에서 상당히 중요한 공헌을 했고 지금도 그러함을 부인할 수 없다. 이 책에서 특별히 이 점을 짚고 넘어가려 했던 것은 우리 나라 상황을 고려해서다. 서양에서는 오랜 수백 년 동안 기술이성이 실천이성(건전한 도덕양심)과 짝을 이루어 이룩한 인간해방을 체험하였다. 그 둘은 서로 뗄 수 없는 관계다. 기술이성은 자신의 풍요를 분배하고 갈 길을 잡아 준 실천이성을 요청하였고, 실천이성은 기술이성의 도움을 받아 자신의 이상을 구체적으로 실현할 수 있었다.

　　그러나 우리 나라는 오직 기술을 경제개발의 도구로만 생각했기 때문에 기술이성이 한 사람을 목적으로 삼는 실천이성과 공동작업을 이루지 못하고 물질지상주의로 빠지고 만 것 같다. 그것은 우리 나라 근대사의 실패와도 밀접히 연결되어 있다. 개인의 존엄성이나 시민 주체 형성이 이룩되지 않았으며, 초기의 자본형성 과정에서 민족자본이 아닌 매판, 독점, 관료 자본이 주도한 데 따른 결과이리라. 그 이후 정신의 근대화는 미진하고 어느 정도 물질의 양을 팽창시킨 결과가 되었다. 물론 60년대 이후 경제개발이 가져온 인권신장의 측면을 무시할 수 없다. 그러나 참된 의미에서 사람이 주체요 목적으로 여겨지는 정신이 없다면 돈과 권력이 판치는 불의하고 피곤한 사회가 될 수밖에 없다.

　　기술의 정신은 없이 기술의 물질 열매만 따먹으면 근대화를 이루지 못하고 21세기를 맞아야 하는 불안한 사회가 도래할 수밖에 없다. 21세기는 근대성을 넘어선 사회가 될지언정 전근대적인 사고방식으로는 민족의 번영을 장담할 수 없음을 명심해야 할 것이다. 그런 점에서 우리는 이 책에서 서양 사람들과 다른 관점을 찾곤 했다.

그들의 논의가 도움을 주었으나 우리 나라에 필요한 생각을 전개하려고 했다.

기술은 무조건 찬양하고 낙관적으로 보려는 태도하고는 거리가 멀다. 그래서 우리는 세번째 논문에서 다루는 엘륄 등의 혹독한 기술비판을 통하여, 기술이 일으킬수 있는 비인간화 요소를 배우고자 한다. 네번째 논문과 다섯번째 논문은 기술이 인간을 해방한 측면과 인간해방을 막을 수 있는 측면을 우리 나라 상황에서 고찰했다. 그렇게 함으로써 기술이 어떤 자기전환을 이루어야 하는지, 미래를 위한 새로운 세계관은 어떠한 것인지를 생각해 보았다.

내가 볼 때 기술문제의 핵심은 대상화(objectivation)다. 사람이 주체가 되기 위하여 자연을 대상화한 것이 기술의 핵심이다. 이 대상화는 거리두기(distanciation)하고도 통한다. 기술을 어떻게 평가할 것인가, 새로운 세계관은 어떤 것이 되어야 하는가 하는 문제는 이 대상화의 문제와 통한다. 대상화란 주체 대 객체의 관계를 이루는 작업이다. 그것은 한쪽에서 다른 쪽을 일방적으로 이용하고 지배하는 관계다. 그런 점에서 그것은 관계라고 할 수 없다. 상대방을 대상화하는 존재는 스스로가 대상화된다는 점에서 슬픔이다. 그러나 대상화는 타락한 인간이 어쩔 수 없이 거쳐야 할 해방의 과정이라는 것이 나의 결론이다.

가장 원숙한 관계는 주체 대 주체의 관계다. 그러나 죄로 말미암아 모든 관계가 단절된 세상 속에 사는 인간이 자기의 주체성을 찾는 몸부림이 대상화였을 것이다. 즉자적 관계(꼭 헤겔의 낱말이 아니더라도)는 영원한 소외다. 우리는 대상화를 거기서 깨어나는 방식으로 이해하려는 것이다. 그런 점에서 우리 나라로 치면 100년이요 서구로 치면 2-300년 간 기술문명이라는 해방의 실험을 전 인류가 한 것으로 보인다.

대상화를 통해 사람은 주체로 섰다. 그러나 이제 자연을 객체로 한 열매로 환경이 파괴되고 인류의 존립과 그 주체성마저 위협받게 되었다. 이제 사람은 자연과 주체 대 주체의 관계를 맺는 성숙함과 용기를 가져야 한다. 그러기 위해 자연을 상대로 보는 영성이 필요하다. 합리성만 가지고 해결될 문제가 아니다. '대상(對象)에서 상대(相對)로'. 그러나 대상은 상대로 가는 길이다. 사람의 주체 확립은 여전히 중요하다. 그런 점에서 우리는 기술을 적극적으로 긍정해야 한다. 그러나 이제 자연도 주체로 삼을 줄 알아야 한다. 그런 점에서 종래의 기술은 극복되어야 한다. 사람 중심을 포기하는 것이 아니라 자연도 사람처럼 보자는 것이다.

그런 생각이 6, 7, 8장에서 펼쳐져 있다. 그리고 마지막 논문에서는 위와 같은 관점에서 볼 때 포스트모더니즘이 어떤 점에서 우리 사회에 공헌할 수 있고 어떤 점에서 부적합한지 생각했다. 따로 발표한 글들을 묶은 것이기 때문에 되풀이 되는 얘기도 있지만 내가 무슨 말을 하려는지 독자들은 아실 수 있으리라고 믿는다. 생각의 과정에서 성서의 영성이 얼마나 큰 도움을 주었는지 모른다. 특히 몸으로 겪은 나와 세상의 죄의 문제가 기술을 이해하는 데 상당한 영감을 주었다.

우리 사회의 사회정의 문제에 관심하는 가운데, 그 한 부분으로 기술문제를 다룰 수 있게 된 것을 행복하게 생각한다. 책을 만드느라고 수고하신 한국신학연구소 여러분, 특히 채수일 박사님과 이정희 선생님께 감사한다. 그리고 유학생활에서 갓 돌아온 나를 여러 모양으로 격려했던 친구 강원돈 목사가 고맙고, 늘 조언을 주는 아내의 내조에 감사한다.

호모 테크니쿠스 · 목차

머리말 · 5

I. 기술과 세속화 · 15
  I. 들어가는 말 ·· 15
  II. 비신성화―세상의 주인인 사람 ······································· 18
  III. 세속화―삶과 세상에 대한 긍정 ···································· 24
  IV. 맺는말 ·· 31

II. 기술이란 무엇인가? · 33
  I. 들어가는 말 ·· 33
  II. 기술의 정의 ·· 38
  III. 비존재론적 성격과 새로움으로서의 윤리 ······················ 42
  IV. 몸, 구체성, 이세상성 ·· 47
  V. 대상화의 문제 ·· 52
  VI. 맺는말 ·· 56

III. 자끄 엘륄의 기술비판과 기술유토피아 · 59
  I.1 엘륄의 기술비판: 기술은 우상적 종교성이 되고 말았는가? ········· 64
  I.2 기술은 권력의지다 ··· 69
  I.3 기술의 자율성 문제다 ··· 71
  I.4 기술을 현대세계의 유일한 이데올로기로 본다 ············· 75
  II.1 기술과 유토피아 ··· 76
  II.2 기술, 다르게 될 가능성 ··· 79
  II.3 기술, 종말적 현실화 ·· 91
  II.4 맺는말 ·· 96

IV. 현대 기술산업사회에서의 새로운 문화윤리 · 101

I. 논점 101
II. 산업화는 사람이 역사주체가 되어 자기발전을 도모한
　거대한 시도다 105
III. 경제주의와 전체주의의 위험—'합리'와 '합당' 112
IV. '만들어' '냄' 으로써 '드러내는' 기술 121
V. 맺는말 125

V. 기술: 해방과 이데올로기 · 127

I. 기술의 양면성 127
II. 기술과 근대화 132
III. 기술의 이데올로기성 138
IV. 사실에서 진실로: 존재신비의 회복 145
V. 새로운 신학을 위하여 149

VI. 정당화와 환경문제 · 153

I. 산업사회의 윤리문제 153
II. 정당화 문제—합리성과 영성 157
III. 환경문제—'서로 해치거나 파괴하는 일이 없는 세상' 162

VII. 환경윤리의 원리: 자연의 인간화 · 167

I. 환경을 생각하는 기술 167
II. '인간의 자연화'가 아닌 '자연의 인간화' 169
III. 창조 이야기—'엉킴'에서 '더불어 삶'으로 175

VIII. 대상(對象)에서 상대(相對)로 · 183

I. 문제의 방향 183
II. 대상화: 해방의 과정 187
III. 새로운 과학 논의들—가이아 이론 비판 194
IV. 결론: 자연이 아닌 피조물 201

IX. 포스트모더니즘과 한국 사회의 윤리 · 205

I. 들어가는 말 205
II. 탈현대정신의 특징: 다름, 주체 제약, 탈역사 207
III. 우리 사회 윤리를 위해 219
   1. '네가 지나친 자기'가 아니라 '나 없는 자기'가 문제다 · 220
   2. 씨니피앙의 자율을 말하기엔 아직도 '뜻'의 확립이 중요하다 · 224
   3. 탈역사를 말하기엔 아직도 '역사의식'이 필요하다 · 227
IV. 맺는말 231

결론: 인권과 자연권 · 235

I. 인권: 인간중심과 세속화 235
II. 사람의 '권리': 인권과 기본권 238
III. '사람답게' 살 수 있는 권리 241
IV. 인권과 자연권 243

I
기술과 세속화

1. 들어가는 말

　　우리는 이른바 과학기술문화 속에서 살고 있다. 과학기술문화라 함은 그 문화의 가장 결정적인 요소가 과학기술이라는 것이다. 지금은 바로 그런 시대다. 우리 나라도 그러한 세계적인 추세와 무관하지 않게 하루가 다르게 과학기술문화 속으로 진입하고 있다. 과학기술은 일상생활의 모든 분야에까지 깊숙히 침투하여 상당히 일반화되고 있을 뿐 아니라 그 정신적인 영향력에서 보편적인 문화현상으로 간주되고 있다. 원래, 과학기술문화라는 낱말이 필요없이 기술 그 자체가 이미 문화를 가능케 하는 핵이다. 기술과 함께 사람은 자연의 순환으로부터 독립하여 문화를 창조한다. 사람의 손이 가해진 것, 인공적인 것, 그것이 문화이며 곧 기술이다. 거꾸로 말하면 기술은 아트(art)요, 아티피셜(artificial)한 것이며, 그것이 문화다. 그런 뜻에서 문화란 언제나 기술문화이다. 그리고 문화가 사람에게 고유한 것이라면 사람은 기술과 함께 사람이 된다. 여하튼 그러던 것이 17,8세기에 이르러서 기술이 과학과 결합하고 과학이 비약적인 발전을 했으며, 20세기 중반 이후에는 그 발전의 속도가 급격해지고 양적으로 대단한 팽창을 보이게 됨에 따라 분명한 문화 결정 요소로 부각되었고, 그래서 특별히 기술과학문화라는 이름을 붙이게 된 것이다.

　　우리는 여기서 기술에 대해 말할 것이다. 조금 전에 암시한 바와 같이, 역사적으로 볼 때 기술은 과학에 앞선다. 합리적이고 분석적인 탐구로서의 과학 이전에, 자연에 파묻혀 반복적 순환에 순응하지 않고, 그것을 대상화시켜 놓고(대상화는 순환의 단절이다) 모종의 힘을 가하려는 기술이 있다. 그것은 합리적이기 이전에 본능적이다. 그 점에서 기술은 과학보다 더 원천적이며, 과학을 포괄하는 폭넓은 개념이다.[1] 과학이 기술에 의해 극복되는 것, 그것이 현시대의 과제다.

    기술이 신학적 고찰의 대상이 되는 이유는 그것이 문화현상으로서의 자리를 굳혔기 때문이다. 종교란 언제나 그 시대의 문화의 틀 속에서 성립되는 것이고, 신학이란 그 시대의 상징체계, 곧 그 시대의 문화언어를 가지고 초월성을 표현하는 것이며, 그런 뜻에서 신학은 언제나 문화신학이라면 오늘날의 신학이 기술문제를 고찰의 대상으로 삼는 것은 당연하다고 하겠다. 기술이 문화현상이 되었다는 말은 그것이 물질에 국한되지 않고 정신을 형성하고 있다는 말이다. 기술의 핵심은 그것이 만들어 내는 생산품에 있는 것이 아니라 생산과정을 형성하는 정신 곧 영성에 있다. 그러므로 그것은 철학적인 문제요, 신학적인 문제다. '기술' 하면 흔히 기계를 연상하지만 기계보다는 그 기계를 만드는 '생각'이 기술이다. 그러므로 기계 없는 기술이 얼마든지 있다. 기술관료라고 하는 것, 그것은 행정기술이다. 행정을 과학적이고 기술적으로 한다는 말이다. 그밖에 농업기술, 노무관리기술, 사랑의 기술 등 흔히 볼 수 있는 말들은 기술이 꼭 기계와 관련된 것은 아님을 말해 준다. 그런 행위들을 꾸려나가는 생각이 기술이다.

    그런데 그러한 생각 뒤에는 일정한 세계관이 깔려 있으므로 기술이란 사실 세계관의 문제다. 사람이 이 세상을 어떻게 보느냐 하

---

[1] 기술의 정의에 대해서는 이 책에 실린 논문 "기술이란 무엇인가?"를 참조.

는 문제라는 말이다. 때문에 그것은 철학적 문제다. 그러므로 기술에 대한 고찰은 곧 기술적 세계관에 대한 고찰이다. 뿐만 아니라 그 세계관은 언제나 모종의 초월이해와 연결되어 있으므로 신학적 문제가 된다. 그러므로 만일 근대 이후 기술적 세계관이 문화의 추진력으로 '새롭게' 부각되었다면, 그것은 분명 '새로운 초월성'을 요구한다. 다시 말하면 초월성의 이동이 일어난다는 말이다. 그러한 초월성 이동의 현실을 밝히고 때로는 그것을 예언자적으로 이끌어야 할 과제가 신학에 있다는 것은 두말할 나위가 없다. 이론이란 항상 현실을 '설명'하는 기능과 현실을 '바꾸는' 기능을 같이 수행하기 때문이다.

우리 사회는 이미 고도의 산업화를 추진하면서 기술이 가져오는 물질적 열매를 향유하고 있다. 물질로서의 기술은 이미 우리의 삶을 형성하고 있다. 거기에 따라 기술적 세계관도 우리 사회를 기웃거리며 분명 한 발을 들여놓았다. 그런데 그것은 개항 이후 지금까지 우리 민족에 의해 주체적으로 이루어진 것이 아니다. 아무 대비 없이 수입된 것이다. 거기에 문제가 있다. 이제 석어노 한 발을 마저 들여놓을 것이냐, 아니면 들어와 있는 한 발마저 빼낼 것이냐 하는 것은 우리가 주체적으로 해결해야 한다. 그것을 위해 기술철학이나 기술신학에 대해 깊이 있고 활발한 토론들이 이루어져야 하리라고 믿는다. 사실 요즘은 활발히 진행되고 있는 동양사상이나 우리 사상에 대한 연구는 기술적 세계관을 겨냥한 것으로 발전될 소지가 크다는 점에서 기술철학이나 기술신학에 대한 토론의 문이 이미 열렸다고 볼 수 있겠다.

그러한 문제의식을 염두에 두고 오늘의 이야기를 풀어 나가기로 하겠다. 결론부터 말해서 기술발전이 신학에 준 도전이란 것은 '사람의 사람됨', 즉 휴머니티를 전면에 내세우면서, 그것이 인간중심주의적 교만으로 가면 안되겠다는 것이다. 그것은 다음의 비슷한

두 명제와 직결된다. 즉 기술은 세속화를 부추겼지만 세속주의에 빠지면 안되겠다는 것, 또는 사람이 꾸려 나가는 역사를 전면에 부각시켰지만 역사내재주의에 빠져서는 안되겠다는 점 또한 분명히 가르쳐 주고 있다. 오늘날 테크놀로지가 가져온 병폐는 바로 인간중심주의적 교만, 세속주의, 역사내재주의의 결과다. 그런 것들은 사실 초월을 상실한 것들이다. 그러나 기술문화는 원래 초월의 상실을 가져오기보다는 초월의 이동을 가져온다고 봐야 한다. 그것이 초래할 수 있는 여러가지 부작용에도 불구하고, 기술은 먼저 사람과 역사와 세속(이 땅)의 가치를 새롭게 함으로 인간해방을 가져온다는 점을 간과해서는 안된다. 지금 우리에게는 그 점에 대해 공감대를 형성하는 것이 무엇보다 중요하다고 생각된다. 그러한 인간해방의 측면을 비신성화와 세속화, 두 관점을 중심으로 풀려고 한다.

II. 비신성화—세상의 주인인 사람

비신성화란 하느님이 아니면서 하느님인 체하고 있는 모든 것을 쳐부수는 작업을 가리킨다. 그것은 신성(the sacred)의 종교성을 몰아내는 것이다. 우리는 일단 이렇게 말하자: "하느님은 거룩하시나(holy) 신성하지는 않다." 구태여 이렇게 '거룩'과 '신성'을 구분하는 것은 종종 그리스도교 신앙이 거짓 종교성에 의하여 잠식당하기 때문이다. 신성이란 말하자면 우상적 혹은 아편적 종교성이다. 한편 그러한 구분은 뒤르껭학파에서 루돌프 오토 그리고 미르치아 엘리아데에 이르기까지 모든 종교에 공통되는 것이라고 밝혀놓은 종교성(le sacré)에 대한 그리스도교 쪽에서의 비판이기도 하다.

기술은 비신성화에서 시작된다. 또는 비신성화를 수반한다. 바로 그 때문에 기술과학문화가 비종교적 사회를 만드는 것처럼 보인다. 그러나 그것은 새로운 종교성, 또는 하느님을 요청하고 있는 것이다. 토마스 쿤의 말을 빈다면 이른바 세계관의 전환에 따른 종교적 패러다임의 전환이 요청된다고 할까? 기술이 가져온 현상이다. 물론 어느 시대에나 반동이 있다. 종교적 패러다임의 전환이 갑자기 이루어지지는 않으며 따라서 신성한 종교성이 아직도 판을 치고 그것에 의한 교회가 부흥할 수도 있다. 그러나 대세는 기울었다. 우리나라도 기술적 세계관과 함께 새로운 종교성 역시 같이 한 발을 들여놓았다. 그러나 그 길로 계속 진척시킬 것이냐 하는 것 역시 우리의 손에 달린 것이다. 그리고 그것은 비단 교회의 문제일 뿐 아니라 우리 사회가 민주적이고 개방적인 사회로 발돋음하느냐, 전체주의적이고 폐쇄적인 사회로 회귀하느냐 하는 것과 관련된 것이다.

　　기술은 자연에 대한 비신성화에서 시작된다. 자연으로부터의 해방, 그것이 기술의 시작이다. 자연은 그 자체로 신성화되어서는 안된다. 자연으로부터 일단 거리를 두는 것, 그것이 도구를 만드는 인간의 정신이다. 자연스러움으로부터의 일탈, 그것이 성서에서 말하는 은혜의 세계인 것을 기억하자.[2] 테크놀로지 정신이란 처음부터 성서의 창세기적 창조신앙과 밀접히 연관되어 있는 것이다. 자연신에서 해방되어 자기를 둘러싼 '환경'을 '세상'으로 만들어 자기 실현의 장소로 삼는 것, 그것이 호모 테크니쿠스(homo technicus)이다. 그때부터 세상은 사람의 세상이 된다. 즉 사람이 세상의 주인으로 우뚝 선다. '현실'(reality)은 사람의 자기 '실현'(realization)의 터다. 자기실현이 가장 원초적이고 명백한 리얼리티로 등장한다. 사람이 주인이다.

　　학자들이 말 혹은 언어를 가장 최초의 기술로 꼽는 것도 기술의 그러한 특징 때문이다. 사람은 말을 가지고 사물에 이름을 붙임

---

[2] 이 점에 대해서는 특히 D. Bonhoeffer, Ethik, München, 1988(1949), pp. 152이하를 참조.

으로써 자연에 파묻혀 있는 즉자적 관계에서 벗어난다.[3] 즉 개념을 통해 사람은 개별적인 사물을 그것 자체로 보지 않고 보편적인 것을 통해 본다. 어떤 나무를 볼 때 동물과 달리 사람은 '나무'라는 개념을 통해 본다. 그 개별적인 모습이나 그 색깔이 어떠하든지 그것이 나무인 한 나무라는 개념을 통해 조명된다. 개별성으로부터 보편성으로의 자유요, 보편화시킬 줄 아는 것, 그것은 일단 인간의 위대성이다. 언어는 최초의 기술이다. 기술은 그처럼 자연에 대한 즉자적 관계로부터의 해방이라는 측면을 가진다. 그것이 해방인 까닭은 사람이 전면 부각되기 때문에 해방이다. 자연의 순환 속에 휩쓸려 무시무시한 신비(mysterium tremendum)로서의 자연을 섬기는 행로에서 벗어나 사람이 자연에 '대한' 주체로서 등장하는 것이므로 해방이다. 사실 아놀드 겔렌이 말하는 대로[4] 기술의 시작이 '대상화'로 설명된다면 그 대상화란 사람이 자연에 대해 거리를 두고 자연에 대해 자기의 힘을 내뻗어 보는 작업이다. 보편화라는 것도 그러한 대상화 작업의 하나로서 자연적으로 주어져 있는 개별사물들을 보편 개념하에 통합하여 질서지우는 것으로, 말하자면 인위적이며 인공적인 것이다. 사람의 손이 갔다는 말이다. 기술이다.

그러므로 기술과학이 근대에 들어서면서 데카르트 이후의 관념론 전통을 바탕으로 크게 발전하게 된 것은 우연한 일이 아니다.[5] 의식철학 또는 반성철학은 기술적 세계관과 밀접히 연관되어 있는 것이다. 그것은 대상화, 보편화, 개념화를 중심으로 이루어진다. 거기서는 인식 주체로서의 사람과 인식대상으로서의 세상을 갈라놓는다. 이른바 주객도식의 대상화 작업이 수행되는 것이다. 그러나 그

---

3) 성서의 창조신앙에 모든 만물에 이름을 붙이는 작업이 있음을 기억하라.
4) A. Gehlen, Die Seele im technischen Zeitalter, Sozialpsychologische Probleme in des industriellen Gesellschaft (Hamburg), 1957, p. 23.
5) J. Ladrière, La science, Le monde et la foi (Tournai, 1972), pp. 96-98.

러한 주객도식에서 부각되는 것은 언제나 주체다. 객체 그 자체란 알 수도 없을 뿐더러 처음부터 존재하지도 않는다. 주체에 '대한' 객체, 인식 주체의 틀을 거친 객체, 주체의 도장이 찍힌 객체만이 존재한다. 이에 사람은 세상의 창조자로 등장한다. 생각이 존재에 앞선다(데카르트). 인식은 경험으로부터(aus) 생기는 것이 아니라 오성의 선험적 종합능력에 의해서 생긴다. 즉, 인식의 주도권은 주체에게 있다(칸트). 현상이란 사람에 대한 의미물음으로만 존재한다 (훗설). 중요한 것은 인식 주체인 사람이다. 인간의 의식, 대상을 반성하는 과정에 관심하게 된다. 그래서 의식철학이요, 반성철학이다. 철학은 이성에 대한 연구, 즉 이성비판이 되며 인식론 위주의 철학이 된다. 모든 존재물음은 의미물음으로 된다. 그것이 선험철학이 되는 것도, 경험의 세계 즉 대상의 세계로부터 독립해 사람에게 고유하게 있는 반성구조를 말하려는 것 때문이다. 세상을 세상 되게 하는 주체로서 사람을 세우는 것, 거기에 서구 근대정신을 형성하는 관념론의 세계관이 있는 것이다. 거기서 항상 반성(reflexion)이 문제되는 한, 즉자적으로 비치는 1차적 자연이란 없고, 있지도 않으며 언제나 2차적 자연 즉 사람을 통해 '되'비치는 자연, 다시 말하면 '인공적' 자연이다. 바로 기술적 세계관과 연결되는 것이다.

　다시 한번 말해 두자. 기술은 그 발단에서 보든, 근대 이후 확고히 문화결정 요소로 등장한 시기를 통해서 보든, 사람을 세상의 주인으로 전면 등장시키는 정신과 관련되어 있다. 그리고 거기서는 언제나 자연을 2차적 자연으로 보기 때문에 막스 베버가 근대정신과 연결시켜 말하는 자연의 비마술화와 병행된다. 즉 자연의 비신성화이다. 물론 비마술화와 비신성화는 같은 개념은 아니다. 베버에게서 비마술화는 합리화를 말하지만 비신성화는 꼭 합리화는 아니다. 오늘날에도 계속 수행되는 비신성화는 어떤 의미에서 합리성, 즉 이성에 대한 비신성화이다.[6] 그러니까 비마술화는 비신성화의 근대적인 한 단계였다고 보면 된다. 어떻든, 여기서 말하는 자연의 비신성화란 자연뿐 아니라 우리 주위에 자연스럽게 신성한 것으로 자리잡고 있는 모든 것의 비신성화를 말한다. 예를 들자면 정치적 권력, 도덕적 가치, 신분적 계층 따위이다. 다시 말하면 일상적인 것들의 비신성화도 포함한다는 말이다. 실제로 근대 기술의 발전은 그런 것들을 둘러엎으며 발전했다.[7] 말하자면 커다란 사회변동을 수반했다는 말이다. 토마스 쿤이 『과학혁명의 구조』에서 말하는 것도 그것이다. 즉 사람의 세계관이 바뀌면서 지금껏 옳다고 여겨져 왔던 과학공식이 바뀌고, 과학의 발전은 그처럼 정상과학을 뒤엎는 과학혁명에 의해 이루어진다는 것이다.[8] 비신성화 과정에서, 일상적으로 받아들여졌던 모든 것이 뒤집어지면서 생기는 가치관의 혼란은 새로운 세상 창조를 위해 필수적이다. 과학기술의 발전은 지금껏 우리가 당연히 (자연스럽게) 받아들인 것에 대해 의문을 제기함으로 기존 권위에 도전한다. 기술은 하느님이 아니면서 하느님인 체 신성한 모습을 하고 자기정낭화를 하려는(의롭게 하시는 이는 오직 하느님에도 불구하고) 모든 것에 물음표를 붙인다. 비신성화한다.

    신성한 종교성에서의 신은 사람으로부터 저 멀리 떨어져 있다. 사람과 분리되므로 신성하게 된다. 거기에서의 초월성은 분리에서 나오는 초월성이요, 신은 사람과 반대되는 위치에 있다.

---

6) 베르그송, 엠마누엘 레비나스의 합리성 비판, 그리고 쟈끄 데리다의 로고쌍트리즘(Logocentrisme) 비판을 기억하라. 사실 레비나스의 중심 개념인 외향성(extériorité), 무한(Infini), 타자성(altérité) 그리고 데리다의 중심 개념인 차연(différance) 등은 합리성으로 포착되지 않는 삶의 현실을 밝히려는 것들이다. 즉 합리성 비판 특히 관념론의 핵심인 선험적 합리성에 대한 비판이다. 그것이 또한 탈현대주의의 중심 요소이기도 하다.
7) J. Ellul, La technique ou l'enjeu du siècle(Paris, 1990(1954)), pp. 45-46.
8) T. Kuhn, The structure of scientific revolution, 특히 10장을 보라.

그러나 그렇게 해서는 사람이 살 수 없다. 신과 분리되어 반대되는 구도 속에서 사람은 생명을 유지할 수 없다. 그래서 살아남기 위해 사람은 신을 끌어내린다. 그리하여 신과 사람은 혼동이 된다. 분리는 혼동을 낳는다. 따라서 분리는 초월인 것 같아도 사실 거기에는 초월이 없다. 역사가 신성을 띠는 역사주의(역사진보주의, 역사내재주의)에서는 이 혼동의 구조 속에서 신이 인간에 먹히지만, 자연이 신성을 띠는 자연주의의 경우에는 사람이 신에게 먹힌다. 거기서는 사람이 역사의 주인으로 등장하지 못한다. 그래서 책임도 없다. 언제나 신비한 '힘'으로 자기를 '나타내는' 하느님(자연신)의 무게에 눌려 사람은 역사의 주체로 서지 못한다. 그러나 그런 하느님을 섬김으로써 사람은 먹고 사는 데 필요한 것들을 얻어내며 자기의 필요를 채운다. 그 하느님은 사실 처음부터 사람의 필요에 의해 만들어진 하느님이다. 거기에는 신의 전체주의적 군림과 인간의 이기주의가 묘하게 교합되어 있다. 민주적 시민정신을 길러낼 만한 싹이 보이지 않는다. 자연과 기왕에 주어진 권력질서에 순응한 채, 새 세상을 향한 진보적 의지가 보이지 않는다. 사실 그것이 우리 나라 교회들 속에 만연하고 있는 종교성이다. 민중은 보통 그러한 종교성을 따라 간다. 사람이 민중이다.

성서의 하느님은 말씀이다. 말씀이므로 처음부터 인간과 교통한다. 하느님의 거룩성은 '신성'과 달리 사람과의 분리에서 오는 것이 아니라 만남에서 온다. 그분은 심지어 사람이 되셨다. 참 하느님이 사람을 만나러 참 사람으로 오셨다. 그것은 만남이므로 사람과 하느님의 혼동이 없다. 하느님이 사람에게 먹히는 일도 없고 사람이 하느님께 흡수되는 일도 없다. 오직 타자성(alterite)만 있다. 타자성은 주체간의 만남을 전제한 것이다. 그래서 성서의 하느님은 사람을 세상의 주인으로, 세상의 책임자로 전면에 내세운다. 거기에 참다운 초월성이 있다. 그 하느님은 어떤 '곳'(topologie)에서 나타나는 '힘'

이라기보다는 말씀이다. 말씀의 '계시'는 눈에 보이게 '나타나는' 것이라기보다는 '해석되는' 것이다. 언제나 그 '뜻'이 문제가 된다. 그래서 케리그마가 중요하다. 토테미즘 전통을 연구하여 구문론(syntaxe) 위주의 구조주의를 제창한 끌로드 레비스트로스[9]에 대하여 히브리인들의 케리그마 전통을 내세워 의미론(sémantique) 위주의 해석학을 주장하는 폴 리쾨르[10]는 역시 개신교 신앙을 바탕으로 한 신학자요, 철학자라고 하겠다. 리쾨르에게 있어서 해석이란 상징을 푸는 것이다. 상징은 다의성 또는 이중의미를 갖는다. 결국 해석이란 1차 의미를 통해 2차 의미를 보는 것이다. 일상적인 삶에 봉사하던 자연적 의미를 넘어 새 질서를 가리키는 새로운 뜻을 찾는 것이다. 그러므로 성서 신앙처럼 리쾨르의 해석학은 윤리력을 갖는다. 새로움으로의 이행이 있는 곳에 윤리가 있다.

테크놀로지가 가져온 비신성화는 한편으로는 성서의 종교성의 영향을 입은 것이고, 한편으로는 그 특질을 더욱 분명하게 해 주는 것으로서, 사람은 부각시켜 '세상 만사가 사람 살자고 하는 것'임을 일깨워 준다: "기술, 휴머니티를 향한 열정, 그리고 모든 신성한 것의 파괴, 그것은 같이 간다."[11]

III. 세속화―삶과 세상에 대한 긍정

기술 발전은 세속화를 초래했다. 불트만의 비신화하는 기술과

---

9) 그의 주장은 『구조주의 인류학』(Anthropologie structurale, 1958)을 거쳐 『원시적 사고』(La pensée sauvage, 1962)에 이르러 하나의 과학적 방법이기를 넘어 새로운 철학으로 자리잡는다.
10) 예를 들어, P. Ricoeur, "Structure et hérmeneutique", Esprit, 322 (1963), Le conflit des interprétations(Paris, Seuil 1969)에 재수록.
11) Bernard Henry Lévy, Le Testament de Dieu(Paris, Graset, 1979), p. 163.

학적 세계관을 모티브로 하여 과거의 신화적 세계관에 기초한 담언들의 실존적 의미를 밝히려는 것이다. 고가르텐, 바하니안, 하비 콕스 등 세속화 신학자들은 모두 세속화의 원인으로 과학기술의 발전을 들고 있다. 세상을 성과 속으로 갈라 놓고 종교를 성의 영역에 관한 것으로만 생각하는 관점에서 벗어나 '이 세상'(saeculum)에 관심을 집중시키는 것, 그것이 세속화이다. 그래서 J. 메츠는 과학기술의 발전으로 신학은 '이 세상의 신학'(Theologie du monde)이 되었음을 주장한다. 어떤 점에서 세속화는 비신성화의 한 측면이다.[12]

 기술은 이 세상에 무언가 이루려는 움직임이다. 그것은 무엇을 이루려는 노력이다. 그래서 기술은 합목적적 합리성으로 정의되기도 하고 목적을 이루기 위한 수단으로서의 도구성이 강조되기도 하며 그 직능성, 완결성으로 특징지워지기도 한다. 여하튼 구체적으로 목적에 도달하려는 데는 효율성이 문제된다. 물론 이때 모든 것이 효율성 위주로 처리될 경우 세상이 삭막하게 될 우려가 있다. 좀 시간이 걸리더라도 길을 돌아가고 싶은 마음의 '여유'가 효율성의 이름 하에서 용납이 안될 수 있다. 또 무슨 뚜렷한 목적 없이 무슨 일을 하는 것은 비능률적인 것으로 손가락질당한다. 효율성이나 목적성이 최고의 가치로 등장할 수 있다. 엘륄이나 하버마스가 테크놀로지야말로 현대의 유일한 이데올로기라고 말하는 이유가 거기 있다. 공산주의나 자본주의 모두 알고 보면 생산의 효율성을 기반으로 구축되어 있다는 것이다. 생산분야뿐 아니라 모든 활동분야에 기술이성이 침입해 있다고 한다. 예를 들면 사람을 만날 때는 무슨 목적을 가지고 만나며, 가장 능률적인 사람이 가장 성공적인 사람으로 취급되는

---

12) 세속화란 말이 종교성, 즉 초월적 풍요로움을 없애는 것 같은 인상을 주는 것이 사실이다. 그래서 가브리엘 바하니안은 말하기를 "예수는 비신성화하지 세속화하지는 않는다"고 한다. 참조. Gabriel Vahanian, No other God, New York, 1966, p. 17

것이 현대인의 실정이라는 것이다. 또한 정치는 무슨 정치철학이나 경륜에 의해 이루어지지 않고 테크노크라시들에 의해 완전히 장악되어 있다는 얘기다. 이것이 오늘날 윤리행위에 대한 생산행위의 우위 즉 에피스테메 즉 앎의 실재에 대한 테크네 즉 아는 방식의 우위다 (엘륄).[13]

물론 기술이 기술제일주의(technicisme)로 빠질 위험은 언제든지 있다. 그렇게 되면 닥치는 대로 무엇이든 효율성의 잣대로 재고, 모든 분야에 도입되는 자동화로 노동은 '말 없는 노동'(G. Friedmann, Le travail en miette, Paris, 1964)이 되고 결국은 사람 자체가 배제되는 지경으로 갈 수도 있다. 그 경우에는 우상을 비신성화한 기술이 이번엔 자기가 신성한 종교성의 모습을 띄고 현대인의 정신을 지배하게 된다.[14] 거기서는 성공 제일주의, 정상적인 것에 무조건 순응하는 적응주의, 대량주의 등이 판을 치게 된다. 못된 것부터 배운다고, 우리 나라에서는 기술문명이 유입된 이래 그런 부작용들이 먼저 자리를 잡고 있으며 그것이 교회에까지 퍼져 있다. 진리를 찾기보다는 그야말로 나쁜 의미의 테크닉만 늘어 성장제일주의로 치닫는 경향 같은 것 말이다. 거기서는 거룩을 내세우고 비세속적인 것을 주장하지만 사실은 가장 세속적인 (그들이 주장하는 대로 나쁜 의미에서의) 풍조인 기술제일주의를 첨예하게 따라가고 있는 것이다. 하느님의 거룩은 세속을 벗어나는 데 있지 않고 세상에 참여하는 데 있다.

여하튼 기술주의의 위험이 있지만 기술은 이 세상을 귀하게 여김으로, 저 세상으로 달아나려는 종교성을 이 세상에 묶어 둔다. 초월과 내재의 이분법을 없애고 내재에서 초월을 본다. 그것이 기술적

---

13) 에피스테메에 대한 테크네의 우위는 실체, 본질에 대한 인식방식의 우위를 말하는 것으로서 탈존재론적 성격을 가지며 그것은 새로운 개방성을 향한 진보로 해석될 수 있다.
14) J. Ellul, Les nouveaux possédées(Paris, Fayard, 1973)이 대표적 저서.

세계관이 주는 기본적인 영성이다. 저 세상으로 날아 올라가는 것이 아니라 새 세상을 향해 내뻗는 것이 초월이다. 하느님은 이 세상을 통치함으로써 이 세상을 창조하고 구원한다. 초월성의 이동이 생긴다. 그 초월성은 미래적 하느님, 하느님 나라의 미래성이 삭감되지 않으면서 그것이 현재적 하느님, 하느님 통치의 현실성으로 잦아드는 데 있다. 새로움(Novum)이 지금 여기서(Eschaton) 사건으로 펼쳐진다. 믿음이란 새로운 것에 자기를 내어 맡기는 것이다. 가장 새로운 것은 하느님이다. 그 하느님은 아이디어가 아니라 지금 여기서의 구체성 속에 있다. 구체성, 이 세상성 그것은 기술적 세계관의 마크다. 이 세상성에 의해 이끌린 초월성에는 하늘과 땅, 교회와 세상의 성-속 이분법이 없다. 오직 거룩만이 있으며 거룩한 하늘과 땅이 땅에서 만나고 교회와 세상이 세상에서 만나는 데 있다.

그러므로 현대의 기술과학은 더 이상 물리에만 머물러 있지 않는다. 그것은 초월성의 이동을 가져옴으로 윤리를 수반한다. '이 세상성'은 '새로움' 만큼이나 윤리력의 조건이다. 윤리력을 갖는 새로움이란 사실 이 세상성을 전제로 한 것이다. 슈바이처 사상의 중심 단어인 '낙관적이고 윤리적인 세계관'이 뜻하는 것이 그것이다. 윤리적이라는 말은 낙관적이라는 말과 거의 겹치는 말이다. 그에게 낙관적이란 '이 세상과 삶에 대한 근본적인 긍정'을 뜻한다. 언어철학적으로 얘기해서, 사람의 말이 윤리성을 가지려면 그 '상징성'은 '지시성'을 전제로 해야 한다. 이 때문에 언어의 종국적 지시성을 말하는 리쾨르의 해석학적 언어학은 그 윤리력을 인정받는 반면에 지시성을 완벽히 무시하고 씨니피앙의 자율을 말하는 데 리다의 후기구조주의, 탈현대주의의 언어학은 그 윤리력에 있어서 논란의 여지가 많은 것이다. 여하튼, 칸트가 『도덕형이상학의 근거』에서 말했던 것처럼 물리와 윤리가 따로 노는 시대는 지났다. 그러나 물리가 윤리를 수반한다고 해서 당연이 자연으로 귀속되는 것은 아니다. 적어도 자연주의적 자연으로의 귀속은 아니다. 기술의 물리의 세계, 즉 자연의 세계는 어디까지나 이차적, 인공적 자연이기 때문이다.

물론 당위와 자연의 차이를 허락하지 않으려는 것이 그리스도교 윤리다. 먼저 존재가 변화되고, 그 변화의 열매로 행위가 우러나오는 것을 말하려는 것이 그리스도교 윤리라면, 거기에는 '마땅히 이러이러해야 한다'는 억압적 '의무'(당연)가 없다. 그런 점에서 윤리의 최고의 형태는 당위가 자연에 귀속되는 데 있다 하겠다. 그러나 거기서의 자연은 '거듭난 존재', 즉 이차적 자연이다. 자연주의적 자연이 결코 아니다. 제1본성(자연)이 중요한 게 아니라 제2 본성이 중요하다는 것이 그리스도교의 메시지다. 제2 본성의 인간은 언제나 자연(제1 본성)에 대하여 주체로서 우뚝 선다. 적어도 그 과정을 거친다. 옛 사람에게서 새사람으로의 이동은 주체인 그의 '책임' 하에 하느님의 은혜(자연스럽지 않은)로써 이루어진다.

요즈음 환경문제로 말미암아 생명운동의 이름하에 자연주의를 주창하는 목소리가 낮지 않다. 서양의 학자들이 그러하고 우리나라에서 역시 그렇다. 아주 대표적인 예를 들어 보자. 서양 일각에서의 그러한 움직임은, 아카데미 프랑세즈의 회원이며 권위있는 구조주의 학자인 미셸 세르가 최근에 『자연계약』(Le Contrat naturel)이라는 책을 쓰기까지에 이르렀다. 이것은 근대 서구의 사회사상의 바탕을 형성하는 장 쟈끄 루소의 '시민계약'(Le Contrat civil)[15]을 뒤집은 말이다. 즉 지금까지는 사람과 사람끼리 계약을 맺었지만 이제는 계약의 당사자를 자연과 사람으로 해야 한다는 말이다. 그는 이렇게 주장한다: 더 이상 사람만 권리의 주체로 인정되지 말고 "대상물도 권리의 주체가 되어, 단순히 인간집단의 소유대상이기를 그쳐야 한

---

15) 지금까지 서구의 정치.경제윤리는 루소의 이 시민계약설에 근거해 왔다. 칸트의 『도덕형이상학』으로부터 최근의 대작으로 꼽히는 J. Rawls, Theory of Justice, 1974에 이르기까지 그렇다.

다."[16] 그것은 저자 자신이 말하는 대로 기술이 가져오는 부작용을 막아 보자는 의도다. 그리하여 인격과 사물의 구분을 없애고 나아가서는 주-객의 구도를 없애자는 얘기다.

서양에서는 자기 문화의 보완을 위해 그렇게 주장할 수 있다. 그들은 오랫동안 기술문화 속에 살면서 사물로부터 인격을 구분하고, 객체로부터 주체를 구분하여 인격의 존엄성과 주체의 위대성을 공고히 해 왔었기 때문이다. 거기서 생기는 부작용을 보완하기 위해 자연주의적 발상을 할 수 있다. 그러나 우리나라는 아직 인격의 존엄성과 사람이 뭔가를 이룰 수 있다는 사람의 위대성이 대중적 정신으로 뿌리내리지 못하고 있는 실정이 아닐까? 자연 그리고 자연적인 것의 모습을 하고 군림하는 사회경제질서에 대해 순응하고자 하는 보수성이 그것을 바꿔 보려는 인위적 문화창조성보다 더 뿌리 깊지 않은가? 그런데 들여 놓은 한 발마저 빼내어 자연주의로 돌아가는 것이 옳을까?

요즘 흔히 하는 말들이 데카르트를 벗어나야 한다고 하는데, 우리에게서의 문제는 언제 우리가 데카르트를 취했느냐 하는 데 있다. 서양의 역사를 그대로 따라가자는 것이 아니라, 어떤 것이 우리 민족으로 하여금 '사람을 사람되게' 하는 데 더 바람직한지 깊이 생각해 보자는 것이다. 서양 사람들은 그들의 오랜 전통 때문에 '휴머니티' 위주의 사고를 결코 버리지 못한다. 버리지 않는다는 자신이 있기 때문에 자연주의를 말할 수 있는 것이다. 사상이란 그 사회를 어느 쪽으로 보완해 나갈 것이냐 하는 데 따라 모양새를 달리한다.

그러므로 서양의 자연주의 대두는 보완적 측면에서 의미가 있다. 우리는 우리 문화의 보완을 위해 무엇을 강조해야 할지 생각해 보아야 한다. 한편 자연주의에 귀를 기울여야 할 서구에서조차 자연주의적 주장에 대해서 즉각적인 반박이 뒤따른다는 사실에서 그들이

---

16) Michel Serres, Le Contrat naturel(Paris, F. Bourin, 1990), p. 66.

얼마만큼 자연주의를 경계하는지 알 수 있다. 반박의 핵심은 인간은 언제나 이 세상에서 분명한 주체로 서야 한다는 것이다.[17] 조금 다른 각도이지만 리쾨르가 자기의 해석학을 가리켜 '현상학적 해석학'이라고 함으로써 반성철학의 전통을 안버리려고 하는 것, 또는 포스트 모더니즘에 대해 모더니즘을 지키려는 하버마스의 태도도 같은 차원에서 이해될 수 있으리라.

기술은 이 세상에서 무얼 이루고, 새롭게 만들어 보려는 노력 때문에 새로운 초월성을 가져왔다. 그 초월성은 이 세상을 알고 모르고의 문제를 떠나 이 세상을 바꾸는 데 주된 관심을 갖고 있다.[18] 이 세상을 알지도 못하고 바꾸는 데만 주력한다는 얘기가 아니라 도대체 앎의 차원을 떠난다는 얘기다. 즉 형이상학적(나쁜 의미에서의) 관심을 떠나, 유신론과 무신론의 구도를 떠난다는 말이다. 세상을 설명하려는 노력으로 밝혀지는 하느님은 세상의 원리인 '가설'로서의 하느님이시다(유신론). 그 하느님은 사람보다 우월한 본성(sur-nature)을 가진 '존재'다. '자연' 또는 '본성'(둘 다 nature이다)과 '존재'는 붙어 다닌다.

그러나 그리스도교의 하느님은 존재라기보다는 사랑이다. 존재하지 않는다는 것이 아니라 실체(substance)나 본질(essence)을 중심으로 한 존재-비존재의 구도를 떠난다는 말이다. 그리고 그리스도교의 하느님은 사람보다 '우월한 본성'을 가진 분이 아니다. 도무지 본성에 대해서는 관심이 없다.[19] 굳이 본성에 대해 말한다면 오직 제2 본성을 말한다. 거기서도 말하려는 것은 '본성'이 아니라 '제2'다. 즉 일차적 본성이 이차적인 것으로 옮겨 갔다는 것, 그 변화의

---

17) 참조. Sophie Jacquot-David, "Le Contrat naturel; une nouvelle mystique?", Esprit, 173(1991), pp. 150-53.
18) J. Rostand, Inquiétudes d'un biologiste(Paris, Stock, 1967), p. 27.
19) R. Bultmann, "사람이 열등한 본성도, 하나님이 우월한 본성도 아니다", Jesus, Mythologie et démythologisation(Paris, Seuil, 1968), p. 136.

사건을 말하려는 것이다. 본성과 자연이 변화되는 데 관심한다는 말이다. 그러한 변화가 있기 때문에 윤리가 있다. 기술의 세속화 능력과 그리스도교 신앙의 윤리성은 서로 얽혀 있다. 이 세상에서 구체적으로 무엇을 하려할 때 윤리가 있다. 새 세상으로 바꾸어 나가려 할 때 윤리가 있다.

기술적 세계관을 비판하면서 제기되는 자연주의의 위험은 자연법 사상이 갖는 위험과 같다. 하느님과 사람 사이의 존재유비 즉 존재론에 기초한 자연법 사상은 기왕에 존재하는 모든 것, 모든 기존질서를 신의 은총을 받은 것으로 승인하는 보수 이데올로기의 역할을 담당할 수 있다. 그러나 탈존재론적 입장에 서는 기술적 세계관에서는 세상에 존재하는 모든 것들이 존재한다는 그 사실 자체만으로 의미를 가지지는 않는다. 그리스도교 신앙의 표현으로 하자면, 사랑이신 하느님의 은혜를 입은 것으로서의 의미를 갖는다. 즉 2차적 존재로서의 의미를 갖는다는 말이다. 모든 것은 은혜로 말미암아 새롭게 될 가능성으로서의 의미를 깇는다. 그러므로 기술적 세계관은 자연주의와 달리 은혜를 요청한다.[20] 기술적 세계관이 부각시킨 세상은 새 세상이다. 성서에서 새 사람을 강조하듯이 말이다.

IV. 맺는말

세계적인 인공두뇌학자 로저 쉬랑크는 이렇게 말한다: "명백히 말해서, 정보과학 연구가들은 현대의 철학자들이다."[21] 기술은 정신의 문제요, 세계관의 문제다. 따라서 19세기 말에 서양문명을 기술

---

20) A. Dumas, Prospective et prophétie, Les église dans la société industrielle(Paris, Cerf, 1972), p. 72.
21) Roger Schrank, "Ordinateur, vous avez la parole", Autrement 57 (1984), p. 158.

문명으로 간주하면서 문화수입의 사상적 축을 이루었던 '동도서기' (東道西器) 가지고는 문제가 해결 안된다. 그렇게 되지를 않는다. 이제는 이미 기술문명이 더 이상 서양 것이 아니라 우리 것이 되었고 앞으로도 더욱 그리 될 것인데, 도는 우리의 것에서 취하고 서양 것인 기술에서는 물질의 열매만 따먹자는 식의 발상은 지금까지 그랬듯이 앞으로도 엄청난 소외를 발생시킬 것이다. 어차피 들어오게 되어있는 기술정신에 대해 주체적으로 대응치 못하고 타율적으로 끌려 다닐 것이기 때문이다. 우리 것을 찾아야 한다. 정언명제다. 그 동안 너무 몰라 왔다. 그러나 그 작업이 자연주의 또는 복고주의로 돌아가자는 식이 되어서는 안되며, 그렇게 되지 않을 수 있다고 믿는다. 우리 사회가 당면하고 있는 역사적 과제로 볼 때 자연주의는 별로 바람직하지 않다고 생각된다.

19세기 말에 범했던 우를 다시 범하지 말고 기술적 세계관이 인류 문화에 끼친 공헌에 대해 연구해야 할 것이다. 오늘 얘기에 의하면 "사람을 주체로 당당히 등장시켜 역사의 창조자요 책임자이게 만드는 것" 그리고 "이 세상을 긍정하되 새 세상으로의 변화의 각도에서 그리하는 것"에 대해 깊이 생각하고, 어차피 진전하게 되어 있는 산업화와 첨단과학기술의 발전과 더불어 인간해방 정신이 대중화되도록 노력해야 할 것이다. 기술에 대해 낙관론을 펴자는 것은 아니다. 기술은 많은 문제를 발생시킨다. 무기체제 쪽에서 기술발전을 주도하는 측면이 많았다는 것, 유전공학이나 첨단 의학기술이 가져오는 윤리문제, 생태계와 공해문제 등 해결해야 할 문제가 많다. 그러므로 그런 문제를 해결하려는 노력도 게을리 할 수 없다. 그러나 동시에 우리는 아직도 낯선 기술정신의 해방적 측면을 알고 취하는 데 게을리 할 수 없는 처지에 있다. 우리는 어차피 두 가지를 다 해야 한다.

II
기술이란 무엇인가?

I. 들어가는 말

　우리는 산업사회 속에서 살고 있다. 그것은 북이나 남이나 마찬가지다. 북한은 북한대로 산업화를 통한 생산력 증강에 온 힘을 쏟고 있으며, 남한은 남한대로 선진국 수준의 산업화를 통해 국가의 존립을 강화하고, 국민의 복지를 증진시키려는 계획을 갖고 있다. 이러한 산업화가 기술의 발전에 의존하고 있음은 두말할 나위도 없다. 근대 이후로 기술발전은 인류가 당면하고 있는 문제들을 해결하기 위한 수단으로 생각되어 왔을 뿐만 아니라, 그 자체가 이미 형이상학적 차원으로서 정신과 육체를 망라한 인간 해방의 요소로 각광받아 왔다. 산업혁명과 함께 형성된 자본주의 사회에서는 말할 것도 없고, 자본주의 사회의 모순을 극복하려고 나온 공산주의에서도 기술발전을 통한 산업화는 프롤레타리아를 해방시키리라고 기대되었고, 따라서 스탈린 이후 고르바쵸프에 이르기까지 소련 정책의 최대 목표는 산업화였다. 중국이나 북한도 마찬가지다. 윤리적 사회 건설을 통한 새로운 인간 형성이라는 과제는 역시 산업화와 밀접히 연관되어 있다. 주체사상에서 말하는 자연 개조 및 인간 개조는 바로 이러한 테크놀로지적 세계관에 바탕을 둔 것이다. 이처럼 근대 이후의 양대 체제인 자본주의와 공산주의가 모두 기술적 인간관에 기초하고 있다는 사실은 이 두 체제가 모두 경제위주의 체제라는 말도 되지만, 그만큼 기술이 현대인의 새로운 자기이해와 연관되어 있고 새로운 세계관을 정립하였던 정신적이고 영적인 힘이었음을 말해준다.

서구의 기술문명이 서구 이외의 세계에 이입된 이래로 제3세계에서 기술은 특별히 가난을 없앨 수 있는 도구로 각광받기 시작했다. 우리 나라 역시 선진기술을 도입하여 굶주림의 문제를 해결해 보고자 하였다. 1960년대의 경공업, 1970년대의 중화학공업 그리고 1980년대 이후의 첨단산업에 이르기까지 우리 나라는 점점 기술문명 속에 깊숙이 들어가고 있지만, 여전히 기술은 경제적인 도구로만 여겨지고 있다. 그러나 현실은 그렇지 못하다. 기술의 아들인 산업화는 거대한 사회변동을 가져오면서 그 사회의 정신의 변화를 수반한다. 생산력이 증가함에 따라 사회계층간의 이동이 생기고, 가족제도에 변화가 오고, 기본적인 가치관이 흔들리면서 새로운 도덕률이 요청된다. 기술은 삶을 바꾸며 새로운 삶의 터전을 이루었다.

기술은 경제적인 문제이기에 앞서 우선 철학적인 문제이다. 근대 서구 역사에 있어서 테크닉의 발전은 의식철학을 통한 인간의 자기발견과 함께 이루어졌으며, 실제로 대부분의 의식철학자들은 과학자요 기술자들이었다. 기술은 물질적인 문제이기에 앞서 정신적인 문제이며, 물질혁명이기에 앞서 정신혁명이다. 기술은 곧 "사람이란 무엇인가?" 하는 문제에서부터 출발한다. 그것을 모르고 기술의 열매만 따먹으면 엄청난 소외가 발생된다. 기술을 비판하는 학자건 옹호하는 학자건 그들이 이구동성으로 말하는 것은 기술은 계속 발전하게 되어 있다는 것이다. 우리 나라의 경우도 마찬가지다. 고도의 기술제품들이 우리 주위에 배치되어 있고 삶의 터전을 이루고 있음을 우리는 피부로 느끼고 있으며, 국가적으로 볼 때 상품의 국제경쟁력을 유지해 발전을 도모하려면 끊임없이 첨단기술을 도입하고, 나아가서는 자체 내에서 개발하여야 할 것이다. 이처럼 우리 나라가 기왕에 기술사회를 향해 치닫고 있다면, 기술의 정신적인 측면을 잘 알아 이에 대처하는 것이 중요하리라고 생각한다. 기술발전을 통한 물질적인 풍요에만 신경을 쏟고, 기술적 세계관이 요구하는 정신혁명을 모르거나 이를 소홀히 하면 거대한 사회적 소외를 초래하는 것이 기술가 지니는 본성 중의 하나다. 실제로 우리 사회가 당면하고 있는 문제의 많은 부분이 그것으로 설명될 수 있다고 보여진다. 중요한 것은 기술문명이 가져오는 여러가지 현상, 예를 들자면, 그것이 가져오는 편리함, 풍요 또는 부작용 등이라기보다는 기술의 본질, 기술의 탄생과 연관된 인간의 정신이다.

지금까지 우리 나라에서는 기술철학에 대한 논의가 거의 없었으며, 설령 있다 하더라도 여러가지 기술현상들을 중심으로 한 경제·정치적인 분석이 더러 있었을 뿐이다. 이제 우리는 우리 사회의 현실을 진단하고 미래의 방향을 설정하기 위하여 기술철학 또는 기술신학에 대해 밀도 있게 연구하고 토론할 때라고 본다. 최근에 이와 관련된 서양의 연구 서적들이 꾸준히 소개되고 있음은 반가운 일이다. 여기서 한 가지 언급할 것은 서양에서도 기술철학의 역사는 그리 길지 못하며, 그것이 본격적인 철학적 과제로 된 것은 1954년 쟈끄 엘륄(J.Ellul)의 『기술, 세기의 도전』이라는 책[1]이 나온 이후라는 것이다. 그리고 그것은 비약적인 기술발전 앞에서 인류가 모종의 위기감을 느끼고 기술의 본질이 무엇인가를 짚고 넘어가야 겠다는 의지에서 나왔다는 것이다.

이 글에서 필자 역시 우리 사회의 위기 앞에서 기술의 본질을 짚으면서 기술의 철학적, 신학적 관점을 정립하고 새로운 윤리 근거를 모색하려고 한다. 기술은 신학적 문제이다. 쟈끄 엘륄은 기술이 현대 사회의 새로운 우상적 종교성(le sacré)이 되고 있다는 비판적 시각에서 기술을 신학적 문제로 삼고 있으며[2], 가브리엘 바하니안은 테크닉이 초월성의 이동을 가져와 새로운 종교성을 요청하고 있다는

---

1) J.Ellul, La Technique ou l'enjeu du siècle, Paris 1954.
2) J.Ellul, Les nouveaux possédés, Paris 1973.

점에서[3], 폴 틸리히는 문화는 종교의 형식이요 종교는 그 시대의 문화언어에 따라 존재한다는 점에서 기술을 현대신학의 가장 중요한 주제로 삼고 있다.

기술은 또한 윤리의 문제이다. 질베르 오뜨와[4]는 기술은 오직 효율성만 찾기 때문에 처음부터 몰가치적이며 따라서 인간을 탈윤리적으로(a-morale) 몰아가고 있으므로 "할 수 있으면 해야 한다"는 기술의 정언명령으로부터 벗어나 "할 수 있지만 하지 않는다"는 윤리관의 정립이 시급하다고 외치고 있다. 그는 비판적 시각에서 기술의 윤리문제를 거론하고 있다. 또한 파리의 가톨릭 연구소의 교수인 코발스키(G. W. Kowalski)는 현대의 기술, 특히 정보매체의 발달은 종전의 행동이론에 수정을 가져와 이론과 행위의 구별이 없어지게 되었고, 따라서 행위이론으로서의 윤리가 새롭게 정립되어야 한다고 한다.[5] 그러나 더욱 근본적인 문제는 기술은 인류에게 새로운 책임성을 요구한다는 점이다. 기술과 함께 자율을 찾은 인간은 그러한 자기에 대한 자기의 통제 곧 자유가 인간을 구원할 만한 새로운 자유(그것은 단순히 자율로서의 자유는 아닐 것이다)로 나아갈 것이냐 아니면 기술의 탈도덕성으로 인해 인류 멸망의 길로 나갈 것이냐를 선택해야 할 시점에 와 있다. 지금은 탈도덕성이 가치중립성으로 남아 있을 수 있는 때가 아니다. 탈도덕성은 곧 비도덕성(immorale)으로 연결되어 정의 없는 사회를 부추긴다. 기술의 열매만 따먹는 우리 사회에서는 무관심이라는 탈도덕성이 정의 없는 사회 현실을 방치하도록 하고 있다. 탈도덕성이 곧 비도덕성이 되는 현대 사회의 현실은 결국 새로운 윤리 패러다임을 요구한다. 합리성의 기반 위에

---

3) G. Vahanian, Dieu et l'utopie. L'eglise et la technique, Paris 1977.
4) Gilbert Hottois, Le signe et la technique. La philosophie à l'epreuve de la technique, Aubier 1984.
5) G. W. Kowalski, Les sciences et les théologies in: Recherches de sciences religieuses, 75(1987), 543.

이러 저러한 보편공리를 찾는 종래의 규범윤리학으로는 문제가 해결되지 않는다. 규범윤리학에서는 탈도덕성이 윤리의 문제에 포함되지 않는데, 그것은 도덕철학이 언제나 합리성에 바탕을 두고 있고, 그 합리성은 기본적으로 상대방에게 무관심한 경제적 합리성이기 때문이다. 그러므로 인간을 위해 나왔던 기술은 이제 인간을 위해 새로운 윤리 근거를 요구한다. 그 새로운 윤리 근거는 삶의 훨씬 원초적 국면으로 내려가 자리 잡아야 할 것이다. 그리하여 사회적 규범에 대한 의식인 '양심'보다는 관계 단절에서 오는 '수치심'(다른 사람을 마주 보지 못하고 눈을 내리까는 행위)에서, '합리성'보다는 '종교성'에서 윤리적 논의의 출발점을 찾아야 할 것이다.

  이러한 우리의 논의는 다음과 같은 순서로 진행될 것이다. 첫째, '기술이란 무엇인가?' 하는 물음에 답하려고 한다. 모든 기술 '현상'을 총괄하는 '개념'의 문제를 다루는 것이 그것이다. 여기서는 기술을 프락시올로지(praxio-logie)로 보면서 그것이 '생산' 기능에만 관련된 것이 아님을 보이려고 한다. 과학과의 관계에서는 기술이 과학보다 더욱 원초적인 것임을 말하려고 한다. 둘째 대목은 조금 더 진척된 논의로서 다음 세 가지 문제를 중심으로 기술의 정신, 곧 그것의 해방적인 측면을 다루려고 한다. 먼저 기술의 비존재론적 측면을 검토할 것이다. 테크네(technè)의 에피스테메(épistemè)에 대한 우위 — 그것은 모든 존재론에 대한 도전이며, 존재론의 극복은 윤리를 한없이 새로운 세계로의 초월로 보려는 의도와 얽히게 될 것이다. 이때 초월성은 신성(the sacred)이 아니라 새로움으로서의 초월성이 된다. 그 다음, 기술이 지니는 이-세상-지향적인 측면, 곧 몸된 측면을 보이려고 한다. 기술은 그 지시성(référentialité)으로 말미암아 언제나 이세상에서의 구체적 실현을 염두에 두고 있으며, 그 점에서 기술은 우리로 하여금 저세상보다 새 세상을 보게 하고, 삶과 세상에 대한 긍정, 그 원초적인 아름다움을 전제로 삼고 있다.

마지막으로 객관화 또는 대상화에 대한 평가의 문제를 다룰 것이다. 기술은 대상화로부터 시작된다. 대상화가 가져오는 위험에도 불구하고 우리에게 시급한 것은 그것이 사람의 최초 행위이고 자연신으로부터의 해방이라는 의미를 갖고 있음을 인식하는 것임을 강조하려고 한다. 결론에서는 기술 문명 속에서 신학이 어떤 입장을 취해야 할 것인가를 말하고 윤리의 종교적 기초를 강조함으로써 글을 맺으려 한다.

II. 기술의 정의

"기술이란 어떤 목적을 이루기 위한 수단 또는 방법이다." 목적을 이루기 위한 방법에는 효율성의 문제, 즉 어떻게 하면 효율적으로 소기의 목표에 이를 수 있는가 하는 문제가 늘 따라 다니기 때문에 "효율적 수단을 찾는 곳에 기술이 있다"고 말할 수 있겠다. 이상과 같이 정의함으로써 우리는 다음의 몇 가지 사실들을 겨냥한다.

첫째, 기술은 도구나 기계에 국한되는 것이 아니다. 우리가 "목적을 이루기 위한 수단 또는 방법"이라고 했을 때 그 수단과 방법은 도구나 기계라기보다는 어떤 목적에 의해 촉발된 인간의 행위 행태, 영적인 움직임을 가리킨다. 우리가 기술이라는 말에서 흔히 기계를 연상하는 것은 그만큼 기계와 기술이 연관되어 있음을 보여 주는 것이지만, 기계는 기술의 구체화의 하나로 보면 좋을 것이다. 기술은 기계 배후에 있는 거대한 인간의 정신체, 영적인 덩어리이다. 실제로 기계없는 기술이 얼마든지 있다. 기술관료(techno-cratie)라는 말에서 볼 수 있는 행정 기술, 또는 사랑의 기술이라는 말에서 엿볼 수 있는 정서적 기술 등이 그것이다. 어떻든 이처럼 기계나 도구로부터 기술을 구별하는 작업을 통해 우리가 말하려는 것은, 기술은 인간의 대상이 아니라 인간의 일부를 이루고 있는 정신이라는 것, 따라서 우리는 기술을 사용하는 것이 아니라 기술을 산다고 해야 한다는 것이다. 기술의 발전을 통해 변하는 것은 세상이기에 앞서 사람 그 자신이다. 사람이 바뀌면서 세상이 바뀐다. 이것은 앞으로도 계속 그럴 것이다. 그러나 만일 기술의 열매만 따먹을 뿐, 사람이 바뀌지 않고 세상만 바뀐다면 그것은 소외를 초래한다.

둘째, 기술은 경제적 생산 행위에만 관련되는 것이 아니다. 그것은 "실천을 위한 합리적 선택행위"(이것을 우리는 프락시올로지라고 한다)로서 생산행위 뿐만 아니라 윤리행위에도 깊이 관여한다. 여기서 말하는 실천은 물건을 만드는 행위 뿐 아니라 행복을 일구는 행위까지도 포함한다. 아리스토텔레스의 윤리 모형을 예로 들어 보자. 그는 『니코마코스 윤리학』에서 포이에시스(poièsis)와 프락시스(praxis)의 구분을 윤리 방법론으로 삼는다. 전자는 생산행위(production)를 말하며 후자는 윤리적 행위(action)을 말한다. 생산 목적을 위한 수단은 "테크네"이고, 윤리 목적을 위한 수단은 "덕"이다.[6] 이러한 아리스토텔레스의 구분에 따라 기술을 윤리와 별개의 영역으로 설정하려는 시도가 있다. 예를 들면, 하버마스가 그런 경우이다. 그는 기술을 "목적과 관련된 합리적 행위"라고 정의한다.[7] 이것은 필자가 말하는 기술 개념과 유사한 것처럼 보이나, 그러한 정의 속에는 기술을 생산활동을 위한 도구로만 보려는 의도가 숨어 있다. 하버마스에 따르면, 기술은 효율적인 공식을 일방적으로 적용함으로써 많은 양을 산출하기 위한 독백이다. 따라서 기술은 대화, 즉 다이알로그를 통해 규범을 산출하고 일정한 정치제도를 형성하는 윤리의 영역과는 거리가 멀다는 것이다. 그리고 참다운 사

---

6) 예를 들어, 아리스토텔레스, 『니코마코스 윤리학』, VI, 4, 1140a를 참조.
7) J. Habermas, Technik und Wissenschaft als 'Ideologie', Frankfurt / M. 1969, 55.

람됨(휴머니티)의 건설은 전적으로 후자의 영역이라고 함으로써 현대 기술문명에 경각심을 불러 일으키고, 기술문명이 가져오는 위기를 보편적인 여론수렴을 통한 정치로 극복하려고 한다. 물론 그러한 방식으로 기술을 이해하고 그것이 가져오는 폐단을 극복하는 방법도 있을 수 있다. 그러나 그러한 비판에는 과장이 들어 있다. 폐단을 막기 위해 쎄게 때린다는 뜻에서 과장이 필요하긴 하지만, 우리로서는 서구 사회 일각에서 일고 있는 그러한 과장적 비판을 그냥 수용할 수 없는 처지라고 본다. 우리는 기술이 가져오는 측면을 잘 알고(서구인들은 이미 이것을 잘 알고 누려왔다) 그것을 개발해야 한다. 그러면서 동시에 기술문명이 초래할 수 있는 위험에 대처해야 한다.

　이에 우리는 기술이 사람살이를 총체적으로 개선한다는 점, 그래서 생산 뿐 아니라 윤리에도 관여하는 점을 말하려 한다. 우리가 "목적을 이루기 위한 수단 또는 방법"이라고 기술을 정의한 의도가 거기에 있다. 그것은 생산행위 뿐 아니라 인간의 모든 활동이 목적을 향한다는 점을 염두에 둔 정의이다. 아리스토텔레스의 전통에 따르면, 윤리는 행복이라는 삶의 목적(télos)을 향한 것이다. 아리스토텔레스의 윤리를 목적론적 윤리라고 하는 이유가 바로 여기에 있다. 실제로 『니코마코스 윤리학』에서 테크네는 프락시스, 곧 윤리행위와 무관하지 않다. 윤리행위에 관련되는 "덕"이 "숙고된 선택행위"[8]라고 정의되는 한, 그것은 일종의 기술이다. 왜냐하면 그것은 결국 행복이라는 "목적을 이루기 위한 합리적("숙고된"는 말은 합리적이라는 뜻이다)선택행위"가 되기 때문이다. 실제로 아리스토텔레스는 덕을 끊임없이 테크네와 연관지어 설명한다. 예를 들어 "말타는 사람의 덕은 말을 잘 타는 것이다"고 하는 식의 문구가 많이 나오는

---

8) 예를들어, 아리스토텔레스, 『니코마코스 윤리학』, II, 6, 1106 b-1107a를 보라.

데, 과연 학자들이 말하는대로 테크네는 아리스토텔레스의 방법론적 핵심이 되며, 넓은 의미의 테크네는 생산행위와 윤리행위 모두를 가능하게 하는 것이다.

결국 우리가 기술을 "목적을 이루기 위한 수단, 방법"이라고 정의하는 것은 기술을 프락시올로지, 즉 "실천을 위한 합리적 선택 행위"로 보려는 것이고, 이 실천이 목적을 향한 인간의 모든 행위 즉 정치, 경제, 윤리의 모든 분야를 총괄함을 보이려는 것이다.

셋째, "목적을 이루기 위한 수단, 방법"으로서의 기술은 과학에 앞선다. 기술은 합리적 이론인 과학보다 더 원초적이며, 합리성 이전의 삶의 본능이다.[9] 물론 기술에는 효율성을 추구하는 최소한의 이성(praxio-logie)이 들어가지만, 슈펭글러(O.Spengler)가 말하는대로 살아남기 위한 본능적 전술에서 기술의 효시를 본다면 그것은 분명 과학 이전의 것이다. 기술이 기술문명을 이룰 정도로 문화현상으로 크게 대두된 것은 18세기 이후 과학의 발전과 밀접히 연관되어 있다는 것은 사실이다. 그러나 발생론적으로 보나 현상황에서 보나 기술은 과학보다 앞선다. 즉 흔히 생각하는 것처럼 먼저 이론으로서의 과학이 있고, 그 다음 그것을 현실에 적용하는 방법으로서의 기술이 있는 것이 아니라는 말이다. 오늘날 기술이 과학을 이끌고 있다는 것은 분명하다. 공학(예를 들면, 컴퓨터 "공학" 또는 유전 "공학")이 과학적 발견이나 발명을 부추긴다. 이것은 실천이 이론을 낳는 것으로서 인식론적인 변화를 수반한다. 사실은 기술 자신이 실천이며 또한 이론이다. 우리의 프락시올로지라는 말 속에는 그처럼 프락시스와 로고스, 즉 이론과 실천의 묘한 혼합이 암시되어 있다.

---

9) A. Gehlen, Die Seele im technischen Zeitalter. Sozialpsychologische Probleme in der industriellen Gesellschaft, Hamburg 1957, 23.

III. 비존재론적 성격과 새로움으로서의 윤리

학자들에 따르면, 기술문명의 발전은 존재론 또는 존재신학(onto-théologie)의 퇴보와 맞물려 있다고 한다.[10] 쟈끄 엘륄은 오늘날 모든 결정은 기술에 의해 지배된다고 본다. 모든 정치결정은 기술관료, 즉 테크노크라트들에 의해 이루어진다. 이를 가리켜 엘륄은 "에피스테메에 대한 테크네의 지배"라고 말한다.[11] 플라톤 이후 희랍철학에서 에피스테메는 "앎을 통해 밝혀지는 것" 또는 "앎이 밝혀내는 그 무엇이 밝혀지는 방식"을 말한다.[12] 따라서 에피스테메에 대한 테크네의 우위는 "존재하는 그 무엇", 즉 "실체"에 대해 그 실체를 밝히는 방식, "인식하는 방식"이 우위를 차지하고 있음을 가리킨다.

이것은 우선 존재론에 대한 인식론의 우위를 가리킨다. 데카르트 이후 서양의 근대철학은 인식론 중심의 철학이며, 그것은 인간의 자기발견과 관련된다. 기술의 발전은 그러한 인간의 자기 발견과 밀접히 연관되어 있다. 근대철학의 인식론적 경향은 "존재하는 그 자체"보다는 존재하는 그 자체를 의식하는 인식 주체에 더 관심을 기울이고, 인식 주체의 확실성을 기반으로 세계 존재의 가능성을 보겠다는 의도를 지니고 있다. 세계는 더 이상 그 자체로 존재하지 않으며, 인식 주체인 인간의 인식 대상으로서만 존재한다. 데카르트의 '생각한다'(cogio)의 확실성이 그것을 잘 보여 준다. 그리고 『순수이성비판』 서론에서 칸트가 "앎은 경험과 함께(mit) 시작되지만 경험으로부터 나오는(aus) 것은 아니다"고 한 말도 그 뜻이다. 즉, 세상

---

10) 예를들어, D. Janicaud, La puissance du rationnel, Paris 1985, 158 참조.
11) J. Ellul, Le système technicien, Paris 1977, 140.
12) 아리스토텔레스, 위의 책, VI, 4-5를 참조하라.

존재는 그 자체(Ding an sich)로서 알려지지 않으며, 순수직관형식(시간과 공간)과 순수오성형식(개념, 범주)이라는 틀을 가진 인간의 의식을 거쳐서만 존재한다는 뜻이다. 모든 것은 인식 주체인 인간에게 달렸으며, 철학은 인식 주체에 대한 탐구가 된다. 데카르트 이후의 관념철학이 의식철학 또는 반성철학이라고 불리는 것도 이 때문이다. 이러한 인식론 위주의 전통은 훗설의 현상학에까지 이어져 존재에 대한 물음은 의미에 대한 물음으로 바뀌고, 세상은 나에 대한 세상으로서만 그 의미를 가진다. 지향성, 즉 "인간의 의식은 무엇에 대한 의식이다"는 것 역시 대상 세계에 대한 인간 주체의 작용 효과를 말하는 것으로서 "나에게 의미를 주는 한에서의 존재"라는 명제와 함께 인간 주체의 중심성을 말하고 있다. 이때 대상존재가 세상일 때 의식철학적 사고는 인간주의(anthropologisme)로 나타나고, 대상 존재가 다른 사람일 경우 윤리적 차원에서 그런 의식철학은 자기중심주의(egologie)로 나타난다고 할 수 있다. 자기중심주의는 윤리적 차원에서 극복되어야 할 바가 많다. 그러나 인간주의는 그렇게 간단한 문제가 아니다. 기술은, 그 역사를 볼 때, 인간주의적인 사고와 많이 통한다. 기술이 가져온 자율의 세계, 즉 세속화 신학의 주제가 되는 세속화의 원인인 과학기술 문명 속의 자율적 인간 ─ 그것은 인식론 위주의 의식철학의 인간중심주의와 함께 발전되어 온 것이다. 그것은 무시무시한 두려움, 신비의 대상이었던 자연으로부터의 인간의 독립을 뜻하며, 세상에 의미를 줌으로써 비로소 세상을 존재하게 하는 세상의 주인으로서의 인간, 인간주의와 관련이 있다. 그때부터 자연은 의미체로서의 자연, 결국 인간의 의식을 거친 자연, 즉 인공적 자연으로서만 의미가 있다. 일차적 자연이 중요한 것이 아니라 이차적 자연이 중요하다. 자연은 이차적 자연으로서만 의미를 가진다. 오늘날 우리가 세속주의의 위험을 경계하면서도 세속화의 필요성을 인정한다면, 또한 우리 사회가 인간의 오만을 염려하면서도 모든 타율로부터 자유한 자율적 체험(개인적으로든 사회적으로든)의 필요성을—신율(theo-nomie)로 가기 위해서라도—인정한다면, 세속화와 자율의 주역인 인간주의의 공헌을 깊이 염두에 두어야 한다.

결국 기술은 이 우주 한가운데 인간을 역사의 주체로서 우뚝 세우는 정신과 관련이 있다. 모든 것은 사람이 잘 살고자 하는 것이다. 자연을 살리는 것도 자연이 죽으면 사람이 죽는다는 생각에 기초해 있다. 생태주의에도 이러한 인간주의 정신이 기본을 이루고 있다. 또 그래야 한다. 오늘날 모든 사상을 평가하는 잣대는 사람을 사람되게 하느냐의 여부, 즉 휴머니티의 실현에 있음을 아무도 부인하지 못한다는 사실에서도 그것을 알 수 있다. 자연주의로의 회귀는 위험하다고 본다. 그것은 인간이 역사의 주인으로서 무언가 자꾸 해보려는 노력을 무의미하게 만들 우려가 있다. 그리고는 수동적으로 기다리게 하기 쉽상이다. 그것은 이차적 자연을 중시하면서 인간을 역사의 전면에 내세우는 복음의 정신과 어긋난다. 우리는 기술문명이 갖고 있는 인간해방적인 요소를 살펴 사회적 정신으로 고양시켜야 한다.

한편, 기술문명이 수반한 존재론의 파기를 우리는 십분 활용하여 새로움을 향한 초월성을 새로운 윤리의 근거로 삼을 수 있어야 한다. 이를 위해서는 의식철학의 문제점을 극복해야 한다. 우리는 의식철학의 인간주의는 받아들이되 다른 사람을 자기 위주로 보는 에골로지적 성격을 극복해야 한다. 다시 말하면, 훗설에게서 볼 수 있듯이 다른 사람을 오직 다른 나(alter-ego)에 지나지 않는 것으로 여기는 것 말이다. 그러한 에골로지는 다른 사람이 나와는 전적으로 다를 수 있다는 가능성을 말살한다. 근대 서구 관념론은 무한한 새로움에로의 돌발을 막는 동일성의 철학이다. 이에 대해 반기를 든 몇 가지 조류가 있는데, 그 가운데 폴 리쾨르의 현상학적 해석학을 제외하면, 대개 탈현대주의의 범주에 드는 것들이다. 주-객의 관계

밖에 있는 것을 추구하려는 목적에서 시도된 구조주의 이후의 후기 구조주의와 엠마누엘 레비나스에 이르는 사상조류는 "다름의 철학"이라 할 수 있다. 그러한 시도들은 모두 관념철학 또는 선험철학에 대한 도전을 통해 문명의 위기를 극복하려는 노력들이라 할 수 있다. 우리는 현대주의의 인간주의를 배움과 동시에 탈현대주의의 새로움으로의 개방을 배워야 한다. 그리고 이것들은 모두 기술이 가져온 존재론 파기의 직-간접적인 열매들이다.

　내 밖에 전혀 다른 새로운 세계가 있을 수 있다는 가능성을 막는 선험철학의 에골로지는 그 인식론적 특징에도 불구하고 모종의 존재론적 특징과 연관이 있다. 다른 사람을 있는 그대로의 삶(l'étant)으로 놓아 두지 않고 자꾸 존재(l'être)로 보려고 하는 것이 그것이다. 존재론은 존재라는 본질(l'essence)을 통해 소유의 대상이 아닌 삶을 소유하려고 든다. "존재는 소유(l'avoir)와 관련이 있다".[13] 존재와의 관련을 말하는 존재론은 구체적인 삶을 이해하기 위해, 그것을 포착하기 위해 결국 구체적인 삶을 중립화한다. 중립화를 통해 결국 다른 것을 다르게 두지 못하고 다른 것을 같은 것으로 만들어 버린다.[14] 그러나 타인은 본질이 될 수 없다. 그것은 실체도 아니다. 본질이요 실체라면 나는 그를 알되 끝내 무관심할 수 있다. 그러나 타인은 본질과 실체로 정의되는 존재가 아니요 다만 그의 부름에 내가 응답해야 하는 존재이므로 그에 대해 무관심할 수는 없다. 칸트가 말한 대자적 관계(pour soi), 즉 나에 대한 나의 관계는 윤리의 근거가 될 수 없다. 정말 남을 수단으로 대하지 않고 목적으로 대하는 관계란 "서로 본질이기를 벗어남"(des-inter-esse-ment)에 있다.[15] 본질

---

13) E. Lévinas, Autrement qu'être. Ou au-delà de l'essence, Nejhoff 1974, 126.
14) E. Lévinas, Totalité et Infini. Essai sur l'extériorité, Paris 1990, 37. 이 책은 원래 1961년의 작품이나 필자는 1990도 판에 따라 인용하였다.
15) E. Lévinas, Ethique et Infini, Paris 1982.

이기를 벗어날 때 나에 대한 나의 관계는 없어지고 오직 "서로에 대한 서로의 관계"(l'un pour l'autre)가 남는다. 타인은 본질이 아니요, 앎의 영역에 들어 올 수 없는 존재이므로 결국 한 인격체로서의 타인은 존재론적 태만[16]을 그 기본 성격으로 한다. 존재론에 들어오지 않는다는 것은 결국 내 앞에 있는 상대방이 나와 무한히 다를 수 있는 전적으로 새로운 존재라는 것이다. 그는 아날로지(A와 B의 관계는 C와 D의 관계와 같다)의 범주에 들어오는 것이 아니라 은유(A는 B이면서 B가 아니다)의 세계에 있다. 성서적 인간관이 바로 그것이다. 루터가 말한대로 인간은 "의인이면서 죄인"(simul justus et peccator)이다.

내 앞에 있는 사람의 얼굴을 마주보며 그의 부름에 응답함으로써 새로움을 향해 초월해 나가는 것 — 그것이 윤리다. 내 앞에 있는 사람을 통해 전적으로 새로운 삶의 가능성이 열리고, 전혀 새로운 세계로 나아가는 일, 곧 혁명이 가능해진다.[17] 타인은 존재라기 보다는 가치다. 존재론적이기 보다는 종말론적이다. 자꾸 장소를 찾는 존재론적 토폴로지(Topologie)라기 보다는 장소가 없는 유토피아다.[18] 유토피아는 자리를 두지 않는 것(ou-topos)이요, 더 좋은 세상(eu-topos)을 향해 현실을 넘어서 가는 것이다. 따라서 초월은 존재의 영역에 있지 않고 타인의 부름, 타인의 눈빛에 대한 응답에 있다. 기술이 가져온 존재론의 파기는 이렇게 윤리의 근거를 이동하게 하며, 그것은 또한 그리스도교 윤리의 근거를 밝혀 주기도 한다.

---

16) G. Marcel, Du refus à l'invocation, Paris 1940, 157.
17) "전적으로 새로운 것—그것은 나의 앞에 있는 사람이다"(E. Lévinas, Totalité et Infini…, 242).
18) "본질에서 벗어날 수 있는 가능성을 찾아야 한다. 본질을 버리면 어디로 간단 말인가? 어디에 정착하려는 것인가? 도대체 어떤 모양의 존재론적 구조를 가지려는 것인가? 그러나 우리가 본질에서 벗어난다는 것은 도대체 '어디'라는 물음 그 자체를 거부한다. '어디'라고 하는 '자리'를 꼭 붙들어야 할 필요는 없다. 우리의 자리는 '없는 자리'이다"(E. Lévinas, Autrement qu'être …, 9).

하느님은 존재라기 보다는 사랑이다. 사랑은 존재일 필요가 없으며 존재일 수도 없다. 사랑으로서의 하느님은 존재냐 아니냐의 물음에 들어오지 않는다. 사랑이란 존재 이전에 주는 행위, 즉 은혜이다. 은혜의 세계에서 중요한 것은 주어진 것보다는 주는 행위이다. 즉 실체(ousia)보다 주는 행위, 그 방식(techné)이 중요하다.[19)]

이상에서, 필자는 현대 기술문명 속에서 일어나는 에피스테메에 대한 테크네의 우위를 두 가지로 풀었다. 첫째는 존재론이 파기됨으로써 인간이 세상의 주인으로서 우뚝 서게 되었다는 점이다. 둘째, 존재론의 파기는 타인을 통해 전적으로 새로운 세계로 나갈 가능성을 열어 놓는다는 점이다. 이 둘은 모두 사람됨의 실현 또는 삶다운 삶의 실현에 초점이 맞추어진다.

IV. 몸, 구체성, 이세상성

무엇인가를 실제로 하려고 할 때는 효율성이 문제가 된다. 꿈을 현실로 바꾸려 할 때 어떻게 그것을 효율적으로 실현할 것인가 하는 문제가 따른다. 이것은 현실, 실현에는 기술이 따른다는 뜻이다. 구체화, 그것은 몸의 문제다. 그것은 세속화의 모험을 감행함으로써 우리로 하여금 세상을 떠나지 않게 하고 세상으로 나아가게 한다. 이것이 바로 기술의 영적 가치이며 그리스도교의 영성에 기대는 점이다(J. Ladrière). 기술은 어떻게든 이 세상에 뿌리를 내리려는 노력으로서, 또한 이세상에서 무언가 실현하려는 노력으로서 저세상만 바라 보며 이세상을 도외시하는 아편적 종교성에 머물지 않고 새 세상을 향해 지금 세상을 바꾸는 역사적 종교성을 창출한다. 그것은

---

19) J.L. Marion, Dieu sans l'être, Paris 1982, 140ff.

우주적 재앙을 통해 이세상과의 단절을 바라는 묵시적 세계관에 기초했다기 보다는 하느님 나라에 대한 대망이 지금 여기서 세상을 바꾸게 하는 종말론적 세계관에 기초한 것이다. 결국 그것은 이세상과 이세상에서 누리는 삶에 대한 근본적인 긍정에 기초해 있다.

중요한 것은 지금 여기서의 구체적 실현이다. 그리하여 기술은 구체적 실험을 통해 보편원리를 시험하고 그 권위에 도전한다. 윤리의 이동을 가져오는 셈이다.[20] 기술이 갖는 이러한 구체성은 결국 무엇인가를 이루어내야만 하는 특징(performativité), 또는 지금 뭔가 목적을 향해 해야만 하는 특징(operationalisme)과 연결되기도 한다. 이것을 언어학적으로 말하면 즉각적으로 무엇인가를 가리키는 성질, 즉 지시성이다. 기술은 그러한 지시성을 아주 강하게 갖고 있다고 하겠다. 현대철학에서 언어 문제가 주요 문제가 되고 있는 이유도 거기 있다. 현대철학은 언어철학이다. 영미의 분석철학이 그렇고, 대륙의 가다머-리쾨르 계통의 해석학이 그렇고, 후기 구조주의가 그렇고, 엠마누엘 레비나스 역시 마찬가지다. 그런데 질베르 오뜨와에 따르면, 현대철학에서 언어가 주요 주제로 다루어지는 이유는 기술 언어의 독점적 지시성에 대한 반격에 있다고 한다.[21] 특히 대륙에서 언어의 이차성이 강조되는 이유가 바로 여기에 있다. 리쾨르의 해석학에서 언어의 이차성은 "거리두기"(ditantiation)를 가리킨다. 물론 해석학은 존재론적 귀속(l'appartenance)을 전제로 한다. 즉 무엇에 대해 물을 때, 이미 그 대상에 속해 있다는 말이다. 이런 점에서 해석학은 객체비판인 현상학과는 달리 주체비판이라 하겠다. 그럼에도 불구하고 해석학은, 현상학이 의미를 주기 위해 일상적인 것을 단절하는 "판단중지"로부터 시작하듯이, 언어의 즉각적

---

20) R. Simon, Expériments et déplacements ethiques, in: Recherches de sciences religieuses, 67(1974).
21) G. Hottois, Pour une métaphilosophie du langage, Paris 1981, 126.

지시성에 대해 거리를 두는 것으로부터 시작한다.[22]

그러나 언어의 이차성에 대한 강조는 데리다에게서 두드러진다. 그는 어떤 귀속성도 인정하지 않으며 언어가 무엇을 지시한다는 것을 부인하고자 한다. 그는 리쾨르와는 달리 의미론의 범주에서 벗어난다. 데리다가 말하는 언어의 급진적인 이차성은 결국 말의 출처를 중요시하지 않은 채 무한한 의미의 세계로 확산되는 운동이다. 말 또는 글은 그것이 무엇을 뜻하는데 그 의의가 있지 않다. 말은 그것이 무엇을 뜻하기 위해서 나왔는가 또 무엇을 뜻하러 어디로 가는가 하는 차원을 벗어나 있다. 어디에서 나와 어디로 가는지는 중요치 않다. 도대체 "어디"(장소, topos)는 문제 밖이다. 결국 언어의 이차성은 존재론적인 "자리론"에서 벗어나 종말론적인 새로움으로 나가려는 시도라 할 수 있다. 말은 말뜻에 귀속되지 않는다. 나의 말소리는 내가 뜻하려고 했던 것을 무한히 벗어난다. 이것은 씨니피에(signifié)에 대한 씨니피앙(signifiant)의 자율을 뜻한다.[23] 소쉬르에게서 씨니피앙은 말의 음소를 말하며 씨니피에는 말의 개념을 뜻한다. 우리는 이 표현들을 각각 '말소리'와 '말뜻'으로 새기고자 한다. 결국 언어의 이차성은 말뜻에 대한 말소리의 자율을 뜻한다. 이것은 소쉬르 언어학의 배경을 이루는 선험철학에 대한 반발의 측면을 가지고 있다. 소쉬르에게서 씨니피앙은 경험에 속하고 씨니피에는 선험적 세계에 속하는데, 결국 '말소리'의 다양성 또는 흩으러진 세계는 선험적인 '말뜻'에 귀속함으로써 통일성을 이룬다고 보는 것이다.[24] 소쉬르에 대한 데리다의 반대는 결국 동일성을 추구하는 선

---

22) P. Ricoeur, Du text à l'action, Essai sur l'hermeneutique II, Paris 1988, 58-9.
23) J. Derrida, L'écriture et difféence, Paris 1967, 265-66.
24) 데리다는 쏘쉬르의 씨니피앙과 씨니피에는 경험의 세계와 예지적 세계를 구별하는 선험철학적인, 관념론적인 이분법이 숨어 있다고 비판한다(J. Derrida, Positions, Paris 1972, 25-30).

험철학을 비판함으로써 선험적으로 환원되지 않는 삶의 무한한 새로움을 찾으려는 노력이라고 할 수 있다. 데리다는 차연(différence)을 말한다. 마치 레비나스가 관념론의 '전체성'을 비판하면서 '무한'(infini)을 말하듯이 말이다. 데리다가 말하는 '다름'은 다른 상태가 아니라 달라지는 움직임 또는 다름을 향해 나아가는 운동이다. 그는 이를 표현하기 위하여 차연이라는 말을 사용한다. 마치 레비나스에게서 무한은 무한히 나아가는 운동(infinition)이듯이 말이다.

언어는 무엇을 지시하는 것이 아니다. 무엇을 뜻하는 것도 아니다. 언어는 표지판과 다르다. 뜻에 관한 언어는 무한한 암시만 줄 뿐이요, 언제나 모호함으로 남아 있어 '뜻'이라고 하는 자리에 내려앉지 않고 끝없이 다름을 향해 떠돈다. 데리다가 말하는 언어의 이와 같은 이차성은 과학기술 언어에 대한 비판에서 비롯되는 측면이 많다. 그는 기술언어를 가리켜 표지언어, 즉 '말소리'가 즉각적으로 '말뜻'에 귀속되는 일의적 언어 또는 동일성의 언어로 본다. 이러한 비판은 엘륄, 하버마스 또는 마르쿠제에게서도 볼 수 있다. 이들에 따르면, 기술언어는 상징과는 거리가 멀다. 언어가 갖는 두 기능, 즉 상징성과 지시성 가운데 전자가 없다는 것이다. 말하자면, 삭막한 언어라는 것이다. 그러한 지시적 언어는 의미의 풍요로움, 과장을 삭제하고 직접 어떤 사실을 지시한다. 그것은 정확한 언어요, 차이를 허락하지 않는, 여백을 허락하지 않는 동일성의 언어라는 말이다.

그러나 그러한 비판은 과장이며 오히려 기술이 이세상에서의 구체적 실현을 염두에 두고 있음을 분명히 할 뿐이다. 기술문명 속에서도 상징, 즉 다름의 세계는 여전히 가능하며 따라서 윤리가 가능하다.[25] 다름이 있는 곳에 윤리가 있기 때문이다. 기술은 끝까지 목적이기를 거절하고 수단으로 남는다. 그것은 끝까지 자기정당화를

---

25) R.Simon, 위의 글; J.Fourastié, Essais de morale prospective, Paris 1966, 144-46.

거부하고 궁극적 해결책이기를 부인하며 새로운 것으로 무한히 나아간다.[26] 더구나 오늘의 과학기술 언어는 무엇을 이루어내는 것(performativité)을 위주로 하는 언어가 아니라 옳고 그른 것을 판단하고(l'énoncé dénotatif) 가치판단(l'énoncé prescriptif)에까지 들어가는 열린 언어다.[27] 우리는 그 뿐만 아니라 기술이 갖는 지시성을 잘 배워야 한다. 그 지시성으로 말미암아 우리는 저세상으로 날아가 버리지 않고 이 땅을 긍정하고, 몸을 통해 새로움을 실현한다. 사실 정말 새로운 것은 꿈이 아니라 그 꿈이 지금 여기서 실현되는 순간이다. 노붐(Novum)은 에스카톤(Eschaton)의 현장에 있다. 죠오즈 구스도르프에 따르면, 사람의 의식은 그 자체로는 빈곤하나 말을 통해 세상 속에서 현실화될 때 효율성을 얻게 되고, 그 효율성은 의식의 풍요로 연결된다고 한다.[28] 삶의 풍요로움—그것은 몸으로 육화됨, 곧 현장에서의 실현에 있다. 현장에서의 실현, 거기에는 효율성, 곧 기술이 문제가 된다. 물론 데리다의 시도에서 우리는 많은 것을 배워야 한다. 기술문명에 사람이 잡아 먹히는 것에 대한 우려, 이에 따른 인류의 새로운 진로 모색이 바로 데리다가 말하는 '말뜻'에 대한 '말소리'의 자율이기 때문이다. 그러나 그것은 서구 사회를 위한 예언자적 과장이다. 사실 언어에 지시성이 없다면 아무 것도 아니다. 언어의 상징성은 지시성을 전제로 한 것이다. 언어에는 지시성의 닻이 드리워져 있다.[29] 리쾨르에게는 이 점이 늘 분명하다. 그에게 있어서 언어의 핵심은 메타포이다. 그런데 그는 메타포를 의미론적 혁신 또는 의미론적 충격으로 설명한다. 혁신은 혁신이다.

---

26) G. Simondon, Du mode d'existence des objets techniques, Paris 1989 (초판: 1958), 105-6.
27) J. F. Lyotard, La condition postmoderne, Paris 1979, 103-4.
28) G. Gusdorf, La parole, Paris 1963, 115.
29) Claude Hagège, L'homme de paroles. Contribution linguistique aux sciences humaines, Paris 1985, 195.

새로움으로의 개방이다. 그러나 '의미론적' 혁신이다. '말뜻'의 새로움 곧 새로운 말뜻이라는 이야기다. 리쾨르는 이렇게 말한다. "언어가 가지는 상상력이란 이 세상을 일단 벗어나는 것이다. 그런데 상상력의 그런 중립적 기능은 오직 제이차적인 지시력을 탄생시키기 위해 존재한다. 시적 언어의 메타포오에 의해 풍부해 지는 것은 중립적인 낱말의 세계(le sens)일 뿐만 아니라 지시성 그 자체이다. 한편 거기서 폐지되는 것들이 있는데 그것은 우리의 일상언어가 지시했던 것들, 우리가 마음대로 손에 놓고 굴리며 우리의 이익에 봉사하게 했던 그런 지시성이다. 한 낱말로 하여금 새로운 것을 지시하게 함으로써 시적 언어는 우리가 이 세상의 삶에 뿌리를 내리고 있음을 되새기게 해 준다. 그리고 새 세상으로 나가도록 한다. 나는 이것을 이차적 지시성이라고 부른다. 그리고 그것은 사실 언어에 들어 있는 가장 원초적인 지시성이다."[30] 꿈에 머물거나 상상의 세계에 머물지 않고 세상에 뿌리를 내린 채, 그 상상의 새로움으로 하여금 이 세상을 구체적으로 다시 그리게 하는 것—그것이 지시성이요, 그러한 지시성의 마크가 기술이다.

V. 대상화의 문제

기술은 대상화에서 출발한다. 자연과의 즉자적 관계에서 벗어나 '환경'을 '세상'으로 바꾸면서 인간은 도구를 만들기 시작한다. 즉자적 관계는 오직 자연만 있지만 대상화를 통해 인간은 '문화'를 창조한다. 대상화를 통해서 사람은 비로소 자기를 둘러싼 환경을 향해 자기의 힘을 내뻗는다. 문화의 세계는 말하자면 인공적 세계이다. 자연 세계에는 본능적인 순환과 반복이 있는 반면, 문화의 세계

---
30) P. Ricoeur, 위의 책, 221.

에 들어갈 때 비로소 달라질 수 있는 가능성이 생긴다. 기술은 이처럼 '다르게 존재'할 수 있는 가능성을 갖고 있다. 다시 말하면, 사람은 기술과 더불어 동물과는 다른 '사람'이 된다. 물론 사람이 참 사람이 되기를 실현하는 데는 단순히 '다르게 존재'하는 것에서 그치지 않고 '존재와는 다르게' 살아야 하는데, 그것의 모티브도 기술문명의 존재론 파기와 연결되어 있다는 것은 앞에서 말한 바와 같다. 어쨌든 기술과 함께 사람은 사람이 된다. 이것이 대상화의 결과이다. 이 대상화를 어떻게 보느냐 하는 것은 그렇게 간단한 문제는 아니다. 그리고 이 대상화에 대한 평가는 곧 기술에 대한 평가로 연결될 수 있다. 여기서 우리는 이 점과 관련된 간단히 논쟁거리를 제공하려고 한다.

어떤 학자들은 기술의 본질을 권력의지로 본다. 대표적인 사람이 엘륄이나 슈펭글러 같은 사람이다. 우리는 그들의 그런 주장의 핵심이 대상화에 있다고 본다. 대상화를 통해 인간은 자기실현의 첫 출발점을 찾는다. 그런데 자기실현을 하기 위해서는 외부에 인간의 힘을 미치려 한다는 데 문제가 있다. 자기의 힘을 작용시키려는 의지, 그것은 곧 권력의지이며 그 권력의지가 대상화에 의해 실현된다는 이야기이다. 이 경우, 테크닉은 "이성으로 주위 사물을 지배하려는 욕구의 표현"(엘륄)[31] 이외에 다른 것이 아니다. 엘륄에게 있어서 테크닉의 본질은 권력의지를 실현하는 데 있는 것이지, 물질적인 부를 획득하는 데 있지 않다. 부의 획득은 부산물이다. 테크닉은 권력의지의 본능을 실현하는 데 가장 적합한 도구이다. 그리고 그러한 권력작용에는 반드시 정당화의 문제가 따른다.

그것은 최초의 기술이라고 할 수 있는 주술에서 찾아볼 수 있다. 주술은 원시시대의 인간이 자기가 원하는 것을 자연의 대상화에 의해 얻어내는 작업이었다. 그것을 위해서는 그 작업의 정당성을 인정

---

31) J. Ellul, La technique ou l'enjeu du sciècle, 40.

받아야 한다는 심리적 요구가 생기며, 그 때문에 원시인들은 주문을 통해 자연신으로부터 정당성을 부여받고자 했다. 그런데 현대기술문명에 와서는 그러한 권력의지를 실현할 수 있는 정당성을 기술 그 자체로부터 받는다. 말하자면, 기술 또는 효율성 그 자체가 궁극적 가치가 되어 정당화(justification) 문제를 관장하는 종교성이 되었다는 말이다. 엘륄은 바로 이러한 이유 때문에 테크닉을 신학적 문제로 삼는다. 어쨌든 대상화로부터 시작된 기술은 오늘날 그것을 손에 쥐고 있는 인간이 스스로를 정당화할 수 있는 도구가 되었으며, 이를 통해 인간은 마음껏 권력의지를 자연에 대해서 그리고 인간에 대해서 수행하고 있는 것이다.

그러나 문제는 대상화, 곧 인간이 외부에 자기의 힘을 미치는 것을 꼭 권력의지로 해석할 수 있느냐 하는 것이다. 대상화는 오히려 외부와 관계를 맺기 위한 움직임으로 볼 수 있지 않을까? 내가 자연 속에 묻혀 있을 때는 자연과 관계를 맺고 있는 것이 아니다. 자연이 이차적 자연일 때에만 사람과 자연의 관계가 성립된다. 이런 점에서 사람은 자연과의 관계를 포기하든지 아니면 대상화를 인정하든지 해야 할 것이다. 사람은 문화를 만듦으로써 사람이 된다. 다시 말하면, 대상화를 통해 사람은 사람되기를 시작한다.

사람이 사람된다는 말은 인격(personne)이 된다는 말이다. 사람은 주위의 환경을 세상으로 만들면서 인격이 된다. 그것은 인간의 언어활동과 관련된다. 말하는 동물로서의 인간은 어떤 꽃을 볼 때 꽃 그 자체를 보지 않고 꽃이라는 개념을 통해서 꽃을 본다. 이것이 틸리히가 말하는 언어의 해방성이다. 즉, 사람은 개념화 작업을 통해 인격으로서의 사람이 된다는 것이다. 개념화는 곧 대상화이다. 대상화에는 그런 해방적인 측면이 있다. 물론 어떤 꽃을 그 자체로 보지 못하고 개념을 통해서 본다는 것은 비극일 수도 있다. 그리고 개념화는 여러 가지 다른 모양으로 흩어져 있는 것들을 개념 아래에 통일시키려는 전체주의적인 것일 수도 있다. 이런 점에서 우리는 인간의 최초 행위를 개념화나 대상화 이전에서 찾으려는 레비나스 철학에 주목해야 한다.

그러나 개념화는 대상화이지만 대상화가 곧 개념화는 아니다. 우리는 대상화를 조금 더 원초적이고 적극적인 것으로 이해하고자 한다. 레비나스가 찾는 '자리없는 세계'(우-토포스)는 대상화의 전제가 되어 대상화를 가능하게 하는 세계이지, 대상화를 부인하는 세계는 아니다. 우리가 말하고자 하는 대상화는 헤겔에게서 즉자적 자아가 자유를 찾아 감행하는 자기소외와 같은 것이다. 삼위일체론에서 볼 수 있는 하느님의 위대성은 자기소외를 하지 않는 데 있지 않고 자기소외를 하면서(삼위) 그 소외를 극복(일체)하는 데 있듯이, 우리의 삶도 소외를 감행하되 그 소외를 극복하는 데서 찾아야 한다. 필자가 말하고자 하는 것은 자꾸 자연주의로 돌아가려 하지 말고 대상화를 감행하되 그 대상성을 극복하려는 노력이 절실하다는 것이다. 하버마스가 자연을 대상(Gegenstand)으로 보지 말고 놀이의 상대(Gegenspieler)로 보자는 것도 마찬가지 이야기라고 생각한다.[32] 서양 사람들은 후자를 소리 높여 외칠 것이다. 그들의 문화적 필요에 따라서 말이다. 그러나 오랫동안 즉자적 관계 속에서 살아 왔던 우리로서는 우리의 문화를 보완하기 위해 아직도 낯선 이 대상화를 더 깊이 이해해야 할 것이다. 그래야 테크닉 문명 속에서 소외를 극복하며 적극적으로 대처할 수 있는 길을 모색할 수 있을 것이다.

---

32) J. Habermas, 위의 책, 57.

VI. 맺는말

앞에서 우리는 서양에서 물밀듯이 들어와 새로운 삶의 터전을 형성하고 있는 기술을 어떻게 이해해야 할 것인가를 몇가지 논점에 국한해서 이야기하였다. 그리고 그것이 어떻게 신학과 윤리의 문제가 되는가를 말하였다. 기술은 정신의 문제다. 따라서 신학은 더 이상 기술의 문제를 소홀히 할 수 없다. 우리는 영역분리를 하려는 모든 시도를 거부한다. 기술-과학과 종교를 구분하여 전자는 앎을 주고 후자는 지혜를 준다든가, 전자는 물질이요 후자는 정신이며 따라서 전자는 경제문제를 해결할 수 있는 부를 주고 후자는 삶의 의미를 준다는 식으로 둘을 가르려는 시각을 거부한다. 기술은 종교성의 문제다. 지금은 또한 칸트처럼 물리학과 윤리학을 가를 수 있는 시대가 아니다. 기술은 곧바로 윤리의 문제다.

기술은 종교와 무관한 것도 아니고 종교성을 없애는 것도 아니다. 기술은 새로운 종교성을 요구한다. 말하자면, 새로운 초월성을 요구한다. 새로운 초월성은 이 세상을 근본적으로 긍정하는 것과 관계가 있다. 이 점에서 우리는 두 문화신학자, 곧 쟈끄 마리뗑과 알버트 슈바이처 가운데 슈바이처를 택한다. 이세상에 대한 긍정, 삶의 본질적인 아름다움을 인정하는 것이 중요하다. 그렇게 될 때, 비로소 우리는 '하느님이 세상의 조건'이라고 보고 하느님을 이 세상을 설명하기 위한 가설로 보았던 종전의 유신론적 시각에서 벗어나 예수 그리스도의 성육신 사건으로부터 '사람이 하느님의 조건'이 되는 것을 보는 새로운 시각을 갖게 된다. 모든 것은 사람을 위하여 있다. 동시에 그 초월성은 하느님의 전적 타자성을 인정함으로써 역사 내재주의에 빠지지 않게 하고 무한히 새로운 세계를 향해 문을 연다. 기술은 은혜를 구한다. 기술은 은혜로써만 구원받을 수 있다는 인간의 현실을 밝혀 준다. 인간이 무엇인가를 가르쳐 준다는 뜻이다. 그 은혜의 세계는 합리성 이전에 있기 때문에 은혜의 세계인 것이다. 그것은 합리적인 보편원리 이전에 있기 때문에 존재론적이기 보다는 종말론적인 삶의 세계이다. 다시 말하면, 무한히 새로운 것을 내다 보는 초월의 시각이요, 그것이 바로 윤리다.

삶과 이세상의 본래적인 아름다움에 대한 긍정 그리고 새로움으로의 초월—이것은 기술가 이미 부분적으로 가져온 것이요, 나머지 일부는 현재 기술가 요청하는 것이다. 그리고 그것이 새로이 요청되는 윤리의 근거이다.

III
쟈끄 엘륄의 기술비판과 기술유토피아

　　폴 리쾨르는 "사회윤리의 전망"[1]이라는 논문에서 현대 사회윤리학이 다루어야 할 가장 큰 주제로 이데올로기와 테크놀로지를 들고 있다. 이데올로기의 종언을 알리는 소리들이 많이 있고 그에 따라 우리 나라에서도 일부 지식인들의 방향전환이 일고 있지만, 어떻게 그런 흐름들이 마감될 것이며 거기서 우리 민족이 취할 태도는 무엇인가 하는 각도에서 이데올로기는 여전히 중요한 논의의 대상으로 남아 있다. 특히 우리 나라에서는 남북이 대치하고 있는 상황하에서 그 동안 이데올로기의 논의가 제대로 되어 오지 않았다는 점, 그리고 통일을 위해서는 어떤 모양으로든 그 문제가 심도있게 다루어져야 한다는 점에서 우리는 서양 사람들이 추는 춤을 같이 출 수 없고 오히려 이데올로기 논의의 기초부터 시작해서 그 극복까지 한꺼번에 겪어야 하는 벅찬 과제를 안고 있다고 말하는 것이 옳을 것이다.

　　한편 우리는 유사이래 최초로 기술이 '지배적 현상'을 이루고 있는 시대에 살고 있다. 우리를 둘러싸고 있는 환경 또는 삶의 터전은 이제 더 이상 자연이 아니라 기술[2]이 되고 있다. 이 문제에 대한 인식은 1950년대 이후 기술―과학이 갑자기 비약적으로 발전하면

---

1) Le projet d'une morale sociale, christianisme sociale, 74(1966).
2) 테크닉(technique)과 테크놀로지(technology)를 우리는 '기술'이라는 말로 통일하도록 한다. 미국에서는 테크닉을 단순한 행위기법으로 보고 테크놀로지는 그러한 기법에 관한 이론으로 보아 '기술'로 번역하며(참조, 예를 들어 조셉 애거시, 이군현 역, 『현대문명의 위기와 기술철학』, 민음사, 1990, 22면), 기술만 중요시하는 경향이 있는데 프랑스 같은 경우는 거꾸로다. 테크닉이 문제의 '기술'이고 테크놀로지는 과학의 응용에 지나지 않는 것으로 쓰여진다. 그런데 사실 영·미식의 개념 분류는 적합치 않다. 왜냐하면 어원적으로 볼 때 '테크닉'이란

인식은 1950년대 이후 기술—과학이 갑자기 비약적으로 발전하면서 심각한 철학적 주제로 등장하기 시작했다. 물론 기술은 근대 서구의 세계관의 변화와 함께 새로운 문명의 형이상학적 근거로 등장했다. 즉 데카르트의 코기토(Cogito) 배후에 있는 형이상학, 그것이 기술-과학적 세계관인 것이다. 그러나 기술의 정체가 무엇이냐에 대한 급작스런 논의의 부상은 기술발전이 가져오는 여러 가지 부작용에 대한 염려에서부터 시작되었다. 기술발전이 산업화와 연관되면서 비롯되는 경제적 생산력 위주의 생활상이 가져오는 삭막함, 자동화로 인한 노동의 변화와 인간 배제 현상, 기계론적 사고가 초래하는 비인격화, 기술발전을 무기산업이 주도하면서 생기는 핵문제·환경문제·공해문제 그리고 기술발전이 생물학이나 유전공학과 연관되면서 생기는 생명윤리의 문제, 컴퓨터 산업의 발달이 인공두뇌 생산으로 이어지면서 일어나는 기술의 인간 지배에 대한 불안 등등의 문제가 기술철학 또는 기술신학에 대한 본격적인 논의를 부추겼다고 볼 수 있다. 따라서 20세기의 기술에 대한 심리학적, 사회학적, 철학적, 신학적 분석은 기술에 대한 비판에서부터 시작되었다고 보면 옳다. 그리고 기술에 대한 비판은 기술적 세계관, 기술적 형이상학에 대한 비판이다. 오스발트 슈펭글러의 서양의 몰락이란, '살아남기 위한 전략'을 본질로 하는 기술을 세계관적 바탕으로 삼는 서양 문명은 그 투쟁성으로 말미암아 반드시 멸망한다는 얘기다.[3] 하이데거의 탈형이상학은 기술-과학적 형이상학으로부터의 탈출이라는 의미를

테크네(techné)와 접미사 ikos(ique)의 합성어로 후자는 학문이란 뜻을 가지며 따라서 테크닉이란 테크네에 관한 학문, 이론이라는 뜻도 포함하여 결국 테크놀로지의 뜻도 갖고 있기 때문이다. 물론 테크놀로지란 말이 로고스가 개입된 테크네라는 의미를 명백히 해 주는 장점이 있지만 우리는 로고스가 포함되었든 안되었든 모든 테크네를 중시한다. 그리고 그것을 '기술'이라는 말로 통일하여 쓰겠다.

3) O.Spengler의 조그만 저서 Der Mensch und die Technik(1931)은 쉽고 명료한 기술비판서이다.

지닌다. 프랑스의 마르크시스트 앙리 르페브르의 일상성 비판은 현대인의 일상성을 이루고 있는 기술적 문화양식에 대한 비판이다.[4]

오늘날 철학의 흐름이 존재보다 언어를 중심으로 이루어지는 것도 기술 문명에 대한 비판의 의미가 숨겨져 있다. 말뜻(signifié)에 대한 말소리(signifiant)의 자율을 말하고 따라서 말뜻이 일의적으로 전달되는 말(parole)보다는 거리 또는 차이가 끼어들 여지가 큰 글(écritme)을 더 중시하는 데리다를 중심한 탈구조주의 또는 탈현대주의는 현대적 세계관, 즉 기술언어의 일의성으로부터 자유하고자 하는 시도다. 또 영미의 분석철학과 달리 대륙에서 상징론을 중심할 폴 리쾨르의 해석학이 크게 대두되는 이유도 마찬가지이다. 즉 인간이 갖고 있는 가장 기본적인 속성인 말 또는 언어로부터 새로운 해방의 길을 찾으려는 노력이며, 그것은 테크닉 언어에 대한 반성의 측면이 많이 들어 있다는 것이다.[5] 하이데거는 적어도 현대의 기술은 '말하는 동물'(zoon logon echon)로서의 사람과는 거리가 멀다고 본다. 조금 전에 말했듯이 그의 탈형이상학은 코기토의 절대적 확실성을 가능케 해주는 형이상학, 즉 세상을 대상화해 놓고 그것을 표상화 함으로써 객관적 확실성을 바탕으로 지배할 수 있다고 보는 형이상학의 배제다. 처음부터 코기토와 연관되어 있는 기술-과학적 시대는 세상을 마치 그릴 수 있는 형상으로 보는 시대다.[6] 그림인 한, 그것은 언어, 즉 존재를 제한하면서도 역시 존재를 담아내고 밝혀내는 언어와는 거리가 있다는 것이 하이데거의 기술비판이다. 자크 엘

---

4) Henri Lefebvre, La vie quotidienne dans le monde moderne(Paris: Gallimard, 1968). 이 책은 최근에 『현대세계의 일상성』이라는 제목으로 박정자에 의해 번역, 세계일보사에서 출판되었다.
5) 자끄 엘륄의 사상적 후계자인 브뤼셀의 젊은 학자 Gilbert Hottois의 L' Inflation du langage dans la philosophie contemporaine(Bruxelle, 1979)가 그러한 관점에서 현대 언어철학의 부흥을 분석하는 대표적 저서다.
6) M. Heidegger, Holzwege(Frankfurt a. M. 1953), pp. 69-105.

륄은 기술언어, 기술문명시대의 언어를 주술언어로 본다. 주술적 언어는 사용언어다. 주술은 원래 물질을 얻기 위한 최초의 기술언어다. 사용언어는 기능언어로서 객관적인 언어다. 언어란 원래 무엇을 말하기 위해 무엇을 말하는 것, 즉 세상을 말함으로써 자기를 말하는 것이라면 언어는 그 상징성, 실존성을 본질로 한다. 그런데 기술언어는 그러한 실존성과 상징성을 벗어난 언어라는 것이요, 즉 말의 상실이라는 것이다.

말의 상실은 달라질 수 있는 가능성의 상실을 뜻한다. 무한한 상상력의 세계, 지금 상태를 넘어서는 새로운 세계의 지평을 사람의 말이 가능케 한다. 사람은 말하면서 현실을 넘어서는 새로운 비전을 본다. 그래서 독재자들은 말을 막는다. 상징의 세 가지 차원에서도 폴 리쾨르가 특히 시적 상상력을 중시하는 이유가 거기 있다. 이미지를 중심으로 한 우주적 상징(미르치아 엘리아데) 또는 꿈의 상징(프로이트, 물론 쟈끄 라깡은 꿈을 언어로 풀고 있지만)보다는 '시적 상징'이 언어의 돌발을 포착하는 가장 역동적인 것으로 꼽히기 때문이다.[7] 언어가 가져오는 잉여(surplus)의 세계에서만 현실세계에 대한 부인이 가능하다. 말이 갖는 상징성으로 말미암아 같은 말이 전혀 새로운 것을 뜻하게 되고 그로 인해 사회를 전혀 새롭게 그릴 수 있게 된다. 따라서 만일 기술문명이 말의 상실을 가져오는 것이 사실이라면 그것은 현 사회질서에 대한 부정의 상실을 가져온다. 부정의 상실을 가져온 기술은 결국 현대 사회의 유일한 이데올로기로 등장한다는 것이 기술비판가들의 일치된 견해다. 여기서 이데올로기라 함은 정치이념 또는 통치이념보다는 허위의식을 통해 현 질서를 그대로 유지하고자 하는 경향성을 말하는 것으로 만하임에게서 유토피아와 대립되는 의미를 갖는 그런 개념이다.

---

7) P. Ricoeur, 양명수, 『악의 상징』, 문학과 지성사, 1983의 서론을 참조.

다름이 있는 곳에 윤리가 있다. 다른 세상에 대한 꿈이 윤리성이다. 새로움이 있는 곳에 윤리가 있다. 새 세상에의 꿈 그리고 그 실현을 위한 발걸음을 내딛는 것, 그것이 윤리적 차원이다. 새로울수록 윤리적이다. 그러므로 만일 기술문명 속에 비판가들의 말처럼 다름, 새로움에의 동기, 현실 초월, 현실에 대한 부정으로부터 시작되는, 그래서 세상 돌아가는 흐름을 거꾸로 가는, 길을 거꾸로 가는 유토피아가 없다면 거기에는 윤리력이 없는 셈이다. 윤리력 없이 물질의 풍요 속에서 그대로 생존할 뿐이다. 자리를 박차고 일어서는 (u-topie, ou-topos) 창조적 삶, 참다운 사람 살이가 없이 '자리'의 미신 속에 뿌리를 내리고 이데올로기적인 우화성(베르그송이 말하는 fabulation. 이것은 참다운 상상력이 아니다)의 뒷받침을 받아 그저 잘 먹고 잘 사는 삶이 판을 치는 사회에는 윤리가 없다.

이렇게 해서 우리는 이 글의 시작을 기술에 대한 비판을 언어철학과 연관시켜 출발했다. 그러나 기술의 본질이 무엇이냐 하는 것은 그리 간단한 문제가 아니다. 거기에 대한 학자들의 평가도 다양하여 기술을 아예 본질적으로 휴머니티와는 거리가 먼 것으로 보는 부정적 시각을 가진 학자들이 있는가 하면, 현재의 기술발전의 문제점을 지적하지만 그것을 본래성으로부터의 일탈로 보고 치유의 가능성을 점쳐 보는 학자들이 있으며, 아예 처음부터 기술을 긍정적으로 평가하는 학자들도 적지 않다. 그러한 태도들은 또 현대 문명에 대한 낙관론적, 비관론적, 또는 유보적 태도와 직결되기도 한다.

그러나 우리는 기술에 대한 비판적 시각에서부터 얘기를 시작했다. 그리고 본론의 첫번째 부분에서도 그러한 비판적 견해를 더욱 깊이 소개하려고 한다. 그것은 서구 학자들의 많은 수가 그런 입장에 서 있기 때문이기도 하지만,[8] 그보다는 우리 사회의 입장에서 볼

---

8) J. Y. Goffi, La philosophie de la technique(Paris: PUF, 1988), p.119.

때 그 동안 무비판적으로 받아들인 기술문화가 가져올 수 있는 폐단이 무엇인가를 아는 게 분명, 매우 중요하기 때문이다. 본론의 두번째 항목에서는 기술의 인간해방적인 측면을 유토피아 정신과의 관련하에서 말하려고 한다. 여기서는 기술의 본질 자체를 비판하는 견해를 비판하는 작업이 포함된다. 사실 기술의 본질은 사람을 살리는 데 있다. 새롭게 하여 사람을 사람답게 하는 데 있다. 그러므로 우리로서는 기술문명이 가져올 수 있는 부작용을 아는 것 못지않게 기술정신의 인간해방적 측면을 아는 것이 중요하다. 왜냐하면 우리는 서구로부터 기술을 받아들일 때 물질로 받아들였으며 지금까지도 기술을 기계나 도구 정도의 물질적인 것으로만 여기고 있기 때문이다. 원래 기술이 등장하면서 생긴, 근대에 기술문명이 정식으로 자리잡는데 그 바탕을 이루었던 정신혁명에 대해서는 모르고 있다는 얘기다. 기왕에 우리 나라도 기술문명을 향해 나가고 있는 한(이 점을 부인하는 것은 지극히 현실성이 없는 주장이다) 그 정신적 측면을 알아야 기술의 부작용에 적절히 대처할 수 있다. 더구나 기술정신은 우리 문화를 보완하여 우리로 하여금 휴머니즘을 실현하고, 사람을 높이고, 이 세상을 귀하게 여기는 정신을 갖게 하는 요소를 갖고 있다. 기술발전이 사회변동의 벡터(vector)가 되면서 그러한 정신적 요소들이 덩달아 잠재되어 있으나 아직 대중적 정신으로 의식화되지 않았다. 그것을 의식화시켜야 한다. 끝으로 셋째 항목에서는 기술사회 속에서 신학이 어떠한 대안을 갖겠느냐 하는 점을 생각함으로써 이 글을 맺으려 한다.

1.1 엘륄의 기술비판: 기술은 우상적 종교성(聖)이 되고 말았는가

우리는 여기서 우선 쟈끄 엘륄의 관점을 중심으로 학자들의 기술비판을 알아보겠다. 사실 엘륄의 작품에는 기술을 나쁘게 평가하기 위한 모든 관점이 다 들어 있다고 해도 과언이 아닐 것이다. 기술에 관한 그의 수많은 저서 가운데서도 특히 『기술, 세기의 도전』과 『기술조직』은 역사상 기술을 가장 철저하게 그리고 근본적으로 파헤치고 문제시한 작품으로 평가된다. 뿐만 아니라 그의 분석은 사회학적이고 어느 정도 철학적이며 매우 신학적이다. 즉 그는 기술을 종교성의 문제로 본다. 기술을 현대판 성(聖), 즉 현대인의 정신을 지배하는 우상적 종교성으로 본다. 물론 우리는 기술을 성으로 보지 않지만, 여하튼 종교성의 관점에서 분석하는 엘륄의 기술비판이 매우 흥미로운 것임은 분명하다. 그것은 기술신학을 구축하기 위해 필요한 여러 가지 관측점들을 제공할 것이기 때문이다.

엘륄은 기술 문제에 대해 우리가 납득할 만한 몇가지 시각들을 제시한다. 첫째, 그는 기술발전이 거대한 문화변이를 가져왔음을 일찌감치 확인했다. 기술발전으로 인해 인간은 자연사회에서 기술사회로, 자연적 문화에서 인공문화로 옮겨졌으며 한마디로 자연에서 기술로 옮겨갔다고 할 수 있다.[9] 그러한 변이는 너무나 철저한 것이어서 문화의 내용 뿐 아니라 문화의 개념 그 자체를 바꾸어 놓았다. 그 전에는 문화라고 하면 꼭 자연과 짝을 이루어 자연의 이용으로 생각되었는데 지금은 문화가 인공과 짝을 이룬다. 그리하여 인공, 즉 기술을 삶의 모든 분야에 적용하는 것이 문화로 이해되게 되었다.[10] 그리고 그러한 문화변이는 사람 그 자체의 변화를 가져왔다. 이제 기술은 사람의 '아프리오리'가 되었고(마르쿠제), 아놀드 겔렌

---

9) J. Ellul, Le système technicien(Calmann-Lévy, 1974).
10) J. Ellul, La téchnique ou l'enjeu du siècle 〔Paris: Economica, 1990(초판 1954)〕, p. 39.

의 표현대로라면 사람의 '무의식적 상부구조'가 되었으며,[11] 가브리엘 바하니안의 표현대로라면 사람의 '새로운 본성'이 되었다. 이제부터 결정적인 것은 사람의 본성 또는 자연이 아니라 참사람을 만드는 기술이다.

둘째, 엘륄은 그러한 문화변이가 기술의 비신성화 작업의 결과로 일어난 것임을 인정한다. 기술의 발전으로 모든 것이 완벽하게 설명되게 되었다. 이 때, 설명될 수 없었기 때문에 숭상되었던 신성한 것들이 그 무조건적인 권위에 타격을 입게 되었다. 맹목적인 믿음과 순종에서 합리성으로의 이동에는 그처럼 비신성화가 따른다. 그러한 비신성화는 사실 그리스도교의 신앙을 제자리에 올려 놓는 효과를 가져온다. 그리스도교의 하느님은 불가해한 신비도, 도달할 수 없는 성(聖)도, 타부의 대상인 절대자도 아니요, 그분은 사랑이신 전적타자성이요, 그래서 사람의 몸으로 세상에 오셔서 우리로 하여금 세상을 사랑하며 세상으로부터 자유케 하시는 분이기 때문이다.

역사적으로 볼 때도 18세기에 기술이 비약적으로 발전할 때, 종교적이고 사회적인 타부들이 엄청나게 파괴되면서 진행되었다. 성의 모습을 띠고 있는 자연스런 위계질서와 단절이 있었다. 그처럼 기술이 만드는 새 질서는 응집되어 있던 사회를 흩으면서 이룩된다.

뿐만 아니라 엘륄은, 기술이 초래한 영적 변화가 종교성의 말살을 가져오지는 않는다는 점 역시 잘 알고 있다. 기술이 몰고 온 세속화로 인한 '비종교화'에도 불구하고 사람은 여전히 호모 레리기오수스(homo religiosus)로 남아 있다는 것이 엘륄의 주장이다. 기술사회는 중세에 못지않게 종교사회이다. 그러나 물론 기술사회의 종교성은 그 이전의 종교성과는 판이하게 다른 종교성이다.[12] 기술발

---

11) A. Gehlen, "Die Seele im technischen Zeitalter, Sozialpsychologische Probleme" in Der industriellen Gesellschaft(Hamburg: Rowohlt, 1957), p. 39.

12) J. Ellul, L'espérance oubliée(Paris: Gallimard, 1972), p. 81.

전은 이전과 다른 새로운 종교성을 요청함을 엘륄은 암시하고 있다.
　그런데 문제는 엘륄이 기술을 현대판 성(聖)으로 본다는 점이다. 그는 성의 기능과 구조를 잘 알고 있다.[13] 성이란 말하자면 원시시대의 종교성이요, 그리스도교적 입장에서 보면 일종의 우상적 종교성으로서 하느님 아닌 것이 하느님인 체하는 것이다. 성의 종교성은 어느 시대에나 있어 민중을 사로잡는다. 그것은 원래 무시무시한 자연의 혼돈 속에 던져진 인간이 질서를 창출하여 삶을 유지하는 데 이바지하는 종교성이다. 성스러운 장소는 질서유지의 핵심부로서 권위를 창출함으로 대중의 목숨을 부지시키고 먹고 사는 문제를 보장한다. 따라서 성이 갖는 초월성은 그것이 속(俗)과의 단절 또는 분리를 내세우기 때문에 겉으로 보기엔 초월적이고 이 세상사를 떠나 있는 숭고한 것 같으나 실제로는 이 세상(속)의 유익을 구하기 위한 종교적 의도와 밀접히 연관되어 있으며 따라서 미르치아 엘리아데가 지적하고 있듯이 성은 상당히 실용성[14]에 바탕을 둔 것이다. 거기에는 성서적 의미의 참된 초월성, 즉 불트만이 말하는 '탈세상화'가 없다. 탈세상화란 세상을 본받지 않는 것을 가리킨다. 다른 한편 성의 종교성은 항상 성과 속의 이분법을 바탕으로 하기 때문에[15] 이세상을 새 세상으로 바꾸는 역동적 윤리를 창출하지 못하고 저세상만 바라게 한다. 엄밀한 의미에서 윤리가 없다. 결국 성이란 민중으로 하여금 저세상을 바라게 하면서 동시에 이세상에서 자기 개인이나 가족의 영달을 확보토록 하는 종교성이다. 아편적 종교성이다.
　엘륄은 성의 모호성 또는 양면성도 알고 있다. 성의 양면성이란 진정한 성의 사회학자로 불리우는 까이와가 밝힌 것이다.[16] 성에

---

13) J. Ellul, Les nouveaux possédés(Paris: Fayard, 1973), 3장 참조.
14) M. Eliade, Traitée d'histoire des religions(Paris: Payot, 1964), pp. 32, 41.
15) 이것은 성의 제일 명백한 속성이다. 참조, E. Durkheim, Les formes élementaires de la vie religieuse 〔Paris: P.U.F., 1985(1912)〕.
16) R. Caillois, L'homme et le sacré(Paris: Gallimard, 1963).

는 '숭상의 성'(le sacré du respect)이 있고 '범함의 성'(le sacré de la transgression)이 있다. 숭상의 성은 성스러운 '장소'에 거하고 범함의 성은 성스러운 '시간'을 만든다. 제의의 시간이 그것이다. 제의의 시간은 성의 축제와 연결되어 제한된 시간 내에서나마 종전에 성스럽게 여겨지던 것들을 파괴한다. 성의 질서로부터 일탈한다. 그러나 범함의 성은 아주 제한된 시간에만 국한된다. 그리고 알고보면 그것은 딱딱하게 굳어 민중을 긴장시키기 쉽상인 성의 질서에 숨통을 터주어 결국은 성의 질서를 유지하기 위한 것에 지나지 않는다. 결국 성은 그것이 비록 질서이탈을 허용하는 메커니즘을 안에 가졌더라도 지극히 전체주의적이며, 질서유지적이며, 이데올로기적이다. 그리하여 성서적인 종교성과는 거리가 멀다. 엘륄은 단언한다: "성은 성서 계시 속에서는 어떤 조그만 거처도, 어떤 존재 근거도 찾지 못한다."[17]

결국 엘륄이 기술을 현대판 성으로 본다는 것은 기술은 그리스도교 정신과는 거리가 있다는 얘기가 된다. 기술은 비신성화한다. 그러나 이전의 성을 비신성화한 기술은 이제 자기가 스스로 성스런 자리에 앉는다. 성은 없어지지 않고 성의 이동만 있다. 자연에서 문화로, 기술로 성이 이전하였다. 즉 기술을 손에 쥔 인간은 역사를 성으로 생각하기에 이르렀다. 그리스도교에서는 자연도 역사도 성이 되어서는 안되는데 말이다. 이제 현대인의 가장 원초적 경험은 자연이 아니라 이미 '삶의 터'가 된 기술이다. 기술은 현대인의 무의식 속에서 무엇이든 이루어낼 수 있는 '마술'로 숭상되게 되었다. 과학이 재신화화(remythologisation)를 주도하듯이 이제 마술이 된 기술은 재신성화(resacralisation)를 주도하며, 스스로 현대 최고의 성으로, 종교성으로 자리잡게 되었다. 그렇다면 기술문명이 주도하는 현대 사회는 세속화되지도, 비신화화되지도 않았고 여전히 성스러운

---
17) J. Ellul, 앞의 책, p. 79.

사회로 남아 있다는 얘기가 된다.[18] 다만 그 상징이 자연적인 것에서 기계적인 것으로 옮겨갔을 뿐이다. 이리하여 엘륄은 이른바 세속화되었다고 하는 현대 사회의 일각에서 일고 있는 종교부흥이 복음에 의한 것이 아니라 테크닉(기술)만 발달한 우상적 종교성, 즉 성에 의한 것일 수 있음을 암시한다.

그러면 왜 엘륄은 기술을 현대판 성, 즉 우상적 종교성으로 보는가? 여기에는 몇 가지 이유가 있다. 우리는 그 이유들을 살펴봄으로써 기술비판가들의 관점을 알 수 있게 될 것이다.

1.2 기술은 권력의지다

엘륄은 슈펭글러처럼 기술을 권력의지의 표현으로 본다. 성의 종교성은 권력의지를 충족시키는 종교성이다. 그리고 모든 권력의지는 언제나 정당화의 문제와 연결된다. 기술은 바로 이 권력의지의 추구와 자기 정당화의 결합이라고 보는 것이 엘륄의 견해다. 가장 원초적 기술이라고 할 수 있는 주술에서 그 두 측면이 잘 드러난다. 주술은 자연을 '대상화'시켜 놓고 그것에 인간의 힘을 가해 물질적 취득물을 얻으려는 것이며, 동시에 영적으로는 주문을 외면서 그러한 작업의 정당성을 자연신으로부터 얻어낸다. 최초의 기술은 그처럼 권력의지와 자기 정당화의 산물이다. 기술은 대상화에서 시작되고 대상화는 무언가를 지배하려는 인식론적 작용이라는 것이 기술비판가들의 견해다. 사실 대상화에 수반되는 표상작용은 Vorstellung 즉 모든 것, 즉 흩어진 것들을 자기 앞에 갖다 세워 놓는다는 의미다. 그것은 칸트의 『순수이성비판』에서도 명백하게 드러난다. 엘륄에 따르면 현대 기술의 본질도 그와 다를 바가 없다. 현대의 기술이 비신성화하는 작업, 그것은 사람이 정당성의 문제를 자기

---

18) J. Ellul, L'espérance oubliée, p. 81.

손 안에 쥐겠다는 것 이외의 다른 뜻이 아니라고 본다. 그리하여 기술이 정당화하는 주체가 되었고 최고의 가치가 되었다. 엘륄은 말한다: "기술발전은 기본적으로 인간의 권력의 표출이며, 그를 통해 사람은 자기 스스로를 숭상하고자 하는 것이다. 권력의지의 실현이 기술의 목표이며, 물질의 획득은 그 부산물에 지나지 않는다."[19] 사람은 기술을 통해 자기를 표현한다. 왜냐하면 기술이야말로 권력지향적 본능을 충족시킬 수 있는 가장 좋은 도구이기 때문이다.[20] 결국 기술이 낳은 새로운 종교성은 사람이 자기의 일을 정당화하고 그 일 속에서 스스로가 정당화되는 데 이바지하는 종교성이다. 권력의지 - 행위로 의롭게 됨(결의론), 이것이 엘륄이 본 기술의 내면구조다.

그러므로 기술언어는 자연시대나 다름없이 주술언어다. 기술언어는 사람으로 하여금 자기가 정복할 수 없는 것을 정복하는 것처럼 보이게 하는 환상을 제공하며, 온갖 모순이 서둘러 통일되고 조화되는 것 같은 착각에 빠지게 한다.[21] 그것이 마르쿠제가 기술을 선진산업사회의 이데올로기로 보는 이유다.

어쨌든 대상화를 통해 대상을 지배하는 것을 본질로 하는 기술은 모든 것을 지배의 효율성, 그 기능성 위주로 측정한다. 무엇과 그것의 효율성은 완벽하게 혼동된다. 사람을 볼 때도 그 사람이 뭘 얼마만큼 이루어낼 수 있느냐 하는 기능과 효율성 위주로 본다. 대상화는 마침내 사람을 대상화하여 자연을 지배하는 데서 사람을 지배하는 데로 옮아간다. 기술은 사람을 사물화하여 지배한다. 사람은 더 이상 주체가 아니라 거대한 기술 조직 속에서 수동적이고 중립적이 됨에 따라 기술의 객체가 되어 버렸다. 기술이 주체다. 그리하여 사람과 사람간의 커뮤니케이션도 '말'(parole) 없이 이루어진다. "말

---

19) J. Ellul, Le système technicien, p. 81.
20) J. Ellul, La technique ou l'enjeu du siècle, p. 133.
21) H. Marcuse, L'homme unidimensionnel, Essai sur l'idéologie de la sociéte industrielle avancée(Paris: Minuit, 1968), p. 118.

하는 것은 '그것'이거나 혹은 익명의 '누구'이다." 말하는 존재로서의 사람이 빠져 버린다. 그리하여 엘륄도 오뜨와처럼 현대철학에서의 언어의 홍수는 기술문명 속에서의 말의 상실에 대한 보상작용이라고 본다. 말의 상실, 그것은 사람의 상실이다. 사람을 희생제물로 삼으며 존재하는 우상적 종교성인 성[22]처럼 기술은 사람을 배제한 채 사람의 손을 떠난 인공적인 것과의 대화만을 꾀한다는 것이 엘륄의 진단이다.

I.3 기술의 자율성 문제다

앞에서 말한 권력의지의 자기 정당화는 자율성을 전제로 한다. 자율성이란 기술 스스로 자기에게 법이 된다는 말이다. 기술은 자율적이 됨으로써 최고의 가치가 된다. 이 자율성의 문제야말로 기술문제를 다루는 가장 핵심적인 관점이다. 왜냐하면 만일 엘륄의 말대로 기술이 자율적이라면 기술은 사람의 통제를 벗어나는 것이기 때문이다.

무엇에 대한 자율인가? 사람에 대한 자율이다. 그러므로 기술의 자율은 사람의 배제를 뜻한다. 현대의 기술은 사람의 의지를 벗어나 자기 길을 간다. 원래 기술은 어떤 목적을 이루기 위한 수단으로 출발했다. 그러나 오늘날 기술은 스스로 목적이 되었다. 기술이 도대체 인간을 위해 무엇에 기여할 것이냐 하는 물음이 더 이상 설

---

[22] 르네 지라르(René Girard)는 성으로서의 종교성은 언제나 폭력을 통해 존속하며 그것은 곧 인간의 희생을 뜻한다고 한다. 그래서 성의 종교성을 가지는 사회는 한 차례씩 대량학살이 벌어진다. 말하자면 그는 사회의 폭력을 종교와 관련시켜 분석한다. 그 대표적인 저서가 유명한 『폭력과 성』(La violence et le sacre, 1972)이다. 그리고 그는 그리스도교 신앙에서 성과 달리 폭력을 통하지 않고 오히려 자기 희생을 통해 존속하는 사회의 가능성을 본다. 거기에 관한 책이 『속죄양』(Le bouc émissaire, 1982)이다.

득력이 없어지고 기술은 자기 원리, 즉 효율성에 의해 움직인다. 효율성 자체가 목적이 되었다. 그렇다고 물론 기술이 수단이 아니라는 뜻은 아니다. 하버마스가 기술을 '합목적적인 합리적 행위'로 보듯이 엘륄에게도 기술은 언제나 도구적이다. 그러나 그 도구성이 이제 독립적인 현실성을 획득하게 되었다. 그리하여 현대 기술사회에는 도구, 즉 수단만이 있다. 종전의 주체와 객체의 구별은 의미가 없어지고 수단만이 있다. 객체는 주체를 통해서만 존재한다고 하는, 인식론 위주의 주체철학이나, 주체 너머에 주체를 제약하는 무엇인가가 있다고 하는 존재론적 물음 모두가 현대 기술사회에서는 의미를 잃는다. 오직 수단만이 현실이며, 주체는 수단에 끌려다니고, 객체는 수단의 부산물일 뿐이다. 그러므로 기술사회를 객체의 왕국으로 보는 분석 역시 옳지 못하다.[23]

수단으로서 스스로 목적이 된 기술의 자율성은 배타성과 보편성을 두 축으로 한다. 배타성을 가진 기술은 다른 것과 섞이기를 거부하고 오히려 다른 것들을 발 아래 둔다. "기술의 특성은 가는 곳마다 곧 '터'를 잡고 '군림'하는 데 있다."[24] 현대인으로서는 기술을 취하느냐 안하느냐 하는 것은 사느냐 죽느냐 하는 문제가 되었다. 선택의 자유는 없다. 우리는 지금 기술이 아닌 모든 것을 제거하는 시대에 살고 있다.[25] 그리하여 기술은 모든 활동영역에 침투하게 되었다. 문화, 종교, 정치, 섹스 등 모든 것이 기술화된다. 사람의 행위구조 자체가 기술적으로 된다. 말하자면 진실은 어데 가고 기교만 판을 친다는 말이다. 어느 민족이고 기계화하지 못하면 살아남지 못한다. 기계화하는 한, 민족적인 특성은 없어진 채 기술이 만드는 일정한 사회형태, 가족형태, 경제·심리적 조직, 생산성의 이

---

23) J. Ellul, Le système technicien, pp. 54-55.
24) G. Hottois, Le signe et la technique, La philosophie à l'épreuve de la technique (Paris: Aubier, 1984), p. 120.
25) J. Ellul, La technique ou l'enjeu du siècle, p. 78.

데올로기가 지배한다. 문화의 다양성은 사라지고 세계는 완벽하게 하나의 기술사회가 된다.

그러한 기술의 지배는 정확한 수학적 결과를 얻기 위해 인간적인 요소를 가능한 한 모두, 작업에서 제거하는 데까지 나아간다. 사람 대신에 기계가 들어감으로써 노동은 벙어리가 되고, 기획과 실행이 분리됨으로써 노동의 자발성이 없어진다.[26] 모든 사고 활동에 기술이성이 지배한다. '에피스테메에 대한 테크네'의 우위다.[27] 현대 정치는 기술관료가 지배한다. 기술이 모든 결정을 하는 셈이다. 물론 사람이 결정하지만 그 사람이란 이미 기술에 의해 조건지어진 사람이다. 기술사회에서 민중의 최대의 덕은 '적응'이다. 앞서가는 기술에 적응하며 기술이 만들어 놓은 현실에 순응하는 것, 기술에 의해 주어진 사실을 알기보다는 그냥 인정하는 것이 덕이다. '사실의 이데올로기'(Ideologie du fait)[28]가 지배하는 기술사회에서 덕은 더 이상 창조와 관련된 것이 아니라 생존과 관련되게 되었다. 사람은 선택의 자유를 잃고 효율성을 추구하는 기술의 도구가 되었다.

배타성과 보편성을 가진 현대의 기술은 자율성으로 인간적인 것을 없애며 모든 영역을 지배하게 되었다. 하버마스의 용어로 한다면 기술, 즉 도구적 행위, 모놀로그적인 일방행위, 생산행위가 윤리 및 정치, 커뮤니케이션 행위, 상호 인격적 행위, 휴머니티를 낳는 프락시스까지도 삼켜 버리게 되었다는 말이다. "도구적 행위가 모든 카테고리를 산출하는 패러다임이 되었다. 이제 모든 것이 생산운동에 흡수되게 되었다."[29] 그리하여 생산력과 생산관계를 마르크스,

---

26) G. Friedmann, Le travail en miettes(Paris: Gallimard, 1964), pp. 19-20.
27) J. Ellul, Le système technicien, p. 140.
28) J. Ellul, "Rechorche pour une Ethique dans une société technicienne" in Ethique et Technique, Editions de l'université de Bruxelles, 1983, p. 11.
29) J. Habermas, Technik und Wissenschaf als Ideologie(Frankfurt, 1969).

즉 후자가 전자에 예속된 현상을 통해 사회 이데올로기를 설명하려고 했던 마르크스의 도식은 프락시스(윤리·정치행위)에 대한 테크네의 지배라는 도식으로 바뀌어야 한다고 하버마스 자신이 말하고 있다. 테크네가 프락시스를 삼켰다는 것은 기술비판가들이 볼 때는 기술발전이 자체 내부의 법칙에 따라 이루어지며 엄밀한 의미에서 사람의 자유로운 개입은 배제됨을 뜻한다. 이 점은 하이데거도 그의 논문에서 어느 정도 예언한 바 있다. 즉 전통적인 기술은 포이에시스(poièsis, 하이데거는 아리스토텔레스의 개념 포이에시스-테크네 연관을 인용한다), 즉 생산에 관련된 것으로 생산이란 pro-dure, pro-duct, 즉 '무엇을 드러내는 행위'(Her-vor-bringen)이다. 그것은 모든 진리탐구에 수반되는 것으로 단순히 도구적 의미만을 지니지 않은 채 존재론적 의미까지 함유하는 긍정적인 것이다. 그러나 현대의 기술은 단순히 생산, 즉 무엇을 드러내는 행위가 아니라 그 자체 안에 내적인 요구를 갖고 있다. 그것은 자기가 밝혀낼 그 무엇과 독립하여 스스로 자기 방향을 설정하며 그 방향에 정당성을 부여한다. 그것은 현재에 이미 미래의 방향을 정해 놓는다.[30]

그렇게 되면 마르쿠제가 말하는 대로 "사람이 자율적으로 자기 삶을 결정하는 것은 '기술적으로' 불가능하게" 된다.[31] 이 때 인간의 책임성은 완전히 배제된다. 기술은 탈윤리성(an-éthicité)을 낳는다. 기술사회는 중립적이고 탈윤리적인 사회다. 비윤리가 아니라 탈윤리 속에서 살기 때문에 사람들은 탈윤리가 가져올 어마어마한 비윤리성을 인식하지 못한 채 산다. 엠마누엘 레비나스의 표현대로라면 '되어진 말'(Dit)만 있고 '하는 말'(Dire)이 없는 사회 속에서 책임성이 사라지는 것은 당연하다 하겠다.

---

30) M. Heidegger, "Die Frage nach der Technik" in Vorträge und Aufsätze〔Tübingen: Neske, 1959(1954)〕, pp. 22이하.
31) H. Marcuse, 위의 책, p. 182.

I.4 기술을 현대세계의 유일한 이데올로기로 본다

성이 갖는 사회적 속성은 이데올로기다. 이데올로기는 통합화, 전체화, 자기합리화 등을 통해 기능한다. 현대 사회의 어느 것도 기술만큼 자기 합리화를 잘하는 것이 없다고 본다. 흔히 학자들은 현대 사회를 받쳐주는 정당성의 문제를 담당할 만한 것이 없으므로 바야흐로 탈현대주의로 가야 한다고 하는데[32] 엘륄은 기술이 바로 그 역할을 하고 있다고 본다. 기술의 합리화 능력은 계급에도 구애를 받지 않아, 프롤레타리아도 기술을 해방자로 생각하고 있다.[33] 앙리 르페브르에 따르면 기술의 합리화 능력은 현대인의 무의식 속에 너무나 자연스럽게 자리잡고 있어 "그 이데올로기성이 더 이상 느껴지지 않을 정도"이다.[34] 왜냐하면 기술의 이데올로기는 예전과 달리 아주 과학적으로 단장하고 있기 때문이다.

한편 기술은 하나의 거대한 조직을 이루어 완벽한 통합기능을 수행한다. 비기술적인 것은 비조직적이고 무정부주의적인데 그것은 허락되지 않는다. 전체화, 중앙집중화만 허락된다. 컴퓨터란 결국 모든 것을 철저히 조직화하겠다는 의미를 갖는 것이며, 거기에 민주화나 지방분산은 사실상 불가능하다. 기술조직 속에서 '아니오'란 존재치 않으며 언제나 철저하고 삭막한 동일성만 있다. 기술은 삭막한 것이다. 그것은 모든 것을 단순화하고 창조성을 말살하며 삶의 리듬을 추상화한다. 베르그송은 삶을 새로움의 연속이라고 했는데 만일 기술이 그처럼 삶을 추상화하여 새로움의 역동성을 정적인 동일성으로 만들어 버린다면 기술적 삶은 참다운 삶이 아닐 것이다.

---

32) J. F. Lyotard, La condition postmoderne (Paris: Minuit), 1979.
33) J. Ellul, Les nouveaux possédés, p. 97.
34) H. Lefebvre, 위의 책, p. 183.

모든 것은 규범화되고 정상화된다. 정상적인 것이 덕이 된다. 새로움으로의 일탈, 비정상적인 것, 부자연스런 것은 반기술적인 것으로 정립된다. 그러므로 기술에는 참다운 의미의 초월이 없다. 한계를 모르고 달려가지만 참된 초월을 모르는 것, 그것을 오뜨와는 '검은 초월'이라고 부른다.[35] 알고보면 기술에는 모험이란 전혀 없고 기술이 기술을 낳는 필연성만 있다. 사람의 행위에서 원래 목적이란 수단의 축적을 초월하는 것인 반면[36] 기술은 수단이 철저히 목적을 지배한다.

이상과 같은 특징으로 엘륄은 기술을 현대인을 지배하는 우상적 종교성, 즉 성으로 보았다. 그러면 과연 기술을 그렇게만 볼 수 있는 것일까? 우리는 다음에서 성과는 반대되는 종교성의 개념인 유토피아를 중심으로 하여 기술의 본질을 설명하며, 그에 따라 기술이 갖는 인간해방적인 측면을 살펴보겠다.

II. 1 기술과 유토피아

기술은 성스런 종교의 모습을 띠어 모든 인간 활동을 지배하는 것이 될 수도 있다. 그때는 기술이 일으킨 세속화가 세속주의로 빠져 하느님의 초월성을 몰아내리라. 인간은 무엇이든 본래의 모습을 왜곡시켜 그것을 하느님처럼 받들어 우상으로 만드는 능력을 갖고 있다. 해방의 단초가 되었던 것을 억압의 도구로 만들어 버리고 말 수 있다. 기술이 기술주의로 되면 그렇게 된다. 은혜 구하기를 망각한 채 모든 인생사를 사람의 기술로 해결하려고 하는 사회라면, 거기서는 엘륄이 말한 대로 신앙이 불가능하리라.

---

35) G. Hottois, 위의 책, p. 152.
36) J. Freund, "Observations sur la finalité respective de la technique et de l'éthique" in Ethique et Technique, p. 42.

그러나 기술이 꼭 기술주의로 가라는 법은 없으며 사실 기술주의는 기술의 본래 생리에도 맞지 않는다. 보통 기술주의라 하면 기술이 갖고 있는 도구적 성격이 유일하고 참된 가치로 여겨짐을 가리키는 데, 기술은 사실 삶의 '방식' 또는 '방법'이지 생산을 위한 '도구'가 아니다.[37] 기술이란 처음부터 경제적 문제가 아니라 형이상학적 문제라는 말이다. 삶의 방식, 삶의 진리를 '드러내는' 방식으로서의 기술은 결국 모종의 초월성과 관련된다. 삶이란 초월적인 것이요, 삶이 지니는 초월성은 그것이 밖으로 드러남으로써만 참 초월성이다. 삶의 초월성은 구체성, 생산성 밖에서는 존재하지 않는다. 삶의 초월성을 구체화하고 생산하는 것, 그것이 아트(art)이다. 기술은 예술이다. 그러면 기술을 통해 표현되는 초월성, 또는 기술정신이 지니는 종교성은 어떤 것일까?

우리는 그것을 유토피아라고 하자. 성의 종교성이 있는 반면 유토피아의 종교성이 있다. 흔히 유토피아라 하면 비현실적인 공상을 연상하지만 서양 사람들이 유토피아란 말로 표현하고자 했던 것은 끊임없이 새로운 것을 추구하는 정신이다. 에른스트 블로흐가 그의 책 『희망의 원리』(Das Prinzip Hoffnung)에서 강조한 유토피아 정신의 핵심은 '새 것'(Novum)이다. 유토피아적 의식은 심리학에서 말하는 것과는 달리, 과거의 축적인 잠재의식이나 무의식에 의해 결정되는 것이 아니라 오히려 앞을 향해, 전혀 새로운 미래를 향해 열린 전의식(pro-conscience)이라 할 수 있다. 그것은 이미 있는 것

---

37) 하이데거가 아리스토텔레스를 인용하여 기술을 진리 또는 존재론과 연관시켜 말하는 근거도 거기에 있다. 기술(technè)은 진리(epistemè)를 드러내는 방식이다. 따라서 기술을 통한 생산, 즉 pro-duction도 삶의 진리를 드러내는 것과 관련이 있다. 생산, 포이에시스(poièsis)는 처음부터 삶을 표현하는 예술(포에티끄)을 가리킨다. 기술은 삶의 진리를 드러내는 삶을 표현하는 예술(포에티끄)을 가리킨다. 기술은 삶의 진리를 드러내는 삶의 방식이다. 참조, 하이데거, "Die Frage nach der Technik" in Vorträge and Aufsätze.

들을 '설명'하기에 급급한 형이상학과는 달리 전혀 새로운 것을 향해 현실을 다시 그리는 변화의 '사건'이라고 할 수 있다. 그러므로 유토피아의 핵심인 새로움은 현질서와 어긋나는 정신(inadaequatio intellectus et rei)을 창출함으로써 현실에 대한 비판력을 배양한다. 만하임이 그의 책 『이데올로기와 유토피아』에서 말한 유토피아 정신은 그런 현실비판을 특징으로 한다. 이데올로기나 유토피아나 모두 사회적 상상력으로서, 현질서와 어느 정도 거리를 두는 정신들이지만(둘 다 '존재초월'로 표현된다) 이데올로기가 현질서를 정당화하기 위해 그런 상상력을 발동하는 반면 유토피아는 현실을 부정하고 해체하여 새 질서를 구축하기 위해서 그린다.

유토피아가 새 것을 향한다고 해서 전혀 터무니없는 것을 꿈만 꾸고, 그것의 실현을 뒤로 미루는 것을 뜻하지는 않는다. 유토피아의 역사를 연구한 라뿌쥬는 말한다: "유토피아니스트들은 자기 생각들을 가지고 꿈을 꾼 게 결코 아니었다. 그들은 자기들 생각이 실현되기를 간절히 바랐다. 그 실현을 위해 목숨까지도 바칠 수 있었다."[38] 만하임은 유토피아 정신의 가장 대표적인 것으로 천년왕국설을 드는데, 종교개혁 당시에 천년왕국을 세우고자 했던 무리들은 천년왕국을 단지 기다린 게 아니라 바랐다. 실현을 뒤로 미루는 기다림이 아니라 '바람'이다.[39] 바람은 실현을 몰고 온다. 강한 실현욕구로 말미암아 미래가 현재화되는 것이다. 블로흐나 몰트만이 말하는 '희망'이란 것도 그런 것이다. 희망은 믿음이고 믿음은 희망이다. 유토피아 정신, 곧 새 것을 향한 희망의 정신은 새 질서를 간절히 바람으로써 지금 여기 실현코자 하는 역동성이다.

결국 유토피아 정신은 새로움과 종말로써 이루어진다. 전혀 새

---

38) G. Lapouge, Utopie et civilisations(Paris: Flammarion, 1978), p. 49.
39) 독일어로 거의 같은 뜻인 두 낱말을 구분해서 쓴 것은 만하임이다. 불어판에서는 전자는 '기다림'(attente), 후자는 '믿음'(la foi constante)으로 새겼다. K. Mannheim, Idéologie et utopie, p. 175.

로운 것이 지금 여기서 이루어짐으로 새 세상을 살고자 하는 정신이다. 따라서 유토피아적 초월성은 성의 초월성과는 다르다. 성은 성과 속의 분리를 통해 그 초월성을 유지하는 반면 유토피아는 성 속의 분리를 모른 채 '육화된 초월성'으로 이 세상에 참여한다. 그것은 지금의 질서를 바꾸어 새 세상을 만들게 하는 초월성으로서 성의 초월성이 갖는 이데올로기적 성격을 배제한다. 유토피아가 갖는 이 세상성, 구체성 때문에 블로흐는 '초월 없는 초월성'이라고 했다. 성의 초월성은 전체주의적 권위에 들러붙어 개인의 이기주의를 실현시키는 것인 반면 유토피아의 초월성은 새 하늘과 새 땅을 보며 자기를 희생시킬 줄 아는 정신이다. 가브리엘 바하니안의 표현대로 하자면 전자가 유독히 구원론 중심적이라면, 후자는 종말론적인 초월성이다.[40] 유토피아는 자기 존재가 안착할 자리를 잡지 않고 자리를 뜨는(ou-topos) 성서적 인간상, 즉 방랑자(homo viator)의 정신이요, 따라서 일상성을 너머 '존재의 극소화, 윤리의 극대화'[41]를 꾀하는 정신이다.

그러면 기술정신이 어떻게 유토피아적 초월을 내포하며 그것을 원동력으로 삼고 있는가를 보자. 기술정신에 담겨 있는 '새로움'과 '종말', 두 대목으로 나누어 고찰하겠다.

II. 2 기술, 다르게 될 가능성

기술과 함께 사람은 사람이 된다. 사람이 된다는 것은 무엇을

---

40) 참조. G. Vahanian, 양명수 역, 『하나님과 유토피아, 교회와 테크닉』(성광문화사, 1991). 같은 생각에서 라인홀드 니이버는 각각 수직적 초월과 수평적 초월이라는 표현을 썼다.
41) 베르그송의 후계자이며 위대한 윤리학자인 쟝켈레비치는 일상적인 삶이 사랑보다는 존재에 집착하고 있다 하여 '존재의 극대화, 윤리의 극소화'라고 하였다. V. Jankélévitch, Le paradox de la morale(Paris, 1981).

뜻하는가? 그것은 다르게 될 가능성을 갖는다는 말이다. 같은 것의 반복이나 순환에서 벗어나 새로운 지평으로 튀어나가는 것, 그것은 기술과 함께 일어나는 생명의 사건이다. 삶은 새로움이다. 그래서 초월적이요, 신비다. 생명이란 새로움의 연속이다. 사람은 새로워짐으로써 사람이 된다. 같음의 반복에서 튕겨나가 다름의 새로움에 들어감으로써 사람이 되는 데는, 삶을 사는 데는, 기술이 결정적인 역할을 했다.

자연의 본능적인 순환에서 벗어나 다르게 될 가능성을 열어 놓은 지성, 그리고 그 지성의 산물인 문화, 사람의 대표적 상징인 이 둘은 기술과 관련이 있다. 그런 통찰력에서 삶의 철학자 베르그송은 지성을 "인공적인 것, 특히 도구를 만드는 도구를 만들 수 있는 능력"이라고 정의한다.[42] 사람의 손이 간 도구를 만듦으로써 사람은 유기체적인 집단주의를 벗어나 개인이 된다. 사람은 하나의 독립된 개인이 됨으로써 몽유적인 집단의 순환에서 벗어나 다르게 될 가능성을 갖는다.[43]

다르게 될 가능성, 그것이 문화다. 기술을 통해 탄생된 '제2의

---

42) H. Bergson, "L'évolution créatrice" in Oeuvres(Paris, 1959), p.613.
43) 베르그송은 지성을 개인의 탄생과 연관시킨다. 개미나 벌의 사회에서처럼 개인과 전체가 완벽하게 혼동된 본능적인 집단과 달리, 사람은 지성을 가짐으로써 개인이 전체로부터 독립하여 창조적 실체가 된다. 그런 개인이 모인 사회라야 창조적 사회가 된다. 필자는 이런 이론을 소개함에 있어서 서구의 개인주의를 두둔하고자 하는 생각은 없다. 오히려 동양사회에서 볼 수 있는 공동체의 가능성에 주목한다. 그러나 분명한 것은 공동체주의가 집단주의를 지향하는 경향성을 가지면 안되겠다는 점이다. 사실 그 동안 우리 사회에서는 언제부턴가 전체의 이름하에 한 개인을 희생시키는 구조에 익숙해 왔다고 본다. 한 개인은 전체라는 추상명사와 맞바꿀 수 없는 귀한 구체적 총체임을 인정하는 분위기가 아쉽다. 사실 그러한 개인의 존엄성이 사회정신으로 뿌리내려야 민주주의가 가능하다. 이런 점에서 서구 사람들이 오랫동안 피흘려 쟁취한 개인주의는, 지나친 점이 있기는 하지만, 우리 문화를 보완하는 데 필요한 무엇을 줄 수 있다고 본다. 어차피 동양과 서양은 만나야 한다.

환경', 새로운 인공적 환경, 그것이 문화다.[44] 기술은 예술이다. 문화를 창조함으로 사람은 환경의 지배를 받지 않고 환경을 만들어 나간다. 제1의 자연을 인공적 자연, 즉 제2의 자연으로 만듦으로써 사람은 세상을 자기 실현의 장소로 삼는다. 사람의 손이 빈손이었을 때 자연은 초자연력을 가진 자연신으로 군림한다. 거기서는 사람과 자연이 반대의 위치에 서고, 반대는 혼동을 낳음으로써 구원론적 질서를 이룬다. 그러나 도구를 손에 쥔 사람은 자연을 인간화하고, 비로소 자연과 더불어 산다. 그 기술인(homo technicus)의 초월은 새 사람, 새 세상이다. 그것이 끊임없이 새로움을 추구하는 한, 구원론적이라기보다는 종말론적이다. 기술을 통해 사람은 주위 사물을 사람의 상대로 만든다는 사실, 즉 인간화한다는 사실에 비추어 볼 때 언어는 가장 최초의 기술이다. "언어를 통해 사람은 세상을 휴머니티, 즉 사람됨의 각도에서 보기 때문이다."[45]

    기술을 통해 사람은 자연의 일부이기를 거부한다. 사람은 자연의 일부라기보다는 새 사람의 일부다. 참사람은 새 사람이다. 자연을 인간화하는 작업이 엘륄의 비판처럼 탈자연화를 가져와 사람을 소외시키는 것으로 보기는 어렵다. 기술의 인간화 작업은 몽유적인 즉자성에서 해방되는 것이요, 본능적인 순환에서 어차피 탈출해야 되는 일을 감행하는 것이다. 자연의 비신성화를 통해 기술은 사람을 사람답게, 자연을 자연답게 함으로써 사람과 자연의 관계를 더욱 돈독히 한다고 보아야 한다. 기술철학 분야의 고전적인 저서 『기술품의 존재양태에 대하여』라는 책에서 시몽동은 이렇게 말한다.

---

44) B. Malinowski, "What is the Culture?" in A Scientific Theory of Culture and Other Essays, 1944.
45) G. Gusdorf, La Parole(Paris, 1963), p. 9. 몇 가지 각도에서 이 문제에 대한 설명이 가능하다. 한 가지만 언급하면, 언어는 현실에 대한 해석이라는 점이다. 해석한다는 것은 인간화하는 것이다. 해석을 통해 세상은 사람을 통한, 사람의 세상이 된다.

사람이 생각해 내고 만든 기술품은 사람과 자연을 단지 매개하는 데만 그치지 않는다. 그것은 차라리 사람과 자연의 혼합물로서 기술품을 통해 사람과 자연이 만나고, 사람에게는 자연의 구조를, 자연의 인과율적인 세계 속에는 사람의 현실을 끼워 넣음으로 둘을 섞는다. …기술행위는 기술품의 세계를 구축하고 사람과 자연의 관계를 일반화함으로써 그 어떤 집단노동보다도 더욱 풍부하게 그리고 분명하게 사람으로 하여금 자연에 더 가깝게 만든다.[46]

기술은 자연을 비신성화함으로써 자연을 인간화하고 그리하여 세상을 새 세상을 위한 무대로 만든다. 비신성화, 인간화, 새로움, 이 셋은 같이 간다. 성의 초월성에서 유토피아적 초월성으로의 이동이다. 그것은 성서적 전통이기도 하다. 성서에서 자연은 피조물이요, 피조물이라는 것은 그 자체로 존재를 가지지 않고 하느님과의 관련에서만 존재한다는 뜻이다. 하느님과의 관련에서만 존재한다는 것은 자연이 어떤 의미를 가진다는 것인데, 곧 사람과의 관련에서만 존재한다는 것이다. 하느님과의 관련에서만 존재한다는 점에서 자연은 비신성화되고, 사람과의 관련에서만 존재한다는 점에서 자연은 인간화된다. 사람의 상대가 된다. 물론 현대의 기술문명은 자연을 상대하기 보다는 대상화 하면서 시작되었다. 그러나 자연을 상대하려는 의지는 전부터 있었고(동양사회) 대상화를 거치면서(서양사회) 그 의미가 새롭게 부각되었다. 대상은 상대로 가는 길이다. 자연은 그것이 사람 밖에 있는 대상으로서의 자연, 즉 생태학적인 자연이든 사람 안에 있는 자연 즉 본성이든, 2차적 자연 곧 새로운 자연(새 세상) 또는 새로운 본성(새 사람)으로서만 존재한다. 세상은 새 세상이요, 사람은 언제나 새 사람이다.

사실 자연에 대한 인간의 책임이라는 것은 자연이 비신성화된

---

46) G. Simondon, Du mode d'existence des objets techniques(Paris: Aubia, 1989(1958)], p. 245.

이후에만 존재한다. 기술은 사람으로 하여금 1차적 자연을 넘어, 또는 자연스럽게 자리잡고 있는 현실을 넘어 새로운 세계로 튀어나가게 함으로써 끊임없는 모험과 함께 책임성을 요구한다. 요즈음 문제되고 있는 '인공수정'에 대한 문제도 그렇게 이해되어야 할 것이다. 기술발전이 가져온 인공수정이 기존의 윤리감각을 흔들어 놓는다고 해서 인류를 파멸에 빠뜨린다고 경원시하는 태도는 옳지 않다. 그러한 태도는 본질적 문제해결에 도움도 되지 않는다. 인공수정 같은 문제는 오히려 사람의 윤리감각에 신선한 도전을 불어일으켜 인간의 윤리적 책임이라는 것이 어디에 뿌리를 내리고 있는 것인지를 일깨우며, 피상적인 현실에 대한 깨우침을 일으킨다. 말로만 하던 사랑이 실제로 행해질 것을 요구한다.

여기서 우리가 문제삼는 인공수정은 남편의 정자에 문제가 있어 정자은행에서 다른 남자의 정자를 사 임신하여 애기를 낳는 경우를 가리킨다. 그 경우 그 부부는 생물학적으로 볼 때 그 아이의 부모가 아니다. 특히 남편의 경우가 그렇다. 그러나 유전적으로 보면 선혀 관계 없는 그 아이를 기쁜 마음으로 맞아늘여 자기 자식으로 삼음으로써 너무나 행복해 하는 그 부모, 특히 남편의 행위는 인간이란 과연 자연을 너머 사랑으로 삶을 구축할 수 있는 존재임을 일깨워 준다. 그리고 우리가 평소에 자기 자식을 사랑하는 것은 아주 자연스런 것으로서 특히 인간적인 것이라고 할 바가 없음을 알게 된다. 사람이 어떤 존재임을 일깨워 주며 전반적으로 인류 사회의 윤리의식에 대한 새로운 감각을 일으킨다. 인간 사회를 관통하는 그런 사랑의 윤리를 일깨우는 것은 곧 사회를 새롭게 할 수 있는 가능성을 보여 주는 것이다. 기술로 말미암아 유전적 부모에서 인공적 부모로 옮겨가는 인공수정은, 철저한 상호성에 바탕을 둔 종래의 책임성 너머 일방적 사랑에 바탕을 둔 고귀한 책임성을 요구하며, 동시에 그 가능성을 보여 준다. 그리고 그것은 지극히 그리스도교적인

시각과도 일치한다.[47]

그러나 물론 이런 의문이 생길 수 있다: 자연을 비신성화한 기술은 결국 역사를 신성화하지 않는가? 계몽시대 이후 과학의 발달로 말미암아 이 역사 속에서 하느님나라를 건설할 수 있다고 믿었던 19세기의 문화개신교주의 같은 것 말이다. 역사진보주의, 세속주의 같은 것이 기술발전의 필연적 귀결이 아닐까 하는 물음이 생길 수 있다. 역사주의는 성서적이 아님을 쉽게 알 수 있다. 성서에서 볼 때, 역사는 그 자체로 의미가 있는 것이 아니라 하느님의 거룩성의 실현 장소로 의미가 있기 때문이다. 하느님나라는 역사에 대해 언제나 전혀 새로운 무엇이다. 기술에게도 마찬가지다. 기술적 세계관에서 볼 때 역사주의는 낯설다. 자연을 비신성화한 기술은 역사도 비신성화한다. 역사주의는 사실 자연주의의 또 다른 모습이다. 자연주의라 함은 자연으로 돌아가자는 생태주의를 가리키기도 하고 동시에 사람에게 자연적으로 주어진 것으로 스스로 완성할 수 있다고 하는 역사내재주의도 포함된다. 그러므로 기술이 자연을 비신성화한다 함은 역사를 비신성화함을 가리키기도 한다. 그 점에서 기술은 과학을 극복한다. 역사는 지금의 현실을 하느님나라로 정당화하거나 착각하

---

[47] 이 점에 대해서는 파리 개신교대학의 윤리 교수로 있는 앙드레 뒤마의 말을 인용하는 것으로 만족하기로 하자: "인공수정이란 의학기술의 발전에서 온 성과로 아기를 가질 수 없는 부부에게 도움을 주는 작업이다. 따라서 그것은 자기 혼자 설 수 없는 자연을 향해 문화측에서 도움을 주는 것이다. 생물학적인 주어진 상황(자연)에 사람이 개입하는 것(문화)이라는 말이다. 그리스도교 신앙으로서는 그런 작업에 대해 긍정적인 태도를 취할 수밖에 없다. 그리스도교란 자연을 신성화하지 않고 문화를 요구하기 때문이다. 문화란 하느님이 축복하신 허가요, 인간에게 주신 하느님의 현상이다. 따라서 불임부부는 그 고통스런 불임으로부터 구원받을 수 있다. 또 덧붙여 이렇게 말할 수 있으리라: 정자은행은 차갑게 익명으로 예치된 것이 아니라 마치 수혈처럼 주는 자와 받는 자 사이의 깊은 유대의 산물로 여겨질 수 있다고 말이다. 그러므로 인공수정은 자연의 비밀을 파괴하는 것이라기보다는 사람 사이에 새로운 사랑의 유대관계를 행사하는 계기를 제공한다." L' insémination artificielle appliquée a l' être humain, J. L. Leuba 편집(Geneve, 1982), pp. 64-65.

기보다는 새 역사를 향한 변화의 각도에서 고찰된다. 역사는 전혀 새로운 새 하늘과 새 땅의 빛에서만 역사다. 인간이 이루어 스스로 완성하는 것이 아니다. 사람은 새 사람으로서만 사람이다. 그 점에서 종말론적이다. 기술의 비신성화 작업은 있는 것을 정당화하기보다는 새 것을 향해 개방적이게 한다는 점에서 종말론적이다. 그것은 과거를 자꾸 돌이키기보다는 미래를 내다보고, 위에 계신 하느님보다는 앞에 계신 하느님을 본다. 떼이야르 드 샤르뎅은 그런 종말론적 관점에서 기술을 보았으며, 기술이 부추기는 "인공적인 새로운 생명, 새로운 삶" 속에서 휴머니티의 실현을 기대했다.[48]

    기술과 함께 사람은 새 사람이 된다. 그 점에서 기술은 과학을 넘어선다. 기술품은 그것을 만드는 데 공헌했던 분리된 과학 법칙들이 기대하지 못했던 새로운 결과를 낳는다. 기술은 과학의 응용을 넘어선다는 말이다. 과학은 기술에 의해 극복되어야 한다. 기술과 함께 사람은 사람에게 도전이 된다. 기술정신이란 다른 말로 하면 "'자연스럽게' 습관화되어 있어 당연하게 받아들여지던 모든 전제를 뒤집고 거기에서 해방되는 것"[49]이기 때문이다. 그것은 인간 깊숙이 자리잡고 있는 나르시즘을 공격하여 새 것에 눈뜨게 한다. 쟝 브렝이 말하는 대로 "기술은 적어도 서양인에게 있어서 거대한 존재론적 모험으로서, 자기 자신으로부터 해방되려는 노력, 즉 자기의 처지를 극복하려는 형이상학적 노력"이라고 하겠다. 다른 말로 하면 "기술은 사람이 지렛대를 들고 세상을 들어올리려는 노력일 뿐 아니라 자기 자신을 본질과 실존 너머로 들어올리려는 노력이다."[50]

    사실 기술 그 자체도 새로움의 연속이다. 기술발전의 과정을 연구한 학자들은 그것이 불연속적인 도약에 의해 이루어졌음을 밝혀

---

48) G. Crespy, De la science à la théologie, Essai sur Teillard de Chardin (Neuchatel, 1965).
49) A. Gehlen, Die Seele im technischen Zeitalter(Hamburg, 1957), p. 26.
50) J. Brun, La main et l'esprit(Geneve, 1986), pp. 92, 98.

냈다. 과학발전은 정상과학과 전혀 다른 새로운 패러다임으로 형성된 과학혁명에 의해 이루어진다는 토마스 쿤의 견해도 마찬가지다. 기술은 끊임없이 무엇을 만들어 내지만 곧 그것을 뛰어넘으면서 존재한다. 이 점에서 언어는 역시 최초의 기술이다. 언어는 그 기호를 통해 어떤 현실을 가리키지만 그렇게 언어기호에 의해 지시된 현실은 개념적 현실에 그치고 말며, 따라서 원래 가리키려고 했던 현실과는 거리가 생긴다. 이때 언어는 자기가 탄생시킨 그 지시된 현실을 끊임없이 넘어감으로써 본래 가리키려고 했던 현실을 향해 운동한다.[51] 그처럼 언어는 최초의 기술로서 무엇을 구체화하여 드러내지만 그것을 끊임없이 뛰어넘는 것을 그 본질로 한다.

그렇게 볼 때, 기술이 그 자율성으로 말미암아 결국 인간을 배제한다고 하는 쟈끄 엘륄의 주장은 지나친 것이다. 기술발전도 자기 법칙에 의해 이루어지는 것이 아니라 사람의 세계관이 변하면서 이루어지는 것임을 쿤이 말하지 않는가? 모든 것이 사람 손에 달려 있다. 기계가 자동화될 수록 사람이 필요하다는 것, 기술이 인공적인 한 자동주의는 환상에 지나지 않는다는 것을 시몽동이 밝히 말하고 있다. 인공두뇌의 경우가 그렇다.[52] 인공두뇌는 기계와 인간의 차이가 무엇인지를 명확히 보여 준다. 그 차이는 끊임없이 인간이 개입

---

51) 그것이 언어의 의미작용(signification)이다. 언어부호가 가리키는 개념적 현실과 본래 언어를 통해 가리키고자 했던 현실과의 차이는 Frege의 표현으로는 Bedeutung과 Sinn의 차이다. 훗설은 그 차이를 극복하려 언어의 운동을 Erfullung이라 했다. 리꾀르에게서는 그러한 차이가 바로 언어의 상징성을 가리킨다. 끌로드 아제즈의 말을 인용해 보자: "기본적으로, 언어부호란 자기가 탄생시켜 세상에 내놓은 육적인 그 무엇을 무력화한다. 일종의 자살을 통해 언어는 자기 일을 수행한다. …언어는 무엇을 표현하지만, 곧 자기가 표현한 것으로부터 떠난다." Claude Hagège, L'homme de paroles, Contribution liguistique aux sciences humaines(Paris, 1985), pp. 166-67.
52) 인공두뇌에 관한 연구는 프랑스의 과학학술지 Science et Vie 823(1986)과 La Recherche 170(1985)과 Autrement 57(1984)의 도움을 입었음을 밝혀 둔다.

할 인간의 영역이다. 최첨단의 기술의 열매인 인공두뇌가 사람의 고유한 영역을 침범하면서 결국 사람을 지배하지나 않을까 하는 염려들이 대두되었지만 인공두뇌학자들의 연구에 따르면 오히려 인공두뇌는 사람과 기계의 차이를 명확하게 드러내 준다는 얘기다.

사람의 인식은 언제나 총체적인 앎, 즉 '다시 아는 앎'(여기에는 안다는 뜻과 함께 감사한다는 뜻이 포함되어 있다)인 반면에 인공두뇌의 프로그램은 단순한 앎(cognition)으로 되어 있다. 인공두뇌 발달의 최신작이라고 할 수 있는 엑스퍼트 시스템(expert systeme)의 경우에도 이미 사람이 집어넣은 모든 기준들과 모든 가능성의 예들을 기초로 해서 움직이며 따라서 갑자기 출몰한 새로운 상황 앞에서는 속수무책이다. 그 기준들과 가능한 예들이라는 것도 사람의 생각활동을 추상화하여 '부호화'(codification)하고 모델화하여 집어넣은 것이다. 물론 엑스퍼트 시스템의 '추리장치'는 인간의 추리력을 모방하여 점차 선언적이고 일차적인 앎에서 과정적인 앎을 수행함으로 기계적인 인식과 사람의 재인식의 차이를 좁혀가고 있기는 하지만 그의 기능이란 여전히 사람이 알고 있는 것을 재현하는 것이다. 그 재현은 아날로지(A와 B의 관계는 C와 D의 관계와 같다)에 의한 모방과 일반화에 따른다.

인공두뇌의 본질이 재현에 있는 한, 기술이 발달할수록 재현의 기술이 발달하는 것이요, 따라서 무엇을 재현하느냐 하는 것이 중요하게 된다. 그 '무엇'을 결정하는 것이 인간이다. 궁극적 결정은 항상 인간에게 있다. 기술발전은 인간을 위협하는 게 아니라 인간의 책임성을 더욱 요구한다. 기술의 자율성은 인정될 수 없다. 기술의 자율성을 인정하는 만큼 인간의 책임성은 면제된다. 쉬마허는 거대한 부를 추구하는 슈퍼테크놀로지에 반대하여 어떤 중간적인 기술, 사람의 모습을 한 기술을 주창하며 이렇게 말한다: "나는 기술발전에 새로운 방향성을 제시할 수 있다고 믿어 의심치 않는다. 새로운 기술이란 사람의 실제적 필요에 부응하며 정말 사람을 위한 사람의 기술이 될 것이다."[53] 기술은 사람의 기술이다. 자동이란 사람이 이미 세워 놓은 전략에 따라 움직이는 모형 또는 산술공식을 그 기반으로 한다. 기술윤리학자 푸라스티에의 말에 따르면, 정보기술이 발달되면서 객관적인 산술정보에 따라 판단하는 결정이 많아지지만 그와 같은 '풀어내는 결정'(decisions-solutions)이 고도화된다고 해서, 이래도 좋고 저래도 좋은 가운데 선택하는 결정, 즉 산술치에 의하지 않고 인격성에 기초를 두기 때문에 모종의 '여지를 두는 결정'(decisions-options)이 없어지지는 않는다고 한다.[54] 오히려 선택하는 결정이 더욱 첨예하게 요청된다. 선택하는 결정이란 가치가 개입되는 결정이요, 곧 윤리적 결정을 말한다. 기술발전은 탈윤리로 몰고 가는 것이 아니라 오히려 고도의 윤리적 차원을 요청한다.

결국 기술은 인공두뇌에서 보듯이 사람이 자기에 대해 모르고 있던 것을 의식화시키며 사람이 누구인지를 가르쳐 준다. 그리고 그것은 사람으로 하여금 스스로 전적으로 새로운 세계를 향한 존재라는 것을 깨닫게 해 준다. "우리가 하는 것을 할 수 있는 인공적인 것을 만듦으로써 우리는 우리가 누구인지를 더 잘 이해하게 된다." 아날로지에 따라 움직이는 인공두뇌를 통해 사람은 자기가 메타포적인 존재임을 알게 된다. 메타포는 재현하고 모방하고 부호화하는 것이 아니다. 메타포의 역동성은 A와 B의 관계를 C와 D의 관계에 갖다 맞추는 일반화의 역동성이 아니라 A는 B이면서 B가 아닌 변증법적 역동성이다. 사람은 그가 아는 것을 알지 못하고 알지 못하는 것을 아는데, 그것을 기계는 결코 모방할 수 없다. 언어적 존재로서의 인간은 자연과 인공, 이 둘을 모두 뛰어넘는다. 그러므로 그런 메타포가 기술'로부터' 오는 것은 아니지만 적어도 기술'과 함께'

---

53) E. F. Schmacher, Small is Beautiful.
54) J. Fourastié, Essais de morale prospective (Paris, 1966), pp. 144-46.

오는 것이다. 전혀 새로운 세계에 대한 개방성 그것은 메타포의 차원이요, 그 메타포의 차원은 기술과 함께 온다. 프랑스의 인공두뇌학자 피에르 레빈(Pierre Lévine)은 말한다: "기술경험이 자꾸 정교화될수록 사람은 자기가 알고 있는 것에 대해 전혀 모르고 있음을 알게 된다. 무한한 상상력의 세계에 들어가게 되는 것이다." 예일대학의 인공두뇌 실험소 책임자인 로저 쉬랑크(Roger Schrank)는 말한다: "기계가 우리의 행위를 더욱 정교하게 모방해 갈수록 그 기계는 우리에 대해 더욱 많이 알려 주는 도구가 될 것이다."

마르틴 루터가 강조했듯이 사람은 의인이면서 동시에 죄인이다(simul justus et peccator). 믿는 자가 믿지 못하고, 믿지 않는 자만이 '나는 믿습니다'라고 말할 수 있다: "내가 믿습니다. 믿음 없는 나를 도와주십시오"(마르 9,24). 사람은 현재의 자기가 아닌 그 무엇이며 자기 이상의 그 무엇이다. 기술이 그런 성서적 인간 이해를 부추긴다. 기술과 함께 사람은 참사람을 바라본다. 사람의 희망은 사람이다. 기술세계에서 풍요는 만족으로 빠지지 않는다. 최종적 해결을 모른 채 종말론적인 충만을 엿본다. 엘륄은 기술이 끝, 목적을 모른 채 수단만 안다고 비탄했는데, 그것은 사실 기술이 어떤 것도 최종적인 것으로 정당화하지 않는, 미래개방성을 가리키는 것이다. 긍정적인 점이다.[55] 기술은 목적론적이거나 원천주의적이라기보다는 종말론적이다. 새 것의 도래를 기다리기 때문이다. 종래의 권위의 절대성을 부숨으로써 기술은 사회적인 구속으로부터 사람을 해방시키고, 주어진 것에 그대로 순응하기를 거부하는 정신을 싹티운다. 그럼으로써 새 사회를 향한 발걸음을 내딛도록 한다. 새 사람과 새 사회를 향해 있는 한, 기술은 성공의 미신을 벗어나 은혜를 기대한다. 은혜란 듣도 보도 못한 우연, 전혀 새로운 것이다.

---

55) 이 문제에 대해서는 시몽동이 위의 책에서 훌륭히 논술하고 있다.

질베르 오뜨와가 말하듯이 현대의 새로운 환경을 이루고 있는 기술과학 세계는 현상학적-해석학적 세계나 형이상학과는 전혀 다르다. 현상학적-해석학적 세계는 전통과 '역사'를 어떻게든 평가하려고 하고, 형이상학은 '자연' 또는 본성에 관심하며 주어진 것을 설명하는 데 주력하기 때문이다. 사물의 변형을 먼저 생각하는 기술세계는 미래에 대한 상상력에 비중을 두고 있다. 여기서 우리는 이렇게 말하자: 기술과 함께 사람은 자연이나 역사보다는 전적 타자로서의 하느님과 더 관계한다고. 전적 타자로서의 하느님은 현실을 끊임없이 새로운 현실로 이끈다. 여하튼 기원(arché)을 문제삼거나 끝(telos)을 문제삼는 그노시스적 전통과 달리 기술적 세계관은 그리스도교적 전통을 따라 새 것의 도래를 추구한다. 오뜨와의 다음 말도 기술의 유토피아적 성격을 잘 드러낸다: "기술발전은 식물처럼 이미 씨앗에 들어 있던 가능성들이 실현되는 식으로 이루어지지 않는다. 생명의 진화처럼, 전혀 예측하지 못했던 혁신적 변화에 의해 기술발전이 이루어진다."[56] 자기 아이덴티티를 확고히 해 주는 아르케에 집착하지 않음으로써 기술정신은 사람으로 하여금 매순간 전적으로 새로운 것을 향해 처음부터 다시 출발하게 하도록 한다. 기술적인 세계관으로 사람은 자기 정체성을 자연이나 역사에서 찾지 않고 하느님에게서 찾는다. "그것은 어디에나 뿌리를 내리지만 어디에도 뿌리를 내리지 않는 정체성이다. 모든 사람은 이방인이요 여행자다." 여기서 마치 하비 콕스가 세속도시의 익명성을 긍정적으로 보아 과거 농촌사회의 전통의 굴레에서 벗어나 자유롭게 선택할 수 있도록 우연성을 제공하는 것으로 해석하였듯이, 엘륄이 비판하는 기술사회의 익명성도 비인이라기보다는 새로운 자유의 기회를 제공하는 것으로 보아야 옳다. 그 기회를 제대로 살리느냐 아니면 비인격성으로

---

56) G. Hottois, Le signe et la technique, p. 81.

빠져 억압과 소외를 낳느냐는 것은 우리에게 달린 문제다. 기술 자체에 문제가 있는 것은 아니라는 말이다. 현실적으로 말해서, 직업선택의 문제에 있어서 대대로 내려오던 자기 집의 일로부터 해방되어 자기가 원하는 직업(직업선택이 인격적이 된 것이다)을 택할 수 있게 된 것도 기술발달로 말미암아 직종이 다원화된 결과임을 간과할 수 없다.[57] 또 기술발전이 여가의 시대를 가져다 주어 개인시간을 갖게 됨으로써, 말하자면 시간을 인격적으로 쓰게 되고 따라서 자동기계처럼 돌아가는 일상생활의 판에 박힌 생각에서 벗어나 '딴 생각'을 할 수 있는 기회를 갖게 된 것 역시 기술발전이 가져온 것이다.[58] 기술은 자꾸 '딴 것'을 불러일으키는 것으로 유토피아적인 초월성과 친하다. 성의 초월성과는 거리가 멀다.

II.3 기술, 종말적 현실화

생각이나 상상이 실제로 현실화되는 데는 기술이 필요하다. 구체화하는 데는 기술이 따른다. 유토피아도 기술과 함께 현실화된다. 우리는 여기서 기술이 지니는 유토피아 정신의 또 한 가지 측면, 즉 종말적 측면을 밝히고자 한다. 여기서 종말이라 함은 실현을 시간의 끝으로 미루는 묵시적 종말을 뜻하는 것이 아니라, 불트만이 말하는 종말을 가리킨다. 그에게서 종말은 지금을 마지막 때로 알고 결단하는 것을 가리킨다. 다가올 하느님나라의 충만이 나의 결단 속에서 현재화되는 것을 가리킨다. 그러므로 종말은 아직 실현되지 않은 미래의 충만을 잡아당겨 지금 여기서 구체화해 보는 에너지다. 믿음이 그렇게 하게 한다.[59]

---

57) G. Veraldi, L'humanisme technique(Paris, 1958), p.149.
58) J. Dumazedier, Vers une civilisation du loisir?(Paris, 1962).
59) 불트만의 비신화화론는 미래의 하느님과 현재의 하느님 사이의 파라독스, 하느님나라와 하느님의 통치 사이의 파라독스 속에서 전개된다. 미래는, 지금을 하

상상력이 실제로 세상을 바꿀 수 있으려면 구체화되어야 한다. 그 구체화에는 효율적 실현을 위해 기술이 요청된다. 무한한 새로움을 지금 여기서 구체화하는 것, 즉 미래를 선취하는 것, 그것이 기술이다. 기술이 내다보는 새로움의 가능성은 언제나 현실성을 염두에 둔 것이다. 그것이 기술의 지시성이다. 기술로 말미암아 사람은 문화라고 하는 새로움의 세계를 향해 나아가지만 그 새로움은 언제나 이 세상에서의 구체적인 실현을 염두에 둔 것이다. 마치 언어와 같다. 언어의 상징성은 그 지시성을 전제로 해서만 의미가 있다. 메타포 과정을 통해 갈래를 뻗은 '의미'가 사실은 제2의 새로운 현실을 '지시'함으로써 현실을 바꾸게 하듯이, 기술이 제공하는 상상력의 세계는 이 세상에 새 것을 실현하기 위한 전초과정이다. 이 세상에의 구체적 실현, 언어학적으로 말해서 지시성, 그것이 기술의 종말적 특징이다. 구체적 관심을 배제한 에피스테메의 보편성에 근거해서 힘을 잠재화하려는 과학, 즉 순수한 합리성과 완벽한 과학성을 통해 자기지시성을 구축하려는 과학[60]과 달리 기술은 언제나 구체적 상황 속에서의 실현을 염두에 둔다. 사람을 사람되게 하는 데 있어서 기술은 과학보다 더 원초적이다. 기술은 몸을 주기 때문이다. 육화하는 솜씨, 그것이 기술의 영적 가치다. 기술과 함께 사람은 이 세상을 뜨려는 욕구를 포기하고 세상에 참여한다. 그것이 기술의 세속화 모험이요, 세속화는 합리적이고 자연적인 잠재성에 의존하기보

느님나라로 혼동하지 않도록 비신화하도록 하는 전혀 새로운 것으로서의 의미를 지니는데, 그 미래는 현재의 결단을 통해 가장 충만한 미래성, 즉 가장 새로움을 끌어낸다. 그리고 그것이 종말론의 의미이다. 종말론은 하느님나라의 실현을 유보하는 게 아니라 그 실현의 빛에서 지금 행동하는 것이다. 그 어떤 세계관보다 강한 윤리력을 수반한다. 예수의 종말론을 해석하는 불트만의 다음 명제가 그 점을 단적으로 말해준다: "예수가 종말론자였기 때문에 하느님의 뜻을 전파한 것이 아니라 하느님의 뜻을 전했기 때문에 종말론자다."

60) D. Janicaud, La puissance du rationnel(Paris, 1985), pp. 159, 165.

다는 은혜에 의존한다.[61] 기술의 길은 세속화에 있지 세속주의에 있지 않다.

　기술의 종말적 지시성에 대한 반발로 현대의 철학이 언어를 주제로 삼고 있다고 오뜨와는 말한다. 기술언어는 언제나 무엇을 확실하고 구체적으로 지시하기 때문에 현대는 말의 상징성이 가져다 주는 풍요로움을 잃었다는 말이다. 따라서 말이란 본래 무얼 분명히 지시하는 게 아님을 강조하려는 것이 분석철학을 제외한 현대 언어철학의 주된 관심이다. 그것을 언어의 이차성에 대한 강조라고 한다. 그러한 경향은 리쾨르의 해석학보다는 데리다의 후기 구조주의 언어철학에서 두드러진다. 데리다에게 있어서 언어의 이차성은 말이 말하는 사람으로부터 완전 독립하여 무한한 가지를 침으로써 말뜻 자체가 애매하게 되는 것을 가리킨다. 그것을 말뜻(시니피에)에 대한 말소리(시니피앙)의 자율이라고 한다. 말뿐 아니라 글까지 고려할 때, 기의에 대한 기표의 자율이라고 할 수도 있으리라. 몇 구절을 인용해 보자. "말하는 사람은 더 이상 말하는 사람이 아니다. 말의 줄처는 말이 되면서부터 즉시 사라지며 따라서 말한 사람은 이차성 속으로 빨려들어가 흔적도 없이 사라진다." 언어의 이차성은 아주 원초적인 불가사의와 같아 "그 출처와 방향을 숨기며 어디서 와서 어디로 가는지 결코 말하지 않는다. 모르기 때문이다." "말은 나보다 앞서 혼자 말하며, 내가 말하려고 한 것 이상을 말한다. 그러므로 무언가를 말하려고 하는 나의 의지는 말을 하기보다는 말에 따라가기 바쁘며 항상 수동적으로 처해 있다." "말뜻이라는 것이 무한한 함축을 뜻하지 않는가? 말뜻의 힘은, 그 뜻이 철저하고도 무한하게 애매하여 어디에도 안착하지 않고 따라서 어떤 뜻(시니피에)에도 귀의하지 않으면서 자꾸 다른 뜻이 되게 하는 데 있지 않을까?… 결

---

61) J. Ladrière, La science, le monde et la foi (Tournai, 1972), pp. 96-98.

국 글에는 아이덴티티라는 것이 없다."[62]

시니피앙의 자율을 말하는 데리다는 철저히 정확하게 무엇을 지시하는 기술 언어에 대한 반박의 측면이 크다. 마르쿠제 역시 현재의 산업사회에 만연한 기술언어의 삭막함에 대해 언급한 바 있다. 뭔가를 조작하는 데 급급한 기술언어는 즉각적으로 무얼 가리키는 언어이며, 언어가 가지는 잉여가치가 즉각적인 사실 속으로 매몰되며, 언제나 결정화된 정확한 술부를 이룬다고 본다.[63]

그러나 기술언어에 대한 그러한 비판은 어느 정도는 타당하나 역시 대단한 과장이다. 데리다의 생각은 현대 사회를 크게 되돌리기 위한 과장적인 선언이다. 사실 말뜻에 귀착되지 않는 말소리, 언어 바깥의 현실, 텍스트 바깥의 현실을 가리키지 않는 언어를 어디에 쓴단 말인가? 데리다가 말하는 대로 "디콘스트럭션"(De-construction), 즉 부술 뿐 아니라 건설하는 것도 되려면 결국 말이나 글은 어떤 현실을 지시하는 것이어야 한다. 기술언어가 지니는 정확성은 어떤 목적을 구체화하기 위한 지시성으로 이해되어야지 사실의 이데올로기가 되어 본래부터 삶을 삭막하게 하는 것으로 이해되어서는 안된다. 기술언어가 지니는 종말적 지시성은 자꾸 비현실적인 것을 향해 떠돌아 다니려는 언어의 유희로 하여금 이 세상에 닻을 내려 무얼 이루게 하는 것이다. 무엇을 이루려는 기술언어의 속성, 즉 완결성 때문에 기술은 이론과 실천의 구별을 모른다. 기획자와 실행자, 이론과 실천의 구별을 모름으로써 기술은 새로운 인식론을 가능케 해주니 그깃은 앎의 세계에 무한한 상상력을 가져다 준다.[64] 실천할 때 가장 새로운 것이 나오기 때문이다.

종말적 완결성 때문에 기술적 세계관은 텔로스와 거리가 멀다.

---

62) J. Derrida, L'écriture et la différence(Paris, 1967), pp. 265, 266, 42.
63) H. Marcuse, One dimensional Man, ch 4 참조.
64) J. F. Lyotard, La condition postmoderne(Paris, 1979), p. 73.

목적론적인 세계관에서는 완전한 것의 실현을 뒤로 미루기 때문에 지금은 나중을 위한 것으로만 존재하고 그 자체로 충만성을 가지지 못한다. 또 현재는 이미 정해진 미래의 목적에 의해 규정되었기 때문에 새로운 것이 될 수 없다. 기술과학적 세계관은 그러한 목적론적인 세계관과 거리가 멀다. 물리학자들이나 생물학자들이 밝혀내는 바가 바로 그것이다. 프랑스와 쟈곱은 생명진화의 과정을 엔지니어링보다는 뜯어맞추는 작업에 비유했다.[65] 레비 스트로스의 어휘를 따른 것인데, 엔지니어링은 어떤 목적을 정해놓고 작업하는 것이고 뜯어맞추는 일은 우연이 수반된 지시력을 가리키는 것으로 텔로스를 모른다. 쟈끄 모노 역시 생명진화가 자연의 어떤 의도에 따라 되는 것이 아니고 예견치 못한 새로운 것에 의해 이루어짐을 밝힌다.[66] 물리학에서 밝혀내는 세계관은 결정주의도 아니고 개연주의도 아니다. 다아윈은 합리적인 하느님이라면 도저히 하지 않았을 것 같은 이상하고도 우연한 결과들을 진화과정에서 보았고, 거꾸로 아인슈타인은 하느님이 결코 도박을 하는 분이 아니라고 함으로써 어떤 방향성을 암시했다.[67] 결국 기술과학이 유도하는 세계는 사람에게 사람의 운명을 맡기는 그런 세계다. 기술과학적 지식은 윤리로부터 먼 것이 아니라, 분명한 책임성을 요구함으로써 윤리를 부각시킨다. 그것은 그 구체화하는 특성 때문에, 보편타당한 것으로 여겨왔던 도덕규범들을 실제 상황에서 그 타당성을 검토하고 따라서 윤리방법의 이동을 가져오게 할지언정 윤리를 폐하지 않는다.

　이상에서 우리는 기술적 세계관이 지니는 유토피아 정신을 새로움과 종말의 관점에서 살펴보았다. 기술이 지니는 초월성은 성의 초월성과 달리 이 세상을 변화시킨다. 기술의 관심은 아는 것보다는

---
65) F. Jacob, Le jeu des possibles, 1981.
66) J. Monod, 『우연과 필연』(Le hasard et la nécessité, essai sur la philosophie naturelle de la biologie moderne).
67) J. E. Charon, Treize questions pour l'homme moderne (Paris, 1972).

바꾸는 데 있다. 현실을 모른 채 바꾸기만 한다는 얘기가 아니라 이미 있는 것을 동일화 과정을 통해 설명해 보려는 형이상학적 노력보다는, 현실에 대한 결정적인 앎을 유보한 채 세상을 바꾸는 데에 더 관심한다는 말이다. J.B. 메츠 역시 과학기술문화의 현실에 대해 이렇게 말한다: "전에는 세상에 대한 명상가였던 사람이 점차 건축가가 되었다. 그의 세계관은 세상을 바꾸는 데 있다."

II. 4. 맺는말

그러한 기술현상에 대하여 어떻게 대처할 것인가? 한가지 방법은, 그리스도교 신앙 안에 있는 유토피아 정신을 되살리면 된다. 그렇게 단순하게 말할 수 있지만 몇 가지 명제로 풀어 보자.

1. 기술현상이 종교성의 변화를 요청하고 있음을 인정해야 한다

기술적 세계관의 도래는 종교성의 말살이 아니라 새로운 종교성을 요청한다. 푸라스티에가 말하는 대로 종교가 세계관의 문제라면 새로운 세계관의 도래는 새로운 종교성을 요청한다. 새로운 신관, 새로운 교회관을 요청한다: "계시란 어느 시간, 어느 사람들에게 관계되는 것이라는 생각을 나는 늘 해왔다. 그러므로 계시는 늘 개방되어 있다. 휴머니티가 진보되어 나가면서 계시 역시 진보하는 세계관, 즉 새로운 신관을 필요로 한다. 그것은 단지 초대교회의 생각들을 되살려 이루어지지 않는, 전혀 새로운 것일 수 있다:"[68] 기술문명 안에서 비롯되는 인간의 위기를 일시적인 것으로 보고, 새로운 신학적 관점의 필요성을 느끼지 못하는 학자들에 대한 조오즈 프리드만의 반박은 정당하다. 오히려 우리는 기술이라는 새로운 환경

---

68) J. Fourastié, L'église a-t-elle trahi?(Paris, 1974).

속에서 새로운 정신적 삶이 꽃필 것을 기대해야 할 것이다.[69] 어떻든 기술과학을 신학적 문제로 심각하게 받아들이는 태도가 중요하다. 칸트의 인간론적 환원처럼 과학과 종교를 전혀 별개의 영역으로 떨어뜨려 놓을 수 없는 시대다. 또 종교의 초자연적 경험을 내세워 기술과학의 업적을 대치하려고 해서도 안된다. 기술이 제기하는 새로운 세계관을 적극적으로 수용하여 잠든 신앙을 깨우는 것이 필요하다.

2. 이 세상을 근본적으로 긍정하여야 한다

기술과학의 종말적 지시력 또는 구체화하는 힘 때문에 내재와 초월의 이분법이 희미해진 마당에 신학은 그 어느 때보다도 이 세상에 대해 원초적으로 긍정하는 태도를 가져야 한다. 이 세상은 인간이 그 일부로서 그 안에 들어 있는 곳이 아니라 사람을 위한 사람의 세상이다. 하느님은 세상과 사람을 설명하기 위한 원리이기를 그쳐야 한다. 하느님이 사람의 조건이었던 도식에서 사람이 하느님의 조건임을 인정하는 인식의 전환이 필요하다. 사람이 하느님의 원인이고 하느님은 사람의 결과라는 얘기가 아니라 하느님이 여기에 있기 위해서 사람이 필요하다는 말이다. 하느님 그 자체는 우리와 관계가 없고 성서의 하느님은 말씀인 한 언제나 우리를 대하여 있다면 사람은 하느님의 유일한 명분이다. 하느님이 사람이 되신 사건도 다른 것을 말하지 않는다. 바르트가 '하느님의 인간성'을 말하면서 그 점을 말했다: "하느님이 드러내는 거룩성은 자기 스스로 만족하는 존재, 사실상 텅 빈 것 같은 그런 존재에서 나오지 않는다. 오히려 하느님은 사람의 상대(파트너)가 되시고 그와 같은 관계 속에서만 존재하시고 말씀하시고 행동하신다."

이 세상과 사람의 삶에 대한 원초적인 긍정이 있어야 한다. 이

---

69) G. Friedmann, La puissance et la sagesse(Paris, 1970).

세상을 만드신 후에 보니 보기에 참 좋았더라고 하는 성서의 '원초적인 좋음'에 대한 믿음에 바탕을 두고 신학을 해야 한다. 기술이 부추기는 세속화의 힘과 편승해 성서적인 시각을 살려야 한다. 이 세상이 아무리 악해도, 내 삶이 그리고 다른 이의 삶이 아무리 추해도 본래 그렇지 않았다고 하는 믿음이 이 세상을 이기는 윤리력을 수반한다. 어떻게든 신학은 비관주의적인 운명론을 피하도록 대중을 설득해야 한다. 우리 교회에 만연하고 있는 그런 비관주의적 운명론은 하느님의 거룩성을 자기의 책임성으로 연결시키지 않고 이기적인 욕심만을 채우는 생존경쟁의 양상으로 연관된다. 이 세상은 하느님의 사랑의 장소요, 하느님의 조건이요, 따라서 사람의 창조적 책임성이 구현될 무대이다. 묵시적 신비주의에 매달려 지금 세상에서 무얼 해보려고 하지 않고 딴 세상만 기다리는 것은 사실상 하느님을 포기하는 것이다. 그것은 결국 저쪽에서 오는 하느님의 계시를 등지고 자기가 이루려는 심리, 사람의 신격화와 통함을 유의하자.

여기서 우리는 기술과학과 종교의 영역을 분리하려는 모든 시도를 거부한다. 그러한 시도는 그래도 기술을 수용하려고 하는 학자들 사이에서 많이 보인다. 기술은 앎을 주고 종교는 지혜를 주며, 전자는 만들고 후자는 행하며, 전자는 물질적 풍요를 주지만 후자는 의미를 준다는 식의 사고방식이다. 그러나 현대의 문화를 이루고 있는 기술을 종교의 정신적 세계와 별개의 것으로 보는 한 그것은 세상에 대한 원초적인 긍정을 상실할 우려가 있다. 앙드레 뒤마는 말한다: "만일 사람이 이 세상을 하느님을 위한 '예배'의 장소로 생각하고 사랑한다면 세상은 언제나 '기술'을 통해 사람을 위한 세상이 될 것이다." 우리는 한 발 더 나아가 이렇게 말한다: 기술은 이 세상을 원초적으로 긍정하기 때문에 예배를 드리는 제의적인 힘을 갖고 있다. 현대인의 소외는 기술에게서 생산성만 봄으로써 기술행위와 다른 영역을 분리하려는 데서 오는 것이라는 시몽동의 경고를 되새겨야 할 것이다.

쟈끄 마리뗑의 문화철학[70]은 그 상당한 설득력에도 불구하고 그러한 분리주의에 기반을 두고 있기 때문에 적극적인 해결책을 주지 못한다. 그는 기술이 그 자체로는 좋은 것으로서 사람이 어떻게 이용하느냐가 매우 중요하다고 말한다. 그러나 그는 기술이 가져다 주는 해방은 물질적인 궁핍으로부터의 해방이지 정신적인 것하고는 처음부터 거리가 있다고 본다. 기술은 세상적인 것이요 따라서 물질을 담당하는 한편, 정신의 영역은 교회의 차지라고 하는 것이 그의 논리다. 물론 세속에의 참여를 말하고 있지만 기술과 교회를 분리하는 그의 사고 내면에는 성은 성, 속은 속이라는 이분법이 들어 있다. "교회는 거룩하고 세상은 거룩하지 않다." 거기에는 세상에 대한 원초적인 긍정이 없다. 기술이 부추기는 성서적인 세계관, 즉 창조사건으로 보나 성육신 사건으로 보나 이 세상을 하느님의 조건으로 보려는 노력이 보이지 않는다.

그것은 윤리력의 충만을 잃는다. 윤리의 핵심인 초월 또는 새로움은 이 세상을 긍정하는 데서 나오기 때문이다. 그것이 슈바이처의 문화철학[71]이 주는 메시지이다. 슈바이처가 분명하게 말하고 있듯이 궁극적인 낙관론이 윤리다. 이 세상과 삶을 원초적으로 그리고 궁극적으로 긍정하는 것은 지금의 질서를 있는 그대로 수용하지 않고 바꾸는 윤리력을 낳는다. 윤리란 "이 세상과 삶을 긍정하는 생각을 실현하는 것 이외의 것이 아니다." 헤겔의 자연주의 철학과 달리, '있는 사실에 밀착되고 근거를 둔 낙관주의'가 아니라 삶이란 본래 아름다운 것임을 긍정하는 낙관주의만이 이 시대를 새롭게 할 수 있다고 슈바이처는 믿었다. 그리고 그것은 기술정신이 한편으로

---

70) J. Maritain, Humanisme intégral, Problèmes temporels et spirituels d'une nouvelle chrétienté(Paris, 1968).
71) A. Schweitzer, Kultur and Ethik.

는 다리를 놓고 또 한편으로는 요청하는 정신이다.

3. 하느님의 전적 타자성을 잃으면 안된다

하느님의 거룩성은 이 세상 질서 안에 들어 있는 것이 아니라 이 세상에 참여하는 것이다. 기술은 은혜를 구한다. 그것은 전적으로 새로운 것을 추구하는 까닭에 역사내재주의에 빠지기를 거부한다. 자연의 비신성화가 역사의 신성화로 연결되는 것을 거부한다. 오스카 쿨만[72]이 밝히는 대로 "신약성서는 세상 너머의 종교를 가르치지 않는다." 그러나 동시에 "현재의 세상 질서에 대해 부정하는 눈, 그것은 꼭 필요하다." 불트만이 말하는 탈세상성을 잊으면 안된다. 하느님의 타자성은 사람과 하느님이 혼동되는 것, 현재의 세상 질서와 하느님나라가 혼동되는 것을 막음으로써 끊임없는 우상파괴주의의 혁명성을 공급하는 원천이다. 하느님의 타자성으로 말미암아 사람은 새 사람의 희망을 갖고 세상은 새 세상을 향해 간다. 세상은 새 세상으로서만 세상이요, 삶은 새 삶으로서만 삶이다. 메츠가 말하는 대로 하느님이 이 세상을 취하는 것은 하느님이 이 세상과는 다르기 때문이다. 이 세상과 하느님, 사람과 하느님의 관계는 타자성의 관계다. 그 타자성으로 말미암아 그리스도교의 하느님은 사람을 떳떳한 주체로 내세우고 동시에 사람과 관계한다. 하느님이 사람을 잡아먹는 혼동도 없고 사람이 하느님처럼 되는 혼동도 없다. 현재의 세상을 하느님나라로 보는 자연주의적 발상도 없다. 전적으로 새로운 것, 전혀 예상치 못한 새로움에로의 개방성만 있다. 신학은 하느님의 전적 타자성을 유지함으로써 기술이 기술제일주의로 빠져 역사내재주의로 가는 것을 막아야 한다. 그리고 그것은 사실 기술이 안고 있는 정신이기도 하다.

---

[72] O. Culmann, Dieu et César, 1956.

IV
현대기술산업사회에서의 새로운 문화윤리

I. 논점

먼저 제목부터 설명하겠다. '현대기술산업사회'라는 말은 지금의 우리 나라 사회를 특징지울 수 있는 가장 중요한 표현이며, 동시에 정부의 모든 정책의 목표를 드러내는 낱말이기도 하다. 오늘날 우리나라의 많은 문제, 정치·경제·사회·도덕적인 문제들은 이 낱말과 얽혀 있음을 알아야 하겠다. 따라서 이 문제에 대한 분석은 곧 우리 사회의 실정에 대한 분석이다. 한편 이 긴 복합어는 요즘 흔히 쓰이는 낱말로 굳어지고 있는데, 그만큼 이 복합어를 구성하고 있는 세 가지 개념들은 서로 밀접히 연관되어 있다. 우리는 조국의 '근대화' 또는 현대화라는 이름 아래서 '산업화'를 위해 온 국력을 집중시켰으며 그 산업화는 '기술' 발전 없이는 이루어질 수 없는 것이었다. 사실 데카르트 이후 현대는 '합리화'와 함께 시작되었다. 그 합리화는 세속화가 수반하는 기술적 세계관과 연관되어 있었고 '기술적인 세계관'은 새로운 생산양식인 '산업화'를 낳았던 것이다. '현대', '기술', '산업화'는 서로 뗄 수 없는 관계를 맺으면서도 상호 알리바이를 형성하고 있으며, 오늘날 세계의 가장 보편적인 현상을 설명해 주고 있다.

그 다음, 우리는 굳이 '문화윤리'라는 애매한 말을 썼다. 산업사회로서의 우리 사회가 안고 있는 문제점에 대한 해결책을 우리는 새로운 문화형성에서 찾으려고 한다. 새로운 정신이 형성되어야 한다는 말이다. 모든 것은 사람이 한다. 우리의 장래는 우리가 어떻게 마음 먹느냐에 달렸다. 사회 전체에 흐르는 분위기, 그 구성원들이 먹는 마음, 바로 그것이 그 사회의 정신이다. 그것이 문화다. 그리고 그 문화의 실체는 윤리다. 모든 문화는 그 사회의 윤리감정을 토대로 하여 형성된다. 문화는 사람의 1차적인 욕구충족을 넘어서서 형성되는 것이며 따라서 멋이다. 그렇다면 그것은 가치를 추구하는 초월이요 곧 윤리다. 윤리는 '멋'이요, 살 '맛'이다.[1] 문화의 실체다. 그런 뜻에서 필자는 '문화윤리'라는 말을 썼다. 새로운 문화형성은 새로운 윤리형성을 뜻한다. 물론 이러한 논의에서 종교가 제외될 수 없다. 초월이라는 점에서 문화와 종교와 윤리는 서로 만난다. 종교는 문화의 실체다. 종교와 윤리는 하나다. 종교는 언제나 윤리적 신념을 바탕으로 하고, 윤리는 종교성에 의지한다. 올바른 종교는 언제나 윤리다. 우리가 새로운 문화에 대해 언급할 때 그것은 곧 윤리에 대한 논의가 될 것이며, 그것은 다시 종교에 대한 논의가 될 것이다.

    현대 산업사회를 분석하는 몇 가지 입장을 밝히겠다. 첫째, 우리는 철학적이고 신학적인 분석을 하겠다. 산업화 자체는 모종의 세계관, 정신과 연관되어 있다. 그러므로 그러한 정신에 대한 분석으로부터 우리는 산업화가 가져올 수 있는 문제점도 예측할 수 있으며, 거기서 해결책도 나올 것이다. 그리고 그것이 정신의 문제요, 세계관의 문제인 한, 이 분석은 철학적이고 신학적인 분석이 될 것이다. 그리고 우리가 문제의 해결을 새로운 문화에서 찾는다는 것도 철학적이고 신학적인 안목을 요청한다. 한 시대는 그 시대의 사상의 영향 아래 있다. 철학과 신학이 잡다한 객관적 지식의 쪼가리들을 모아 놓은 것에 그치지 않고 일정한 하나의 사상을 형성했을 때, 그것은 그 사회를 이끄는 견인차 역할을 한다. 오늘날처럼 복잡하고

---

1) 이 문제에 대해서는 양명수, "새땅의 윤리, 새로움으로서의 윤리", 『새땅』, 1 (1991) 참조.

다원화된 정치·경제 구조 속에서 사상이 아무런 영향을 줄 것 같지 않지만, 그것은 쉽게 눈에 띄지 않는다는 얘기지, 사실은 깊은 데서 그 사회를 떠받치고 모든 분야에 영향을 준다. 데카르트와 칸트의 사상을 이해하는 사람은 몇 사람 안 되지만, 현대의 몇 백년은 그들의 사상적 영향 아래 있었다. 데카르트 이후 지금까지 적어도 서양에서 살았던 모든 사람들은 정치·경제·교육 구조를 통해 삶 깊숙히 침투한 그의 사상의 영향을 받고 살았던 것이다.

  둘째, 우리는 여기서 우리 나라 이야기를 하겠다는 것이다. 우리는 실증적인 이론을 인정하지 않는다. 모든 이론에는 규범성이 들어 있으며, '어떻게 되어야 한다'는 규범성은 언제나 그 이론을 적용할 대상을 염두에 두고 있다. 그 자체로서 타당한 이론은 없다. 다만 어느 사회에 적합한 이론만 있을 뿐이다. 산업사회에 대한 분석, 그리고 그 문제점을 극복하기 위한 대안에 대한 연구는 아무래도 산업이 먼저 발달한 서구에서 나왔지만, 그러한 이론이 우리 나라에서도 곧바로 타당한 것은 아니다. 취해야 할 것이 있고 버려야 할 것이 있다. 세계적인 흐름에 주의를 기울이면서도 우리는 역시 우리 사회의 문제를 해결할 방도를 찾아야 한다. 서구 학자들이 말하는 새로운 문화가 우리가 지향해야 할 새로운 문화와 꼭 일치할 수는 없는 것이다. 서구 사회의 지금 모습과 우리 사회의 지금 모습은 다르기 때문이다. 물론 그들의 연구가 우리 사회가 앞으로 어차피 겪게 될 시행착오를 예방하는 데 필요할 수 있다. 그것은 취해야 한다. 그러나 예방 못지않게 중요한 것은 지금의 상황을 치료하는 작업이다. 예방에 쓰일 분석을 가지고 지금의 상황을 치료하려고 덤벼들 때 지식의 허위가 나타난다. 그리고 사회의 치료는 원상태의 회복이 아니라 변화요 개혁이다. 바꾸는 것이다. 이론은 그 사회가 바뀌어지는 데 공헌해야 한다. 사회의 변혁은 언제나 이론 싸움이다. 생각하는 백성이라야 산다. 생각은 초월이요, 초월해야 바꿀 수 있기 때문이다. 초월은

위로 '뜨는' 것이 아니라 앞으로 '넘어가는' 것이며, 뜨는 것도 넘어가기 위해서다. 그리고 그것은 거꾸로 가는 것이다.

산업화 또는 산업사회는 인류 발전의 한 양태요 단계다. 주로 생산성의 극대화를 꾀하기 위한 하나의 생산양식으로서 산업화는 자본과 노동이라는 생산요소 가운데 자본은 기술개발과 연계되어 '생산수단'의 발전을 도모하고 노동은 분업체계라는 '생산조직'을 통해 생산력의 극대화를 꾀하면서 전개된다. 생산수단은 자연 또는 사물에 대한 사람의 작용을 규정하는 개념이며, 생산조직은 사람과 사람의 관계를 규정하는 개념이다. 산업화는 결국 사물과 사람의 관계에 대한 모종의 세계관 또는 철학적 신념에 바탕을 둔 것이고 동시에 사람과 사람의 관계에 대한 모종의 태도(분업과 관료화의 배경을 이루는)에 근거하고 있다.[2] 그리고 거기서 가장 중요하게 대두되는 것은 기술이다. 사실 산업사회에서의 경제발전의 핵심은 기술혁신이라는 슘페터의 이론을 들지 않더라도, 오늘날 기술발전은 자본의 투자와 노동의 효율적인 분업체계를 요구한다는 점에서, 자본과 노동이라는 두 생산요소는 기술을 중심으로 돌고 있음을 알게 된다. 원래 기술은 사물에 대한 사람의 관계에서 나오는 것이지만 그러한 기술적 세계관을 사회단위로 실현하는 데에는 분업이나 관료화라는 사람 사이의 조직방식도 요청된 것이다. 앞에서 산업화는 생산성의 극대화를 꾀하는 방향으로 나아가는 것이라고 했는데, 생산성 상승의 요인으로서 자본과 노동의 투입만으로는 설명될 수 없는 부분이 곧 기술발전으로 해명된다고 할 때, 우리는 기술이 산업화에서 차지하는 비중을 가늠할 수 있다.[3]

---

2) J. Ladriere, "De la critique de la societé industrielle à la critique de la modernité", Revue philosophique de Louvain, 1990.
3) 박양택, 『기술 개발의 지식』, EM문고, 1988.

이상과 같이 산업화를 정의하면서 우리는 다음의 세 가지를 부각시키려고 한다. 첫째, 산업화는 어쨌든 인류가 스스로 역사의 주체가 되어 자기발전을 도모한 거대한 시도라는 점이다. 둘째, 산업화는 하나의 생산양식으로서 그것이 생산성의 극대화에 초점을 맞추고 있는 한 결국 경제 위주의 사회를 형성한다는 점이다. 셋째, 기술의 문제다.

II. 산업화는 사람이 역사주체가 되어 자기발전을 도모한 거대한 시도다

산업화는 사람을 역사의 창조자로 내세우는 정신의 산물이다. 이 점에서 산업화는 현대화이다. 경제적 측면에서의 산업화는 그렇기 때문에 사람이 주인이 되는 정치체제나 사회체제와 밀접히 연관되어 발전했다. 서구학자들은 새로운 문화를 이야기할 때 이 점을 별로 들추지 않을 것이다. 서양은 그러한 정신 속에서 오랫동안 살아왔고, 무슨 말을 하든지 그것을 당연한 전제로 깔기 때문이다. 더구나 그들은 사람 중심주의가 가져온 폐단을 어떻게 극복하여 보완해 나갈 것인가 하는 방향에서 새로운 문화를 찾아갈 것이다. 그러나 거꾸로 우리는 우선 이 사람 중심주의를 강조해야 한다. 우리에게는 산업화가 단지 가난을 해결할 수단으로 여겨져 왔을 뿐이기 때문이다. 산업화는 정신이 수반되어야 부작용이 없고 또 정말 삶을 살찌게 하는 방향으로 진행된다. 인류가 산업화를 시작할 때 먹었던 '마음', 그 마음 중에는 지금 우리 사회에 필요한 것들이 있다. 경제학자들이 말하듯이 우리나라의 장래가 고도의 산업발전을 이루느냐 아니냐에 달렸다고 할 경우, 그러한 산업발전 자체를 위해서도 그 '마음'이 중요하다. 세계관, 역사관, 생각하는 방식이 중요하다. 그 핵심은 사람 중심주의다. 요즈음 사람 중심주의를 벗어나야 한다는 이야기가 있지만, 그것은 서양 사람들이 할 이야기이고 우리에게 는 그 점을 아무리 강조해도 지나치지 않다고 여겨진다. 우리 사회에서는 모든 것이 사람이 살자고 하는 것이라는 사실이 간과되고 있는 것 같다. 산업화 역시 사람을 위해서 하는 것인데 사람은 목적이 아니라 마치 산업화의 대상으로 전락된 것 같다. 모든 것은 사람이 한다. 그런데도 마치 사람 이외의 다른 무엇이 세상을 꾸려 나가는 것처럼 착각하고 사람을 경시한다. 돈이나 권력이 하는 것처럼 생각하고 돈과 권력을 끌어 모을 생각만 하지 사람을 키우려고 하지 않는 것이 우리 사회의 풍토다. 정말 사람을 귀하게 아는 풍토가 아쉽다. 자기 사람을 키우는 것은 사람을 키우는 게 아니다.

다시 한번 밝혀 두자. 모든 것은 사람 살자고 하는 것이다. 모든 것은 사람이 하는 것이다. 이것은 산업화를 일으킨 인류의 사람 중심적 세계관의 두 기둥이다. 그리고 새로운 문화건설을 위해 우리에게 꼭 필요한 정신이다. 먼저, '사람이 모든 것을 한다'는 말은 사람이 역사의 주인이요 창조자라는 말이다. 사람은 자연의 일부가 아니라 자연과 관계를 맺는다. 요즈음 생태학적 문제를 이야기하는 사람들 가운데, 사람이 자연의 일부라고 무책임하게 말하는 사람들이 있다. 그러나 그것은 서양사람들이 자기들의 문화를 보완하기 위해 말하는 과장일 수는 있어도, 우리에게는 맞지 않는다. 우리는 오랫동안 사람이 자연의 일부라는 의식 속에 살아 왔으며 산업화가 진전되어 자연을 개척하고 이용하는 사업이 대대적으로 일어나도 그러한 자연주의적인 의식은 여전히 대중의식으로 뿌리 깊게 자리 잡고 있기 때문이다. 산업화로 인한 물질은 향유하면서 그것의 기반이 되었던 인간해방 정신은 터득하지 못하고 있다. 산업화는 자연법칙의 발견으로부터 시작되었다. 자연현상이 돌아가는 법칙을 발견함으로써 사람은 자연이 지니는 에너지를 측정, 예견할 수 있게 되었고, 그것을 이용하는 기술을 갖게 되었다. 그것이 산업화의 시초다. 그런데 그처럼 자연법칙을 발견한다는 것은 종래 하나님의 영역으로 생각되었던 많은 것들이 사람의 손 안에 들어 오게 되었음을 말한다. 세계는 우연이 아니라 필연에 의해서 움직여지는 것으로 인식되었다. 그 법칙을 재현하기만 하면 자연현상에서 일어나는 것과 같은 결과를 얻어낼 수 있다. 기술과학과 함께 사람은 이제 모든 것을 '만들어 낸다.' 이제 자연은 더 이상 자연신이 아니다. 사람은 더 이상 자연의 일부도 아니고, 자연을 섬기는 자도 아니다. 사람은 자연과 관계를 맺는다. 자연은 언제나 사람에 '대하여' 마주선다. 더 이상 '스스로 그러한'(자연) 자연이란 없다. 오직 사람에 대한 모종의 '의미'로서의 자연만 있다. 그러므로 산업화는 모더니즘의 기초를 이룬 의식철학과 그 맥을 같이 한다. 의식철학은 주체의 철학이요 인식론 위주의 철학이다.

    산업화 정신이 추구했던 것은 자연을 착취하는 것이 아니라 사람을 부각시키는 것이다. 대상화를 통한 주객도식에서는 반드시 객체가 주체에 먹히게 되어 있기 때문에 생태계의 문제가 나타날 수 있다. 그러므로 이른바 자연을 '대상'으로 보지 않고 '상대'로 보는 시각이 요청된다. 그러나 상대로 본다는 것도 일정한 거리를 전제로 한 것이지 사람이 자연 속에 파묻힌다는 것을 뜻하지 않는다. 혼동 속에는 상대고 사람이고 없다. '대상'은 '상대'로 가는 길이다. 따라서 자연의 반복적인 운명론적 순환에서 벗어나 사람이 주체로 우뚝 서기 위한 '대상화'의 경험이 필요하다는 말이다. 우리에게 필요한 것은 대상화를 하지 말자는 얘기가 아니라, 대상화를 극복하자는 얘기다.

    사실 성서에는 자연이란 없다. 스스로 그러한 것은 하느님 한 분뿐이다. 우리를 둘러싸고 있는 것은 스스로 그러한 것(자연)이 아니라 피조물이다. 자연은 비신성화된다. 피조물이라는 낱말은 모종의 '뜻'을 지시한다.[4] 사람에 대한 뜻이다. 그래서 사람은 그것을 대상물로 보기도 하고 상대로 삼기도 한다. 뜻이 생명이다. 의미가 있어야 살 맛이 난다. 생명력이 넘친다. 그러므로 자연이 아니라 피조물을 말하는 것은 사람을 살리자는 이야기다.[5] 성서의 세계관에 바탕을 둔, 자연의 비신성화, 그리고 그것이 불러일으킨 세속화는 산업화, 현대화의 기둥을 이루는 정신이다. 성서의 종교는 하느님의 영역을 자꾸 사람의 영역으로 넘기는 종교다. 많은 학자들은 근대 산업화의 물결을 그러한 세속화와 연결시켜 말하고 있다. 거기서는 사람이 부각된다. 자연에 대해서 그리고 하느님에 대해서 말이다. 그리고 그것은 성서의 하느님이 바라는 바였다.[6] 이제부터 중요한 것은 '자연'이 아니라 사람이 일구는 '세상'이다. 자연이 아니라 인공이다. '목숨'이 아니라 '삶'이다. 생명의 문제는 삶의 문제로 해결되어야 한다. 생태학적 문제는 사람의 문제이다. 중요한 것은 자연이 아니라 역사이다. 자연은 당연을 잡아 먹는다. 그래서 자연스럽게 자리잡고 있는 모든 질서를 '마땅히 그런'(당연한) 것으로 치부하는 보수성에 빠진다. 그러나 역사를 강조하는 현대 정신 속에서 당연은 '마땅히 어떻게 해야 할' 것을 가리킨다.[7] 사람이 부각될수

---

4) 틸리히가 『조직신학』 1권에서 말하는 '객관이성' 즉 이 대상세계에도 로고스가 들어 있다는 이해도 같은 맥락에서 파악할 수 있다.
5) 생각해 보라. 우리가 '이 세상이 모두 하나님이 지으셨다'고 믿는 순간 중립적으로 서 있던 세상이 의미를 갖고 살아 일어난다. 뜻은 말이다. 말한다. 그러므로 응답해야 한다. 책임이 생긴다는 말이다. 자연이 아니라 피조물일 때, 우리를 둘러싸고 있는 이 세상에 대해 더욱 책임적이 된다. 뜻이 아닌 중립은 죽음이다.
6) 막스 베버를 들지 않더라도, Encyclopaedia Britannica의 "Industrialisation and Modernization"이라는 논문이 세속화(secularisation) 문제로부터 시작하는 것이 흥미롭다.
7) 초기의 과학기술정신이 변질되어 오늘날에는 물질만능주의하에서 '역사는 끝났다'고 하는 보수성을 띨 수도 있다. 그것은 본래의 기술과학정신이 탈색되어 역사내재주의적인 자연주의적 경향으로 빠진 것이다. 종교적으로 말하면 세속화가 세속주의로 된 것이다. 송두율, "역사는 끝났는가", 『사회와 사상』 25(1991)이 참조가 될 것이다.

록 사람의 책임성이 부각된다. 사람은 세상 속에 사는 존재가 아니라 세상을 만들며 산다. 사람이 세상의 주인이다. 세상이 돌아가면서 사람이 돌아가는 것이 아니라, 사람의 삶이 돌아가는 대로 세상이 돌아간다.[8]

한편, 하늘을 이야기하는 것은 땅 이야기를 하기 위해서이다. 땅이 부각되는 것이다. 그것이 세속화 정신이다. 이 땅은 도망가야 할 곳이 아니라 하느님의 거룩한 뜻이 실현될 곳이므로 사람이 자기를 실현할 곳이다. 중요한 것은 저 세상이 아니라 변화된 이 세상 곧 새 세상이다. 이제부터 사람은 현실을 다른 데서 찾지 않는다. 사람의 자기 '실현' 그것이 '현실'이다. 실현으로서의 현실(reality)이 '실재'(reality)다. 이 현실을 근거지우는 것이 이 현실 안에 있다. 바깥 높은 데 있는 것이 아니라 사람이 자기 실현을 하는 이 땅에 있다. 그래서 의식철학자들은, 경험적인 것에 비해 더 현실적이라고 생각되었던 선험적인 것을 하늘에서부터 사람의 머리 속으로 끌어 내렸다. 맑스나 니이체, 베르그송의 삶의 철학은 선험적인 것을 몰아내고 구체적인 경험 즉 구체적 삶에서 가장 현실적인 것을 찾았다. 그것은 하늘에 비해 이 땅이 부각되는 과정이다. 사람의 삶이 부각되는 과정이다.

이 모든 것은 산업화와 짝을 이루는 세속화 정신의 결과다. 맑스 역시 「공산당 선언」에서 산업화는 하늘처럼 여겼던 모든 것들을 세속화한다고 보았다. 세속화는 끊임없이 새로운 생산양식의 창출을 통해 기존의 것을 뒤엎고 새로운 사회관계를 만들어 나가는 것이라고 보았다. 산업화 정신은 '모든 것을 사람이 한다'는 것이다.

또 하나는 '세상만사가 다 사람살기 위함'이라는 정신이다. 가

---

8) 앞서 말한 역사의 마감은 사람이 부각되지 않고 기술이 부각될 때 일어난다. 사람이 기술을 운용하는 것이 아니라 기술이 사람을 부릴 때 역사는 끝난다. 창조가 없다는 얘기다.

장 궁극적인 기준은 사람을 살리는 것이다. 사람을 사람답게 하고 삶을 삶답게 하자는 것이다. 삶을 살찌게 하자는 것이다. 이것은 아주 당연한 이야기 같지만 그렇게 당연한 이야기가 아니다. 그렇게 된 것은 사람이 세상과 역사의 주인이라는 의식이 생긴 이후의 일이다. 이른바 '휴머니티'가 부각된 것은 근대정신의 산물이요 곧 산업화라는 새로운 생산양식을 통해 주체적으로 사람이 자기운명을 개척하기 시작한 이후의 일이다. 다시 말해서 '합리화'가 정치·경제·사회·교육 등의 모든 사회제도를 새로이 건설하는 지침이 되면서 이성을 가진 사람이 최고의 목적으로 등장한 것이다. 주체와 목적은 같이 간다. '네 자신을 목적으로 생각하듯 다른 사람을 목적으로 여기라'는 칸트의 제2 정언명령은 사람이 주체로 서게 된 근대 또는 현대 정신의 산물이다. 사람이 하느님이나 자연의 객체로 있는 한 목적은 언제나 하느님이나 자연 즉 자연신이었지 사람일 수 없었다. 하느님의 인간성을 말할 수 있었던 것은 절대적으로 현대 정신의 산물이다. 성서에 있는 가장 기본적인 이야기, '하느님이 사람을 구하시려고 사람이 되셨다'는 성육신 이야기가 제대로 강조된 것은 최근의 일이다. 하느님이 사람의 목적일 수 있는 것은 '사람이 하느님의 목적'이기 때문이다. 우리의 하느님 즉 사람이 된 하느님은 사람을 목적으로 삼는 하느님이다. 성서의 하느님은 사람을 주체로 내세우면서 목적으로 삼게 한다. 사람이 주체가 되고 목적이 된다고 해서 하느님이 제약되는 것은 아니다. 모두 하느님이 그렇게 한 것이기 때문이다. 하느님이 사람이 된 것은 사람과 다르기 때문이다. 하느님 나라는 여기에 있지만 여기에 있지 않다. 최고의 자유를 느낄 때, 모든 것은 하느님이 한 것이라고 고백한다. '하느님의 인간성'은 '하느님의 전적 타자성'과 같이 간다. 바로 이 때문에 기독교 신앙에는 산업화의 근본정신을 형성하는 힘이 있는 동시에 산업화가 빠지기 쉬운 위험을 막아줄 힘이 있다. 자연에 대해 역사를 강조하면서, 역사내재주의의 교만을 경고한다. 역사내재주의는 또 하나의 자연주의다.

순수 이론이란 없다. 실천을 염두에 두지 않고 그 자체로서 타당한 이론이란 없다. 근대산업화 이후, 이론을 위한 이론은 존재하지 않게 되었다. 그런 이론은 의미를 잃게 되었다. 의미를 잃게 되었다는 것은 무슨 뜻인가? 사람을 살리는 데 아무런 기여를 하지 못한다는 말이다. 사람을 살리자는 실천적인 관심이 모든 이론 속에 내포되어 있다. 자꾸 새로운 이론이 나오는 것은 시대에 따라, 사회에 따라, 사람에 따라 사람을 살리는 데 필요한 대책이 다를 수 있기 때문이다. 이론 속에 들어가는 설명 부분은 이미 규범성을 지니고 있다. 이론은 보통 사실을 있는 그대로 기술하는 설명 부분과 앞으로 어떻게 되야 한다는 규범적인 부분으로 이루어진다. 그런데 그 설명 부분은 사실을 있는 그대로 기술하는 것이 아니라, 이미 어떻게 되야 한다는 규범적인 관점에서 형성된다. 있는 그대로 설명한다는 것은 있을 수 없다.[9] 규범적인 관점은 사람을 살려야 한다는 실천적인 관심을 말한다. 그러한 실천적인 관심의 길을 터 준 것은 기술적 세계관이다. 산업화의 기초가 된 기술적 세계관은 주체성을 염두에 둔 것으로서 사람을 살리는 실천적 관심에서 나온 것이다. 그것은 단순히 도구주의로 빠져 모든 것을 이용 대상으로서만 볼 위험성이 없지 않다. 그러나 그것이 인간해방의 단초가 되는 것임은 분명하며, 그 이전으로 돌아가는 것은 어리석은 일일 뿐만 아니라 불가능한 일이기도 하다.

다시 한번 밝혀 두자. 이론이 되려면 말이 되어야 한다. 말이 된다는 것은 논리적 일관성이 있다는 뜻이다. 그러나 논리적 일관성은 이론이 되기 위한 필요조건이지만 충분조건은 아니다. 설득력이

---

9) 이것은 에밀 뒤르껭이나 레비 브륄 같은 실증주의에 반대하는 것이다. 이 문제에 대해서는 하버마스가 『인식과 관심』이라는 책을 내놓았다.

있어야 한다. 공감대를 형성해야 한다. 그 이론을 듣고 사람들이 고개를 끄덕끄덕해야 한다. 그 시대, 그 사회 구성원들의 삶을 살리는 것이라고 판단될 때 그러한 현상이 일어난다. 그리고 그 때 비로소 이론은 정말 말이 된다. 엄정중립일 것 같은 논리의 세계에도 사람을 살린다는 관심 또는 규범성이 들어 있다는 얘기다. 그것은 현대정신의 산물이다. 우리 사회가 크게 깨달아야 할 부분이 바로 이것이다. 이것이 앞으로 형성해야 할 새로운 문화윤리다.

III. 경제주의와 전체주의의 위험—'합리'와 '합당'

근대화 정신 곧 산업화 정신은 사람을 부각시켰다. 사람이 자기 운명을 개척하는 역사의 주인으로 등장했고, 사람이 목적으로 등장했다. 그러나 그 '사람'은 추상명사가 되면 안된다. 다시 말해서 구체적인 '내'가 부각되지 않고서는 의미가 없다. 전체 즉 국가나 사회의 이름하에 구체적인 개인들이 쉽게 파묻히거나 쉽게 희생당해서는 안된다. 우리는 여기서 단순히 우리나라의 산업독재를 말하려는 것이 아니라 산업화가 일반적으로 초래할 수 있는 전체주의화 경향을 지적하려 한다. 개인이 희생당하지는 않더라도 적어도 파묻히는 경향 말이다. 그러한 전체주의화는 보편화, 규격화, 동일화와 통한다. 그리고 그 점에서 산업화의 경제주의 문제가 된다.

산업화란 근대에 발생한 생산양식이다. 따라서 현대 사회가 산업사회라면 그러한 생산양식을 중심으로 정치 · 사회 · 교육 등의 모든 제도가 형성된다. '생산'은 언제나 인간 사회의 본질적 요소이다. 그리고 그것은 꼭 경제적인 것도 아니다. 그러나 산업방식의 생산은 생산공정의 동일화, 규격화를 통해서 경제적 가치로 측정되는 생산성을 높이려고 한다. 그것을 위해 사회 전체의 관심이 집중되고 자본의 집중화, 분업방식의 노동조직화가 수반된다. 작품이 없어지고 제품만 생산된다. 제품은 상품이다. 상품성, 즉 얼마에 팔리느냐에 따라 생산품의 가치가 결정된다. 가치의 일률화이다. 한편 생산성 향상이라는 목표로 인해, 기술의 발전과 함께 점차 노동집약적 산업은 자본집약적 산업으로 옮겨간다. 그러면서 숙련노동이 단순노동을 대체한다. 노동의 전문화가 이루어진다. 기계를 중심으로 한 노동의 전문화는 점차 분업을 가속화시키며 일의 총체성은 더욱 상실된다. 일은 없고 노동만 있다. 개별성, 개성, 개인의 자율이 없어지고 조직과 동일성이 지배한다. 동일화가 사회적으로 합리화의 이름 아래 거대하게 형성될 때 '아니오'라고 말할 수 있는 개인의 비판능력은 점차 상실된다. 게다가 개인의 생활수준은 점차 향상되지 않는가! 사회가 거대한 경제적 생산조직이 되면서 사람들의 생활수준이 올라가는 대신 그들은 현실을 초월하여 새로운 세상을 볼 수 있는 능력, 즉 '아니오'라고 말할 수 있는 비판능력을 상실한다. 기껏해야 생산물의 공정한 분배를 주장할 뿐이다. 근본적인 사회구조 그 자체를 문제삼지 않는다. 초월성은 사람과 사람 사이, 곧 인격과 인격 사이에서 발생하는 것인데, 맑스 베버가 말하는 대로 산업사회의 인간관계는 사람을 중립적인 생산력으로 보는 관계에 기초해 있기 때문이다. 봉급이라는 것도 그러한 생산조직을 유지하기 위한 임금체계이다. 경제주의에 의해 사람은 자본과 짝을 이루는 하나의 생산요소 곧 노동으로 전락될 수 있다. 인격이 없으면 '다른 것'을 내다보는 시각이 없어지고, 오직 '같은 것'이 지배하는 전체주의 사회가 된다.

　사람이 하나의 생산요소인 노동으로 전락하는 현상은 점차 고도의 지식을 요구하는 노동이 생기면서 확대된다. 기술이 발전하면서 새로운 기계가 생기고, 그 기계를 다루기 위해서는 전문지식을 가진 노동이 요청된다. 최근에는 이른바 ME혁명(극소전자혁명)에 의해 화이트칼라 노동자라는 개념이 생겼다. 컴퓨터 프로그래머, 오퍼레이터 등이 그들인데, 산업이 점차 기술집약적 산업으로 바뀌면서 그러한 화이트칼라 노동자들이 늘어난다. 그들이 프롤레타리아냐 아니냐, 사회변혁의 주체가 그들이냐 아니면 여전히 블루칼라 노동자냐 하는 논쟁이 발생하는 것도 이러한 맥락에서이다.[10]

생산성의 극대화라는 목표는 잉여가치가 많은 것을 찾아 다니게 만든다. 그리하여 도시화를 초래한다. 농산물보다는 공산품이 잉여가치가 많기 때문이다. 도시화를 통해 노동은 집중되고 조직화됨으로써 노동의 효율성이 높아진다. 물론 공산품 중에서도 경공업 제품보다는 중공업 제품의 부가가치가 높다. 따라서 산업화는 노동집약적 산업에서 자본집약적 산업으로 옮겨지게 된다. 중화학공업은 거대한 설비투자를 필요로 하고, 더군다나 투자로부터 투자효과가 발생할 때까지 걸리는 시간, 즉 자본의 회임기간이 길기 때문에, 대자본이 필요하다. 그리하여 대기업들이 등장한다. 단순히 설비투자뿐 아니라 생산수단으로서의 기술개발에도 큰 자본이 요청된다. 노동집약적 산업에서 자본집약적 산업으로 그리고 다시 신소재 산업이나 컴퓨터 산업과 같은 기술집약적 산업으로 옮겨 가는 과정은(기술집약적 산업은 자본집약적 산업보다 부가가치가 높고 에너지를 덜 소비하기 때문에 각광받는 첨단산업이다) 새로운 에너지의 발견과 맞아떨어지는데 이것은 기술의 비약적 발전으로 인해 가능하다. 그 기술개발 역시 상당한 기간 동안 상당한 양의 인력양성을 위한 투자와 연구비가 소요되기 때문에 대기업이나 정부가 이를 주도하게 된다. 기술은 자본과 결합[11]하여 끊임없이 새로운 생산양식을 만들어 내는데, 그것은 점차 자본과 권력의 중앙집중화를 유도하고 노동조

---

10) 이 문제에 대해서는 이영희, "과학기술혁명과 화이트칼라 노동자", 『창작과 비평』, 1990년 여름호가 도움이 될 것이다.
11) 이 점은 맑스도 예견하였다. 그러나 그는 기술을 경제성장을 주도하는 내생함수로까지는 생각지 못했다. 박양택, 앞의 책, 27.

직을 통해 전체주의적 경향을 띠게 된다. 오늘날 선진 산업사회에서 민주주의의 위기론이 나오는 것도 이런 각도에서 설명될 수 있다. 물론 여기서 말하는 중앙집권화 또는 전체주의화 경향은 자본주의의 초기사상이었던 자유주의가 퇴색하였다는 뜻에서 하는 말이다. 엄밀한 의미에서 자유주의의 경험이 없는 우리에게는 전체주의화된 서구의 모습이 매우 자유주의적인 것으로 보일 수도 있다. 그러나 우리는 산업화 과정에서 개인의 자율성이 대단히 위축되었다는 서구학자들의 분석을 신중하게 새겨두어야 할 것이다. 개발도상국이 안고 있는 산업독재의 문제는 이와 같은 산업화의 일반적인 문제점과 무관하지 않기 때문이다.

　이 전체주의화 경향에서 소비조작의 문제를 뺄 수 없다. 이윤의 극대화와 연결되는 생산성 향상을 위해 기업은 대량생산을 하게 된다. 그리고 공급에 맞는 수요가 확보되어야 된다. 대량소비가 필요하다는 말이다. 이것은 분명히 자본주의가 갖는 폐단 중의 하나다. 자본의 자기 원리에 의해 소비조작이 이루어지는 것이다. 말하자면 거짓욕구를 창출하여 필요하지도 않은 것을 필요한 것처럼 생각하게 만든다. 광고가 그 역할을 수행한다. 이제 대중은 생산에서 개성을 잃을 뿐 아니라 소비에서도 개성을 잃는다. 그들은 거대한 생산조직내의 한 생산자일 뿐 아니라 거대한 소비조직내의 한 소비자이다. 소비제품은 실제적인 효용가치와 관계없이 추상화된 상품기호로서만 존재한다.[12] 자기 개인의 필요와는 관계없이 다른 사람이 얼마만큼 갖고 싶어하는 것이냐에 따라 가치가 평가된다. 여기서는 개인의 자율성을 상실한 집단주의적인 타율성이 지배한다. 물론 그러한 소비조작으로 인한 과소비는 요즈음 문제되고 있는 우리나라의 과소비하고 꼭 일치하지는 않는다. 지금 우리 사회의 과소비 현상은

---

12) 이 문제에 대해서는 H. Lefebvre 『현대사회의 일상성』(La vie quotidienne dans le monde moderne)의 분석이 도움이 될 것이다.

일부 고소득 계층의 허영심에 바탕한 사치가 모방심리에 의해 확산되는 데서 기인한다. 따라서 일시적 현상이다. 그러나 소비조작에 의한 과소비는 자본주의와 결합된 기술사회에 만성적으로 존재하는 것이며, 그렇기 때문에 그것은 우리 사회에서도 꾸준히 존재해 왔고 앞으로도 존재할 것이다.

이와 같은 일들은 합리화라는 이름 아래서 진행된다. 개인이 파묻히는 현상을 합리화라는 말이 정당화해준다. 합리화는 모든 것을 정당화하는 단어일 수 있다. 왜냐하면 현대의 심볼은 역시 이성이며 그 이성에 부합되는 것이 합리성이고 그렇게 하는 과정이 합리화이기 때문이다. 물론 현대 사회의 기술적 세계관과 함께 부각된 이성은 사변이성일 뿐만 아니라 실천이성이기도 하다. 사변이성 곧 이론이성(칸트가 『순수이성비판』에서 부각시킨 것)은 자연과학적 인식을 가능하게 한다. 그것이 부각되면서 '모든 것은 사람이 한다'는 의식이 생긴다. 칸트가 『실천이성비판』에서 부각시킨 실천이성은 윤리를 가능하게 한다. 여기서 사람은 목적이 된다. '모든 것은 사람이 살기 위한 것이다'는 의식이 생긴다. 그 사람은 물론 인격으로서의 개인이다.[13] 기술적 세계관이 산업화와 연결되면서 강조하고 개발시킨 합리성은 전자다. 자연과학적 이성이 곧 합리성으로 이해되었다. '합리적'이라는 말은 '과학적'이라는 말과 같은 뜻으로 쓰이게 되었다. 그리고 과학적인 것은 객관적으로 타당한 것으로 여겨지게 되었다. 그것은 객관적 현상에 대한 정확한 관찰과 실험에 의해서 나온 것으로 주관적인 의도가 조금도 개입되지 않았기 때문에 그 자체로서 타당한 것으로 여겨졌다. 현대에 들어와서 역사학이나 사회학이 인문과학이나 사회과학이 될 수 있었던 것은 역사현상이나 사회현상에서 그런 객관적인 법칙을 찾아내는 학문이 되었기 때문이다.

그러나 인문과학이나 사회과학은 물론이고 자연과학에서도 객

---

13) 칸트의 『실천이성비판』에서 인격은 자연과 맞서는 꽤 중요한 개념으로 등장한다.

관적인 현상에 대한 관찰에서만 법칙이 나오는 것은 아니다. 이 점에 대해서는 칸트가 『순수이성비판』 서론에서 언급한 바 있다. 갈릴레이가 '모든 물체는 부피나 무게에 관계 없이 같은 속도로 낙하한다'는 법칙을 발견했는데 그 법칙은 실험만으로는 도저히 산출할 수 없는 것이었다. 왜냐하면 현실의 공간에는 공기마찰로 인해 언제나 질량이 큰 물질이 늦게 떨어지기 마련이다. 경험에 의한 귀납적인 분석판단만 가지고는 자연과학적 인식이 불가능하다. 필연적인 법칙을 만들어낼 수 없다. 여태까지 사람이 죽었다고 해서 '사람은 죽는다'는 법칙을 만들 수 없다. 그것은 적어도 개연성이지 필연적인 법칙이 될 수 없다. 따라서 흄은 확실성이란 없고 습관에 기초한 개연성만 있을 뿐이라고 해서 회의론에 빠졌다. 그러나 칸트는 사람에게는 '선험적 종합판단' 능력이 있어서 확실한 자연법칙에 대한 인식이 가능하다고 역설했다. 말하자면 경험에 근거한 분석판단과 선험적인 종합판단이 연합해서 확실한 자연과학적 인식이 가능하다는 얘기다. 과학적 합리성은 객관적인 것에 스스로 존재하는 것이 아니라 사람의 주관에서 나오는 경험 이전의 연역 능력에 의해서 가능하다.

칸트는 자연과학적 인식에 모종의 주관적인 것이 개입된다고 말할 수 있는 가능성을 열어 놓았다. 그 주관적인 것이 칸트에게는 '능력'의 문제였다. 그것은 사람을 주체로 내세우는 정신과 관련이 있다. 그러나 요즈음 엘륄이나 오뜨와 또는 아도르노, 하버마스, 마르쿠제 등이 문제 삼는 것은 그 주관의 '관심'이다. 객관으로 타당하다고 하는 과학적 인식, 이른바 합리성 속에는 현대인의 모종의 관심이 개입되어 있다는 것이다. 의도가 관여되어 있다는 것이다. 그것을 그들은 기술적 관심이라고 한다. 이 점에서 과학은 기술에 종속되어 있다. 과학적 인식은 있는 것을 그대로 '드러내는' 것이 아니라 그것을 추상화하여 법칙을 만들고 그 법칙을 재현함으로써 무언가를 '만들어 내려는' 의도와 연관되어 있다. 합리성이란 도구적 이성이다. 재현(re-presentation)하고, 이용하려는 경제적 이성이다. 물론 베르그송 같은 학자는 이성이란 처음부터 삶을 추상하여 시간을 공간화하고 모든 것을 동질화하는 도구적 이성이라고 보았다. 그래서 그는 합리성을 비판하고 관념론을 극복하여 삶 자체를 관통하는 인식방법을 탐구한다.

여하튼 이상의 고찰에서 우리는 현대의 정당성의 상징인 합리성 또는 합리화가 모종의 경제적 관심과 연관되어 있고 따라서 산업화는 곧 합리화였다는 점을 알 수 있다. 그리고 합리화는 개별적인 인격을 없애고 전체주의화하는 현상을 정당화하는 위험스런 역할을 수행하고 있음도 알 수 있다.

'합리'적인 것이 반드시 '합당'한 것은 아니다. 산업사회의 합리성으로 말미암아 사람이 큰 능력을 소유하게 되었다 할지라도, 할 수 있다고 해서 다 해도 좋은 것은 아니다. 지금까지의 산업화가 이론이성 위주로 경제력을 발전시키는 데 주력해 왔다면, 이제부터는 실천이성 쪽을 고려해야 할 것이다. 이론이성만 개발한다면 그것은 중립적인 탈윤리가 아니라 비윤리적인 것이 되고 만다는 것을 알아야 한다. 산업화가 참다운 발전모델이 되려면 윤리의 적극적 개입이 고려되어야 한다. 한스 요나스가 말하는 대로, 기술은 엄청난 결과를 가져올 수 있기 때문에 윤리는 그런 것까지를 미리 내다보아 지금의 이론이성의 활동에 영향을 미치는 세력이 되어야 할는지도 모른다. 지금 존재하는 것에 대한 응답뿐만 아니라 지금 존재하지 않는 존재에 대한 응답까지를 고려하는 이른바 '발견적 결의론'이 윤리학계에 다시 등장할지도 모른다.[14] 진정한 의미의 책임성이 요청되는 것이다. 이것은 새로운 문화윤리에서 고려되어야 할 것이다.

---

14) Hans Jonas, The Imperative of Responsibility: In Search of an Ethics for the Technological Ages, Cicago, 1984. 이 결의론은 그동안 철학적 윤리에서나 신학적 윤리에서 모두 배척되어 오던 것이다. 그런 것들을 다시 들고 나온다는 게 흥미롭다.

물론 우리는 경제주의와 합리성 문제를 쉽게 비판할 수 있는 처지는 아니다. 따라서 '물질이 아니라 정신이 중요하다'는 원론적인 비판은 무의미할 수 있다. 물질의 풍요가 사회정의에 미친 긍정적인 효과는 간과될 수 없다. 한 사회내의 재화의 절대량이 적을 때 그것은 소수의 권력자에 의해 독점되고 다수의 민중은 절대궁핍 속에 살아야 한다. 역사는 어느 정도 그런 측면을 보여주고 있다. 물질이 많아지면서 비로소 분배의 문제가 제기되고 사회정의에 대한 의식이 고양되는 측면이 있다. 그러므로 우리 사회에서 '우선 나누어 먹을 것이 있어야 공평하게 나누든지 말든지 할 것 아니냐?'는 말은 전혀 틀린 것이라 할 수 없다. 경제개발은 중요하다. 존 롤즈의 사회정의론은 사회의 기본가치를 공정하게 분배하는 것에 관한 논의이다. 문제는 사회의 기본가치가 무엇이냐는 것이다. 물론 그것은 개인에 따라 다르다. 그러나 한 사회의 제도가 정의에 입각해서 구성되었다는 소리를 듣기 위해서는 누구나 필요로 한다고 여겨지는 기본욕구를 공정히 처리하는 장치를 마련해야 할 것이다. 그 기본적 욕구를 롤즈는 부와 명예로 본다. 그러나 명예는 측정하기 어렵고 대개 명예와 부는 따라다닌다. 그래서 사회정의론은 곧 한 사회에서 산출한 경제적 가치에 대한 공정한 분배의 문제로 된다. 공정한 분배를 위해 최소수혜자를 정해야 할 필요가 있을 때, 그 기준이 되는 것은 임금이다.[15] 따라서 사회 '윤리'라는 정신의 문제를 논의하는 데 있어서 경제문제는 중요한 함수가 된다.

　　그러나 경제윤리가 중요하다고 해서 경제주의가 판치는 것을 정당화할 수는 없다. 롤즈에게서는 공정한 자유의 원칙이 공정한 경제분배의 원칙에 우선한다. 자유가 경제보다 더 근본적이다. 자유는 더 큰 자유확보를 위해서만 일시적으로 제한될 수 있다. 현대인은 사람이 역사의 주인이요, 개척자라는 의식을 경제개발을 통해 구체

---

15) 존 롤즈, 『사회정의론』, 서광사, 1978. 특히 1장과 2장을 보라.

화시켰다. 그것이 산업화의 정신이다. 그러나 그 결과 개인이 개성을 잃고 조직화된 규율에 휩쓸려 산다면, 역사의 주인인 '사람'이 도대체 누구냐 하는 문제가 생긴다. 소수의 정책 입안자만이 사람이요 역사의 주인인가? 그러면 역사는 다시 거꾸로 가는 것이다. 소수의 사람이 주인 노릇을 할 수 있는 역사는 없다. 역사가 역사일 수 있는 것은 민중이 주인이기 때문이다. 역사의 주인인 '사람'은 민중이다. 민중이 사람이다. 사람이 민중이다. 그리고 '내'가 민중이다. 따라서 사람 하나하나가 창조적으로 참여하는 체제가 되어야 한다. 모든 것이 사람 하나하나를 위해서 이루어지는 것이 되어야 한다. '내'가 세상의 주인이요 목적이다. 우리 사회에서는 이런 의식이 아쉽다. 그렇지 않으면 역사의 주인으로 등장한 사람이 역사의 객체로 될지 모른다. 역사의 목적으로 등장한 사람이 역사의 수단이 될 수도 있다. 그때부터는 사람이 '마음' 먹은 대로 세상이 굴러가지 않는다. 우리 사회에서는 '역사'에 대한 의식(사람이 주인이요 목적이라는 의식)이 제대로 형성되기도 전에 '탈역사'의 시대로 들어갈지도 모른다. 그것은 파멸이다. 오늘날 하버마스가 '의사소통이론'에 관심을 기울이는 것도 사람 하나하나의 의사들이 모여 형성된 여론을 가지고 전체주의화 경향을 막아보려는 노력이다.

  합리화 문제도 그리 단순하지는 않다. 우리나라에는 아직 합리적이지 않아서 문제가 되는 경우가 너무 많기 때문이다. 객관성을 상실한 이야기를 주관적 편견에 사로잡혀 고집함으로써 일을 그릇치는 경우가 많다. 생각하지 않고 감정으로 치달아 본능적 싸움을 연출하는 경우가 아직도 많다. 사정이 이러한데, 서양사람들을 따라 무조건 합리화와 과학화를 비판만 할 수는 없다. 우리가 포스트모더니즘을 그대로 수용할 수 없는 이유가 거기에 있다. 그러나 합리화가 초래할 수 있는 인간소외 현상을 미리 내다보면서 합리화를 추진하는 것은 필요한 일일 것이다. 합리성 문제에 대한 더 긴 논의는 다음 기회로 넘기겠다.

　한 가지만 더 언급하고 경제주의의 문제에 대한 논의를 마치겠다. 산업사회의 경제주의는 1차적 욕구를 충족시키는 문제와 관련되어 있기 때문에 집단주의를 유발할 수 있다. 그것에 대해 우리는 개인의 존엄성, 개인의 자율을 확보할 방도를 찾아야 한다고 강조했다. 이런 점에서 요즈음 흔히 거론되는 공동체 문제는 깊이 숙고할 문제다. 공동체는 집단주의와 혼동되어서는 안된다. '우리'만 강조한다고 다 좋은 게 아니다. 집단주의적 '우리'는 사람을 죽인다. 집단주의는 언제나 이기주의와 관련이 있다. 그렇지 않아도, 언제부터인지는 모르지만, 우리나라는 상당히 집단주의적이다. 남이 하는 대로 해야 된다. 남의 눈치를 보면서 살아가는 분위기가 우리 사회에 팽배하다. '남'이 하는 대로 해야 한다는 심리 속에는 지극히 '자기'만 아는 이기적인 심리가 깔려 있다. 남의 눈치를 보는 것은 남을 생각지 않는 것이다. '남'만 있는 곳에는 '자기'만 있다. 그리고 '내'가 없다. 진정한 공동체, 더불어 사는 사회, 사람살기 좋은 사회가 되려면 '내'가 있어야 한다. 앞에서 우리는 '내'가 목적이 되야 한다고 했다. 그런데 '내'가 목적일 수 있는 것은 '내'가 떳떳한 주체이기 때문이다. 여기에는 책임성이 수반된다. 그것은 이기주의가 아니다. 남의 눈치를 안 볼 때 남을 생각하게 된다. 책임은 응답이다. 그것은 남에 대한 응답이다. '내'가 목적일 수 있는 것은 내가 '사람'이기 때문이다. 사람인 다른 사람을 염두에 두는 것이다. 이것이 우리 사회가 지향해야 할 새로운 문화윤리다.

IV. '만들어' '냄' 으로써 '드러내는' 기술

　기술문제는 새로운 문화윤리의 창조와 어떤 연관이 있을까? 산업화의 핵심은 기술진보이다. 그런데 이 말은 흔히 기술을 경제적 생산력과 연관된 것으로 본다는 의미로 이해되고 있다. 산업화와 연관된 기술은 사실 재화생산의 수단으로 쓰여졌다. 기술은 도구적인 것을 연상하게 한다. 그러나 기술은 단순히 물품을 생산해 내는 것이 아니다. 그것은 경제적인 것이라기보다는 정신이다. 세계관이다. 기술이 산업화의 한 요소가 아니라 산업화가 기술의 한 요소다. 기술은 무엇을 '만들어 낸다.' 사람은 기술을 통해 무엇을 만들어 낼 수 있게 되었다. 무엇이든지 만들어 낼 수 있게 되었다. 물건을 만들어 낼 뿐 아니라 역사도, 자기 앞길도 만들어 낼 수 있게 된다. 이 점에서 기술은 단순히 물건의 문제가 아니다. 기술은 '만들어 낸다.' 단순히 '만드는' 것은 기술이 아니다. 특히 현대 정신과 관련된 기술은 무엇을 만들어 '낸다.' 거기에는 사람의 창조의지가 들어간다. 해내는 것이다. 단순히 먹는 행위는 기술이 아니지만 환자가 '먹어 내는' 행위는 기술이다. 먹는 것은 자연적 행위지만, 먹어 내는 것은 인공적 행위이다. 사람은 기술을 가지고 역사를 만들어 낸다. 기술정신과 함께 사람은 역사의 주인이 된다. 역사를 만들어 내는 정신이 산업화를 통해서 물건을 만들어 내는 행위로 구체화되는 것이다. 만들어진 물건, 즉 인공제품 속에는 그처럼 사람이 주체가 되어 무엇을 해내는 정신이 들어 있다.

그러나 기술 하면 먼저 물건을 생각한다는 점, 인공제품 하면 웬지 삭막한 것으로 여겨진다는 점 등에 대해 기술은 책임을 져야 한다. 기술이 산업화와 연관되면서 주로 기계화되었다는 얘기다. 기술의 기계화가 그것이다. 기술이 기계와 동일시된다는 것은 문화의 기계화를 뜻한다. 문화는 원래 기술문화이기 때문이다. 반복적인 순환에서 벗어나기 위해 사람의 손이 간 것 즉 인공적인 것이 문화이기에 하는 말이다. 그런데 사람의 문화를 형성하는 것은 언어다. 언어는 최초의 기술이다. 따라서 문화의 기계화란 언어의 기계화를 뜻한다. 결국 기술의 기계화는 언어가 정확한 언어가 되었음을 뜻한다. 기계화된 언어는 엄밀한 의미에서 '말뜻'이 없고 어휘만 있다고 보아야 한다. '뜻'은 해석되는 것이고 따라서 그 말을 쓴(한) 사람과 그 말을 본(듣는) 사람 사이에는 커뮤니케이션이 형성된다. 거기에는 이쪽 편의 주체적 참여가 있고 창조가 있고 초월이 있다. 해석이란 그런 것이다. 그러나 기계용어, 기계화된 기술용어, 과학용어에 그런 해석의 여지가 있으면 큰 일이 난다. 숫자처럼 보는 사람이 즉각 알 수 있어야 한다. 그러므로 기계화된 언어는 언어의 잉여가치, 풍요성, 상징성을 상실한 삭막한 언어다. 이쪽 편의 참여 없이 일방적으로 받아들여지는 언어다. 그러므로 전체주의의 메카니즘을 만든다. 죠지 오웰의 『1984』에서 '대형'(Big Brother)의 일인독재는 철저히 언어를 일의적으로 만든다. 거기서 말하는 신어(New Speak)에서는 우선 다양한 어휘가 통합되어 비슷비슷한 뜻을 갖는 낱말들은 하나의 낱말로 표기되도록 한다. 그리고 한 낱말이 지니는 다의성을 사제하고 한 낱말은 반드시 어떤 하나를 가리키도록 한다. 예를 들어, '발전'이라는 말은 여러 가지를 뜻할 수 있는데 '경제적 충족'만을 가리키게 하는 식이다. 해석의 여지가 없으므로 토론의 필요가 없어지고 독재사회가 된다. 따라서 역사는 끝나고 만다. 기술이 단지 기계가 되어 경제적 재화를 만들어 내는 것일 때, 바로 그런 현상이 일어날 수 있다. 물건을 만들어 내는 데는 정확한 언어가 요청되기 때문이다.

  새로운 문화건설을 위해서 기술은 기계이기를 그쳐야 한다. 과학도 직접 생산력으로 이어지는 역할만 수행해서는 안된다. 요즈음 정부가 과학에 투자하는 것은 생산력 향상을 기대하기 때문이다. 그렇게 되면 좁은 의미의 기술에 과학이 종속된다. 사실 역사를 만들어 내는 기술은 단순히 기계가 아니다. 기계를 버리자는 것이 아니라 물건을 만들어 내는 기술 속에서 역사를 만들어 내는 기술을 보자는 것이다. 그 둘은 원래 밀접히 연관되어 있기 때문이다. 과학을 버리고 자연으로 돌아가자는 얘기가 아니라, 자연법칙을 발견하여 사람이 이용할 수 있게끔 하는 과학행위가 동시에 존재의 신비를 밝히는 것이 되어야 한다는 얘기다. 둘은 동전의 양면과 같은 것으로 서로 뗄 수 없다. 그런데 지금껏 한쪽 측면만 강조되어 왔던 것이다. 기술과학이 정말 사람을 살리려면 다른 한쪽과 병행되어야 한다. 기술과 함께 사람은 역사를 창조한다. 역사를 만든다. 그러나 역사를 만드는 행위는 단순히 물건을 만드는 행위로 설명되지 않는다. 역사를 만들어 내는 행위는 '드러내는' 것과 언제나 병행을 이룬다.[16] 만들어 '내는' 것은 '드러내는 것'이다. 사람의 자기실현이 곧 역사이다. 기술사회 이후로 실현이 현실이 되었다. 그러나 사람의 자기 실현은 단순히 '해내는' 것일 수만은 없다. 이 쪽에서 자꾸 만들어 나가는 힘이 커질수록 저 쪽에서 자꾸 존재의 신비가 드러나는 영역도 커진다. '모든 건 내가 합니다'는 결단은 '모든 건 주님이 하십니다'는 고백과 같이 간다. 만들어 냄으로써 드러낸다. 그래서 기술은 예술이다. 아트(art)다. 이제는 기술이 예술성을 회복해야 한다. 예술은 저쪽에서 오는 신비를 드러내는 것이다. 그렇기 때문에 사람의 손아귀에 들어오지 않는 것에서 나오는 힘으로 지금과 다른 전혀 새로운 것을 지향한다. 지금의 질서를 거꾸로 뒤집는 초월적 힘을 가지게 된다. 멋이 윤리다. 학자들이 찾는 새로운 기술(new technology)은 예술성을 회복하는 기술이다.

과학도 마찬가지다. 자끄 모노가 『우연과 필연』에서 '우연'을 강조하고 하이젠베르그가 『철학과 물리학의 만남』에서 불확정성의 원리를 말하는 의도는 무엇일까? 고분자생물학자로서 노벨 물리학상과 의학상을 수상한 모노가 DNA 연구를 통해 밝힌 것은 진화가 언제나

---

16) 기술을 드러내는 것으로 보는 관점은 하이데거의 논문 "Die Frage nach der Technik", in: Vortrage und Aufsätze에서 힌트를 얻었다.

우연에 의해 이루어졌다는 점이다. 양자역학자이며 노벨 물리학상 수상자인 하이젠베르그는 인과율에 의한 확실한 측정은 고립된 역학체계에서만 가능하며 양자역학에서는 확률적인 개연성만 있다고 본다. 이 두 사람의 주장은 모두 지금까지의 과학과 다른 과학의 역할을 암시한다. 지금까지 과학은 인과율에 따라서 정확한 법칙을 찾아내는 작업이었다. 거기에는 현실을 가르고 추상화하고 정지시켜서 생산에 응용할 수 있는 인과율을 찾는 목적이 개입되었다. 그러나 이들에 따르면 앞으로의 과학은 현실의 신비를 드러내는 지식이 될 것이다. 과학적 지식이 많아질수록 생명과 우주와 삶의 신비에 감탄하게 된다. 신비를 벗길수록 신비가 드러난다. 현대과학의 혁명 앞에서 사람이 겸허해진다는 말이다. 더군다나 법칙으로 설명할 수 없다는 말은 미래를 예측할 수 없다는 이야기다. 사실 과학적 합리성이 지배하는 현대에서는 모든 학문이 과학이 되었고 모든 현상을 일정한 법칙으로 풀었다. 미래가 어떻게 진행될 것인지 미리 알고 있다는 이야기다. 그러한 목적론적인 세계관 속에서 사실 사람의 책임성은 감소된다. 물론 맑스는 앞으로 오게 될 미래를 앞당기려는 노력이 곧 역사라고 했지만 그에게도 전혀 새로운 미래에 대한 개방이 없다. 우연과 불확정성 앞에서 사람의 책임은 더욱 요청된다. 앎이 쌓일수록(과학), 능력이 많아질수록(기술), 미래에 대한 책임은 더 커지는 것이다.

III. 맺는말

사람을 살리는 사회가 되어야 된다. 사람이 목적이 되어야 한다. 그렇게 되려면 사람이 역사의 주체가 되어야 한다. 책임성에 대한 자각이 생기려면 먼저 주체성에 대한 자각이 있어야 한다. 이것이 산업사회의 기술적 세계관으로부터 취하여 우리 것으로 만들어야 할 부분이다. 이것은 또한 사람을 하느님의 조건으로 보는 성서적 영성이 크게 고양시킬 수 있는 부분이다. 그리고 그 '사람'은 구체적인 '나'이어야 한다. 사람 하나하나를 귀하게 여기는 풍토가 되어야 한다. 그렇게 되려면 일상성을 초월하여야 한다. 산업사회의 경제주의를 넘어서야 한다. 전체의 이름 아래서 '자기'만을 아는 경제주의적 일상성(그것은 전체의 이름 아래 '자기'를 쉽게 희생시키는 빌미를 제공한다)을 넘어서야 한다. 넘어서는 것이 윤리다. 윤리는 살 '맛'이다. 윤리가 있는 사회는 규범을 잘 지키는 사회가 아니라 살 '맛'이 나는 사회다. 그것은 '멋'이다. 넘어서는 데 멋이 있다. 예술은 초월이다. 그리고 예술은 기술이다. '솜씨'다. 솜씨는 만드는 게 아니라 만들어 내는 것이다. '내는' 것이다. '드러내는' 것이다. 그러므로 신비를 밝힌다. 거기에 초월이 있다. 신비를 '드러내야' 신비가 '드러난다.' 그래서 거기에 '멋'이 있고 '맛'이 있다. 그것이 예술이고 윤리다. 새로운 문화윤리를 위해서는 기술의 그러한 측면이 강조되어야 할 것이다. 만들어 내는 것은 드러내는 것이 되어야 된다. 그러나 우리 사회에서 똑같이 강조해야 할 것은 '드러내야' 드러난다는 것이다.

V
기술: 해방과 이데올로기

I. 기술의 양면성

　기술철학이란 기술문화의 핵심인 기술 자체의 세계관과 인간관을 추적하는 학문영역을 가리킨다. 우리는 이 글에서 기술이 어떤 세계관으로 인간해방에 기여했으며 바로 그것 때문에 어떤 위기를 맞았으며 위기를 해결할 수 있는 세계관은 무엇인지 살펴볼 것이다. 그 전에 기술이 도대체 무엇인지 그 양면성을 짚고 넘어가려 한다.
　기술은 두 가지 얼굴을 하고 있다. 예를 들어 에리히 프롬의 『사랑의 기술』이란 책을 접했을 때 우리는 어떤 반응을 보일까? 먼저, "사랑에 무슨 기술이 필요한가? 진실로 밀고 나가면 되지" 하는 응답이 있을 수 있다. 한편, "그렇지 않아, 사랑은 하나의 예술이야, 하나의 작품을 만들어 나가는 거라구, 거기엔 세심한 기술이 필요해, 예술은 결국 기술이거든" 하는 반응이 있을 수 있다. 첫째 반응에서 기술은 본체와 동떨어진 무슨 기교 따위로 이해되고 있다. "흔히 그 사람은 테크닉만 발달했어" 할 때 '테크닉'이란 단어도 그런 뜻으로 쓰인다. 현대 사회를 가리켜 엘륄 같은 사람이 에피스테메(epistémé)에 대한 테크네(techné)의 우위라고 할 때도 같은 지적이다.[1] 에피스테메란 과학적 지식이요 테크네란 기술지식이다. 과학

---

1) J. Ellul, Le Système technicien, Paris, 1977, p. 140. 여기서 쟈크 엘륄은 과학이 기술에 먹히는 경향을 가리키고자 했다. 다시 말하면 객관적 지식이 이용하려는 지식에 먹힌 것을 가리킨다.

적 지식이란 자연과학지식을 가리키는 것이 아니라 진리인식을 가리킨다. 그러므로 에피스테메에 대해 테크네가 우위를 차지하는 시대란 결국 '진실보다 기교가 발달된 시대'라는 말이다.

그러나 기술 없는 진리인식이 가능할까? 중요한 것은 진실을 밝혀 내고 보장하는 기술이 아닐까? 여기에 두 번째 대답이 있다. 둘째 반응에서 기술은 무엇을 만드는 작업을 가리킨다. 만든다는 점에서 창조를 가리킨다. 물론 무로부터의 창조는 아니다. 그러나 만드는 작업 없는 재료나 형상(form, 에이도스)은 쓸모가 없다. 다시 말해 기술은 본체를 현실화하는 방법이다. 에피스테메와 테크네의 문제만 해도 그렇다. 에피스테메는 "다른 것으로 존재하는 것이 가능하지 않은 것에 대한 인식"이다.[2] 그리고 테크네(기술, art)나 프로네시스(실천인식, practical wisdom)는 "다른 방식으로도 있을 수 있는 것에 대한 인식"(p. 177)이다. 아리스토텔레스가 말하는 에피스테메나 테크네나 프로네시스나 모두 진리인식의 방식이다. 그래서 억견(opinion)이나 속단과는 다르다(p. 176). 그러나 그는 분명히 에피스테메에 비중을 두었다. 영원하고 변치 않는 무엇에 대한 인식, 아리스토텔레스는 그 인식이 가능하다고 생각했고 그러한 인식을 에피스테메라 했다: "그러므로 에피스테메의 대상은 필연적이며 따라서 그것은 영원한 것이다. 무릇 무조건적인 의미에서 필연적인 것은 모두 영원한 것이기 때문이다. 그리고 영원한 것들은 생성되거나 괴멸하는 것이 아니다"(pp. 176-177). "에피스테메란 보편적이고 필연적인 것들에 대한 이해"(p. 180)다. 테크네나 프로네시스가 모두 "다른 방식으로도 존재할 수 있는 것에 대한 인식"이라면 에피스테메가 이 두 가지 인식에 대해 우위를 지닌다. 테크네 또는 프로네시스에 대한 에피스테메의 우위다. 이것은 사실 실천에 대한 이론의

---

2) Aristoteles, 지명관 역, 『니코마코스 윤리학』 1139b, 서광사, p. 176.

우위 또는 행동에 대한 앎의 우위를 가리킨다. 프로네시스와 테크네도 인식 곧 앎이라 했지만 사실 프로네시스는 어떻게 행동해야 '할 줄 아는' 것(실천지)이요 테크네는 '만들 줄 아는' 것(제작지)이므로 단순히 이미 있는 것을 '아는 앎'이 아니다. 로스(W. D. Ross)가 에피스테메를 scientific 'knowledge'라고 한 반면 프로네시스를 practical 'wisdom'이라고 번역한 것(p. 176 주 9 참조)도 그 때문이리라. 여하튼 기술이나 실천지와 독립한 객관적 앎을 가리키는 에피스테메는 아리스토텔레스의 주지주의적 특징을 나타낸 것이라 하겠다. "모든 기술은 생성에 관계한다. 즉 그것은 '존재할 수도 있고 존재하지 않을 수도 있는, 그리고 그 단초가 제작자에게 있고 제작되는 물건에 있지 않는 것들'을 어떻게 하면 만들 수 있는가를 궁리하고 살피는 데 관심을 둔다. 기술은 '필연적으로 존재하거나 생성하는 것'들과 관계하지 않고 '자연적으로 존재하며 생성하는 것'들과 관계하지도 않으니 말이다. 이 후자는 그것들 자체 속에 그 단초를 가지고 있다. 제작과 행동이 다른 것이므로, 기술은 제작에 상관하는 것이요, 행동에 관계하는 것이 아니다"(p. 178). 행동 곧 프락시스와 기술을 나누어 생각하는 것은 하버마스와 같다.

여기서 그 둘의 관계는 논하지 말기로 하자. 다만 우리가 물으려는 것은 정말 테크네에 대한 에피스테메의 우위를 말할 수 있는가 하는 점이다. '어떠하다'는 서술 속에 이미 '어떠해야 한다'는 규범이 들어 있지 않을까? 당위(Sollen) 없이 존재(Sein)의 서술이 가능할까? 존재가 우리와 관계하는 한에서만 존재한다면 그 관계란 존재가 우리에게 주는 뜻으로 연결된 관계요 그리고 존재가 우리에게 주는 뜻은 우리가 존재에게 묻는 뜻과 함께 얻어지는 것이다. 그 뜻은 '삶의 뜻'이면서 '따라야 할 뜻'이다. 거기에는 세계관과 가치관이 반영되어 있다. 엄밀한 의미에서 객관적 앎이란 없다. 이미 있는 것을 아는 앎이란 없다. 객관성의 의미는 누구나 동의한다는 주관적 객관성으로 바뀌었다.[3] 주관적 객관성, 그것은 가치관과 세계관을 배제한 앎을 인정치 않는다. 모든 앎에는 '만들 줄 아는' 앎과 '어떻게 행동해야 할 줄 아는' 앎의 색깔이 들어 있다. 그리고 '만들 줄 아는' 앎에서 역사창조의 의지가 생기고 '어떻게 행동해야 할 줄 아는' 앎에서 실천이성의 윤리적 낙관론이 싹튼 것이다. 에피스테메에 대한 테크네의 우위, 그것은 절대적 존재의 독재를 막기 위한 인식론적 해방의 과정일 수 있었다.[4]

본체 바깥의 기교로서의 기술이냐 아니면 본체를 드러내는(본체는 드러나야 실체 곧 현실〔reality〕이다) 방법론으로서의 기술이냐? 기술이란 부수적인 것이냐 아니면 필수적인 것이냐? 기술이 지니는 이 양면성이야말로 기술의 본새를 잘 보여 준다. 본체 없는 기술, 그것은 진실 없는 기교와 같다. 그래서 오로지 자기의 유익과 편리함만 좇는다. 그러나 기술 없는 본체, 그것은 구체화되지 못하여 아무도 접하지 못하고 현실성이 없다. 그것은 상황을 무시한 동떨어진 권위주의를 낳을 수 있다. 본체 스스로 구체화된 자기 모습을 결정하는 것이 아니다. 사람이 어떻게 구체화하느냐에 따라 본체가 밝혀지는 것이다. 기술 없는 본체, 그것은 우리 나라로 말하자면 조선시대에 사람 바깥의 객관적 권위 속에서 군림하던 삶이요, 서양으로 말하자면 중세에 사람을 무시한 신의 권위가 그랬다. 본체 없는 기술, 그것은 존재의 신비를 잃어버린 붕 뜬 사회요, 데카르트

---

[3] 두 개의 객관성이 현대를 떠받들었다. 하나는 과학적 객관성 곧 사실로서의 객관성이요, 또 하나는 누구나 수긍한다는 뜻의 객관성 곧 주관적 객관성이다. 전자는 자연과학을 주도했고 후자는 정치와 윤리를 주도했다. 물론 마르크스는 여기서 "누구나 수긍한다"고 할 때 '누구'는 곧 부르주아라 보고 따라서 주관적 객관성을 바탕한 근대 정치제도, 예를 들면 의회제도 따위의 이데올로기적 특성을 주장했다.
[4] 여기서 우리는 에피스테메에 대한 테크네의 우위를 비판하고 그 역을 수호하려는 쟈크 엘륄의 견해를 받아들일 수 없다. 에피스테메와 테크네는 우열의 관계에 있는 것이 아니라 상호의존관계에 있다.

이후 서구에서 극단화된 관념론이 바로 그렇다. 그것은 에피스테메에 대한 테크네의 우위를 내세웠다. 그래서 모든 존재는 인간에 대한 존재가 되었다. 그러면서 방법론이 중시되었다. 존재론을 인식론으로 바꾸면서 인간을 주체로 부각시켰지만 인간 바깥에 있는 객체의 신비를 인정하지 못했다. 그러므로 에피스테메와 테크네, 본체와 기술 이 둘 사이를 우리는 해석학적 순환으로 해결하려 한다. 그 둘은 살아 있는 순환관계에 있으며 어느 것이 더 우선되지 않는다. "알아야 믿는다. 그러나 믿어야 안다." 방법론이 있어야 진리 또는 존재가 모습을 드러낸다. 그러나 방법론이 이미 진리에의 참여다. 다시 말해 에피스테메는 테크네를 통해서만 존재하며 테크네는 이미 에피스테메의 부름에 대한 응답이다.[5] 그러나 여하튼 기술사회에서 크게 부각시킨 것은 인식론의 우위다.

---

[5] 이처럼 기술은 먼저 방법론의 의미를 지닌다. 이 방법론은 도구 또는 수단(instrumental)이라는 말로 바꿀 수 있지만 꼭 물질 또는 경제개념(material)과 연관되는 것은 아니다. 기술이 경제개념과 연관된 것은 근대 산업사회의 두드러진 현상인데 그것이 기술의 모든 것은 아니요, 그 본새도 아니다. 경제 이전에 도구요 도구는 하이데거가 밝히는 대로 인간론과 밀접히 연관되어 있다(그래서 하이데거는 instrumentale und anthropologisch라고 같이 쓴다). 다시 말하면 인간이 부각되는 문제와 관련이 있다는 점이다. 엘륄의 기술비판의 핵심은 도구개념을 곧 물(物)의 개념으로 보는 데 있기 때문에 우리는 그 비판을 그대로 수용하기 어렵다. 다음 구절에서 그런 경향을 볼 수 있다: "먼저, 공리에서 연역되고 추상적인 상징들을 바탕으로 전개되는 수학과 〈도구적이고 물질적인〉 바탕에서 전개되는 물리학이나 자연과학을 구분해야 한다. 물리학이나 자연과학은 기술세계를 바탕으로 출발할 수밖에 없으며, 〈기술세계란 이론세계를 물화하는 행위 바로 그것이다.〉 기술은과학의 처음과 나중일 뿐 아니라 그 핵심이다. 과학은 기술 안에서 전개되고 기술에 흡수되며, 과학이론 안에 이미 기술이 자리잡고 있다"(Tout d'abord il faut distinguer les Mathématiques, qui se développent par voi déductive, à partir d'axiomes et opèrent sur des symboles abstraits, et els Sciences physiques ou de la nature qui se développent sur une base *instrumentale et matérielle*: elles ne peuvent progresser qu'à partir d'*un ensemble technique, qui lui-même n'est rien d'autre que la matérialisation de schémas théoriques* …"(J. Ellul, 앞의 책, p. 141. 강조는 우리가 한 것임).

II. 기술과 근대화

근대화는 인식론의 우위와 밀접히 연관이 있었다. 그 점에서 기술을 빼놓고는 근대화를 논할 수 없다. 기술과 근대화 바로 여기서 기술철학과 기술신학이 나온다. 근대화란 한마디로 인간을 강조하는 운동이요 휴머니티가 강조되는 기운이다. 여기서 인간이란 한 사람 한 사람 곧 개인이다. 근대화를 통해 사람은 주체요 목적이 되었다. 섭리나 운명의 개념에서 벗어나 역사라는 개념이 성립된 것도 근대화를 통해서다. 사람은 자기운명과 역사의 주체 곧 주인으로 등장했다. 주체만이 목적이 될 수 있으며 객체는 수단에 지나지 않는다. 사람이 주체로 등장하므로 사람이 목적이 되었다. 그리하여 모든 건 사람이 하는 것이요, 모든 건 사람 살자고 하는 것이 되었다. 사실 근대화의 핵심은 후자보다는 전자에 있다. 곧, 모든 건 사람이 한다는 인간주체의 사상이다. 그렇게 사람이 높여지면서 이른바 인간중심주의가 형성되었다. 오늘날 어떤 의미로든 '인간적'이라는 말이 좋은 뜻으로 쓰이게 된 것도 근대화 과정에서 확인된 것이다.

근대화는 그 같은 인간관의 측면뿐 아니라 경제, 정치 면에서 변화를 의미한다. 사실 사람이 주체가 되는 인간관의 변화는 사람이 자연과 거리를 두고 '생각'해 볼 줄 알고 때로는 자연을 이용하는 '인위'(人爲)와 관련된다. 기술의 기원은 이 인위에 있다. 그러므로 기술은 이른바 문화라는 것이 생길 때부터 그 핵심으로 자리잡은 것이다.

그런데 그 인위가 원리적으로 확보되어 보편화되고 생산력의 급격한 발전과 관련되어 구체화된 것이 현대의 기술이다. 원리적으로 확보되었다는 것은 인식론의 차원을 가리킨다. 그것은 "나는 생각한다 그러므로 존재한다"(Cogito ergo sum)는 데카르트의 선언과 "인식은 경험과 함께 시작되지만 경험에서 나오는 것은 아니다"고

한 칸트의 인식론적 전환으로 비롯된다. 그리고 그 두 철학자들에 공동으로 들어 있던 의지의 우선성 곧 이론이성(오성)에 대한 실천이성의 우위와도 연결된다. 이것은 나중에 하버마스의 『인식과 관심』에서 모든 인식에는 모종의 관심이 전제되었다는 것으로도 연결된다. 또 다른 식으로 표현하자면 '어떠하다'는 서술 속에 '어떠해야 한다'는 규범이 전제되어 있다는 얘기다. 이것은 인위를 통한 자연이해의 관점을 낳는 것이요, 위에서 말한 대로 인간이 드러내는 방식에 따라 존재가 드러나는 것과 같다.

한편 보편화되었다는 것은 한 사람 한 사람이 문화를 창조하는 인위자로 인식되었다는 말이다. 집단적인 인간은 추상명사요, 또한 소수의 엘리트 또는 성인(성인작제관)에 그칠 수 있다. 그러나 인위의 보편화로 일상생활이 중시되며 한 사람 한 사람이 모두 역사창조의 주체로 서게 된다.

생산력의 발전은 정치적으로 상당히 중요한 의미가 있다. 손으로 만드는 생산물은 엄밀히 말하면 모두 작품이다. 그런데 그 작품이 공장에서 만드는 제품이 되면서 대량생산이 가능해진다. 대량생산은 대중사회를 가능하게 한다. 물량이 많아지면서 서민들의 삶이 풍요로워지고 잉여생산물과 함께 서민들이 정치의사의 주체가 된다. 물량이 적으면 그것을 지니는 소수의 지배층과 서민의 차이가 커진다. 분배의 공평성을 위해서도 절대물량은 많아져야 한다. 잉여생산물이 생기면서 정치대중이 형성된다. 그 전의 서민들은 평소에는 순응하고 막판에 가서야 저항하는 세력이었던 것이 이제 대중으로서 정치의사를 형성하게 된다. 대량생산과 대중사회 그리고 민주주의가 같이 가는 것이다. 바로 여기에 기술이 현대 민주제도화에 이바지한 점이 있다. 비슷한 관점에서 문명사가 아놀드 토인비는 이렇게 말한다.

> 과거에는 사회구성원의 극히 소수의 사람밖에는 문명의 기쁨을 안겨주지 못할 만큼 문명의 물질적 자원이 넉넉하지 못하였다. 그리고 이

러한 과거의 상태에서는 사회적 부정이란 문명을 위하여 지불하여야만 할 대가의 일부분이었을지도 모른다. 그러나 현대에는 근대 서구의 기술이 사회의 부정을 피할 수 있는 것으로 만들고 있으며, 그렇기 때문에 그것을 견딜 수 없는 것으로 만들고 있는 것이다.[6]

우리는 고대 중국이나 아테네 또는 라틴 문명의 어마어마한 문화유적 앞에서 감탄과 경외심을 갖는다. 그러나 그러한 유적들은 그 규모만큼이나 어마어마한 하층민들의 착취를 바탕으로 한 것이다. 어차피 문화란 잉여가치와 함께 탄생한다. '문명의 물질적 자원'이 넉넉치 못할 때는 그것이 한쪽에 치우쳐야 문화라는 것이 가능하다. 그렇기 때문에 사회의 불의란 문화창조를 위한 조건이었을 수도 있다는 게 토인비의 이야기다. 그러나 근대서구에서는 기술이 발달되어 물질자원이 많아지고 따라서 전체생활 수준이 향상되므로 잉여가치가 꼭 착취와 불의에 의해 조성될 필요가 없게 되었다. 말하자면 사회정의가 현실적으로 이룩되기 위한 조건을 기술이 형성했다는 이야기다. 이 또한 민주화에 기술이 이바지한 점이라 하겠다.

캐나다의 찰스 테일러(Chales Tailor)는 근대성 논의에서 빼놓을 수 없는 중요한 철학자다. 그가 기술과 근대화를 어떻게 연관시키는지 다음 말에서 알 수 있다.

> 그런데, 도구이성이 출현하는 데는 신학적 뿌리가 있을 뿐 아니라 어떤 윤리 측면도 지니고 있다. 〈자유와 존엄성에 관한 새로운 이해와 가치평가〉와 함께 출현했기 때문이다. 인식론적으로 확립된 과학적 기계론은 자유의 윤리 또는 〈중립이성의 주도〉라고 하는 이상과 뗄 수 없는 관계에 있다. 거기서 자아는 정신이요 정신자아는 물질세상과 떨어져 그것을 마음대로 조종할 수 있는 능력자가 되었다.[7]

---

6) A. Toynbee, 『세계 종교 속의 기독교』, 전망사.
7) Philippe de Lara, "Comment peut-on être moderne?", Esprit, 200 (1994), p. 85.

여기서 도구이성(la raison instrumentale)이란 물론 기술을 가리킨다. 그 기술 중에서도 인위가 자연의 대대적 이용과 관련된 현대의 기술을 가리킨다고 보면 된다. 그러한 기술발생이 신학과 윤리적 동기를 가졌다는 것은 무엇을 가리킬까? 먼저 새로운 윤리감각의 출현이란 인간이 주체가 되는 의식과 관련된다. 기술이성은 중립이성이다. 그런데 그 중립이성이란 자연 곧 물의 세계와 거리를 두고 섞여 있지 않다. 거기서 기계론적 이해 곧 과학이 성립한다. 기계론적 이해가 인간관에 준 결정적인 영향은 인간의 주체성에 대한 강조다. 중립이성이 세상을 주도한다는 말이다. 데카르트의 분리대로 사고체(ros cogitans)와 연장체(res extensa) 구분, 쉽게 말해 정신과 육체의 구분이란 육체에 대한 정신의 주도다. 곧 주체와 객체 관계의 확립이다. 이제 인간은 주체 곧 주인이요 세상은 객체가 된다. 찰스 테일러는 이 주객도식이 근대성이 이룩한 인간의 새로운 자유라고 한다. 이것은 하버마스의 용어를 빌리자면 근대 과학 속에 들어 있는 기술적 관심이다. 기술이란 그처럼 인위를 전면에 내세우는 것 곧 인간의 수체성과 연관된다. 결국 근대의 자유란 인간이 세상에 끌려 가는 것이 아니라 주도적으로 끌고 가는 역사창조와 관련되었다. 여기서 세상은 사람과 사람이 만드는 사회 그리고 자연을 가리킨다. 따라서 기술은 자연관계(자연에 대한 사람)뿐 아니라 사회관계(사람에 대한 사람)에도 새로운 틀을 형성한다.

　그것은 찰스 테일러의 말대로 존엄성 곧 권위에 대한 새로운 평가와 맞물려 있다. 그리고 새로운 권위의 출현이 정통신학의 해체와 연결된다. 〈일상생활에 새로운 가치를 두는〉 태도가 바로 그 핵심이다. 일상생활이 새롭게 부각된다는 것은 사람이 사람답기 위해 특별히 영웅적인 행위나 금욕적인 행위가 필요치 않고 일상생활에서 얼마든지 가치를 실현할 수 있다는 얘기다. 세상의 직장도 성직 못지않은 가치를 지니고 결혼생활도 수도원 생활 못지않게 하나님께

영광을 돌리는 방법으로 거룩할 수 있다. 이것은 권위의 근거가 객관적인 무엇에서 주관적인 것으로 옮겨졌음을 뜻한다. 여기서 객관적인 것이란 교회 또는 절대신이요 주관적인 것이란 세상사회 또는 한 사람을 가리킨다. 권위의 발생장소가 절대신에서 사람에게로 그리고 교회에서 세상사회로 바뀌었다. 김용옥 교수의 표현을 빌면 실성전환(實性轉換)이라 하겠다. 여하튼 권위의 발생장소가 위에서 아래로 바뀐 것은 결국 세속화를 뜻한다. 세속화에 대해 테일러는 이렇게 말한다.

> 단지 교육수준이 높아지고 과학이 발달되어서 세속화가 이룩된 것은 아니다. 그런 요인도 있었겠지만 결정적인 것이 아니다. 중요한 것은 사람들이 윤리의 근거로 신을 생각지 않아도 되게 되었다는 사실이다.[8]

권위의 문제는 결국 윤리의 근거 문제다. 윤리란 사람 간에 지켜야 할 도리 곧 당위의 문제다. 사람은 항상 당위의 문제 앞에 있다. 존재와 당위가 분리되어 있기 때문이다. 당위에 따른 행동 또는 삶을 합당한 행동 또는 정당한 삶이라고 한다. 윤리적인 행위란 정당한 행위다. 그러므로 윤리의 근거란 정당성의 근거다. 어디서 정당성의 근거를 찾느냐는 문제다. 기술이성이 인간을 주체로 내세우기 전에는 정당성의 근거를 사람 밖에서 찾았다. 주자학이 관념적 이(理)에 빠져 존천리거인욕(存天理去人欲)한 것도 마찬가지다. 하늘에서 정당성의 근거를 찾았다. 서양에서는 신에게서 찾았다. 정당성이란 정당화의 문제요 사람은 자기 스스로를 정당화할 수 없다고 한 것이 정통신학이었다. 죄의 근원은 사람이 자기 스스로를 정당화하는 것에 있다고 보았다. 사람은 대개 선한 일을 했다고 자기를 정당

---

[8] C. Taylor, Sources of the Self, Havard University Press, 1989, Esprit, 200(1994), pp. 86-87에서 재인용.

화한다. 그것이 바로 '행함으로 의롭다함을 얻음'의 문제다. 그러나 성경의 정신에 따르면 사람이 했다고 하는 선한 일조차 악한 구조 안에서 이루어지는 것이며(어쩔 수 없다고 해서 정당화되지 않는다) "선한 사람은 없으니 한 사람도 없고" "선한 이는 오직 하나님 한 분뿐이라"고 본다. 그러므로 사람은 행함을 통해 자기가 자기를 정당화할 수 없으며 오직 죄인을 위해 돌아가신 예수 그리스도를 믿는 "믿음으로 의롭게 여김받는다"고 보았다. 그것은 이미 구약성서에 있던 정신 곧 "하나님이 정당하다고 하는 것이 정의다"는 정신과 같은 맥락에 서 있다. 그러므로 전통신학에 따르면 정당성의 근거는 하늘이나 신에게 있었다.

 그러나 이제 주체가 된 근대인은 정당성의 근거를 사람 안에서 찾는다. 칸트는 『도덕형이상학의 근거』와 『실천이성비판』에서 윤리의 근거 곧 정당성의 근거를 찾았다. 그는 'Justification'이라는 신학적 용어 대신 인준(Sanction)이라는 낱말을 써서 문제를 제기했다. 당위가 어디서 나오는가? 나의 선험적 실천이성 곧 순수실천이성에서 나온다. 내가 내게 명령하고 내가 그 명령을 지킨다. 그러므로 권위의 근거는 초월에 있지 않고 선험이성에 있다. 내 밖에 있지 않고 내 안에 있다.

 세속화의 문제는 이처럼 윤리의 근거를 사람에게서 찾는 문제가 되었다. 정당성의 근거는 그 스스로 목적이 된다. 그 스스로 목적이 되는 존재 곧 궁극적 목적만이 인준의 근거가 될 수 있다. 그러므로 이제 사람은 목적이 되었다. 이렇게 해서 기술이성이 주체로 내세운 사람은 목적이 된다. 여기서 '인권개념'도 생긴다. 여기서 사람이 사는 세상 곧 세속이 가치실현의 장소로 등장한다. 사실 루터나 칼빈이 직업을 소명으로 본 것도 그런 세속화의 결과다. 막스 베버는 『프로테스탄티즘의 윤리와 자본주의 정신』에서 개신교가 자본주의의 모태가 되었음을 밝히는데 그것은 세속화 때문이다. 세상

직업이 하나님이 부르신 소명이 되었을 때 그 일에 최선을 기울여 잉여가치(자본)를 낳고 근검절약하여 자본이 축적되는 효과를 가져오는 것이다. 세속화는 자본주의와 연관되고 자본주의는 민주제도와 연관이 있다. 그것은 시장경제를 통해서다. 시장 경제는 계획 경제와 달리 가격 메커니즘을 통해 수요 공급을 조절한다. 곧 가치를 정부에서 결정하지 않고 다수의 수요자와 공급자의 의사결정에 맡기는 것이다. 다시 말해 시장가격이란 일반의사의 표시라는 점에서 객관적 가치표현방식인 것이다. 그 모든 것이 사람이 주체가 되고 목적이 되어 사람에게 맡기는 세상이 된 것이다.

III. 기술의 이데올로기성

그러나 기술사회가 이룩되면서 여러 가지 윤리문제가 발생했다. 기술사회란 기술이 그 사회형성의 가장 중요한 요소가 된 사회를 가리킨다. 다시 말해서 그 사회 구성원들의 삶의 가장 중요한 요소가 기술이 되었을 때, 기술사회라 할 수 있다. 기술사회에서는 정부구조에도 기술이, 회사의 경영에도 기술이, 교육에도 기술이, 오락과 휴식에도 기술이, 종교에도 기술이, 사람과 사람의 만남에도 기술이 자리잡고 있다. 그런 기술사회가 형성된 것은 근대 이후 곧 에피스테메에 대한 테크네의 우위라고 하는 모험이 감행된 이후의 일이다. 물론 그 전에도 기술과 기계는 있었다. 그러나 기술 세계관이 보편현상이 된 문화는 없었다. 테크네가 주로 경제적 생산과 연결되면서 기술사회가 형성되었다.

기술사회의 초창기부터 많은 문제가 생겼다. 기술이 생산과 연관되어 산업화가 이룩되는데 산업혁명 당시부터 대량실업, 생산력 확대로 인한 소비생활의 변화, 도시화에 따른 인구집중, 전통가족의 파괴 등 많은 문제가 발생했다. 그것은 기술이 일으킨 문제들이다. 그리고 그 문제들은 결국 사람과 사람 사이의 문제 곧 윤리문제였다. 기술발전이 직접 생산력의 변화라는 경제문제를 갖고 왔지만 그것이 초래한 사회생활의 변화로 인간 사이의 도덕규범에도 많은 변화를 초래했다. "어떻게 해야 옳은가?"하는 문제들이 대량으로 산출되었다. 인간과 기술의 관계가 결국 사람과 사람 사이의 관계문제로 비화되었다. 마르크스가 말한 대로 생산력의 문제는 생산관계의 문제를 낳는다. 생산관계란 생산을 둘러싼 사람과 사람의 관계다. 그러나 인간관계가 생산관계로 모두 환원되지는 않는다. 생산력의 발달은 단순히 생산관계뿐 아니라 모든 인간관계를 통제할 새로운 규범을 요구하였다.

그것들은 기술이 일으킨 문제들이었다. 그러나 그것들이 기술 자체를 문제삼지는 않았다. 기술이 일으킨 문제 때문에 윤리적인 논의가 있었지만 기술 그 자체를 윤리문제로 삼지는 않았다. 마르크스만 헤도 어디까지나 기술발진에 인간해방을 기대하고 있었다. 그는 기술발전이 가져오는 생산력의 발달은 중요한 것으로 보고 그 힘을 이용해 생산관계의 평등을 실현하려 했던 것이다. 그러므로 그가 본 문제는 기술의 문제가 아니라 사회의 문제였다. 계급의 소외가 초래한 인간소외, 그것이 그가 기술사회를 보는 관점이었다. 그리고 계급의 소외를 극복하는 것은 기술발전과 밀접히 연관되어 있었다.

그러나 20세기 들어서면서 기술 그 자체를 문제삼기 시작했다. 기술이 일으킨 문제가 아니라 기술 그 자체의 문제를 파고들기 시작했다. 그것은 자연히 철학자들에 의해 주도되었다. 기술현상이 일으키는 문제에 대해서는 사회학이나 경제학이나 그 밖의 여러 가지 분야의 연구대상이 되지만 기술 그 자체를 문제삼는 것은 역시 철학 또는 신학의 과제다. 『서양의 몰락』을 쓴 오스발트 쉬펭글러(O. Spengler)가 본 문제의 핵심은 기술에 있었다. 그는 기술을 비판한 조그만 책 『사람과 기술』(Der Mensch und die Technik, 1934)을 내놓았다. 루이스 멈포드(L. Mumford)가 『기술과 문명』(Technique and Civilisation)을 출판한 것도 같은 시기다. 그리고 마침내 1954년 쟈크 엘륄(J. Ellul)은 가장 혹독하고 집요한 기술비판서 『기술, 세기의 도전』(La technique ou l'enjeu du siecle)을 내놓았다. 엘륄은 그 이후 여러 저서를 통해 기술철학, 기술사회학, 기술신학을 발전시켰다. 이 학자들은 단순히 산업사회의 문제를 다루는 것이 아니라 기술 그 자체의 문제를 다룬다. 물론 20세기에 들어서도 기술을 긍정적으로 보는 학자들이 많다. 앙리 베르그송은 호모 파베르(homo faber)를 가장 중시했고, 질베르 시몽동(G. Simondon)은 중요한 기술철학 책인 『기술제품의 존재양태에 대하여』(Du mode d'existence des objets techniques)라는 저서에서 여러 가지 실험을 통해 기술발전과 인간화의 관계를 긍정적으로 평가했다. 그리고 죠르쥬 프리드만(G. Friedmann)의 『힘과 지혜』(La puissance et la sagesse), 맥루한의 『미디어의 이해』도 인간화하는 기술을 보았다.

그러나 오늘날 20세기말에 기술을 옹호하는 사람들도 19세기의 강도를 잃은 것은 사실이다. 그리하여 멈포드의 분류대로 하면 '신기술'[9]을 말하고 요즘은 생태계를 보호하는 기술이라 하여 생태기술이란 말도 쓴다. 멈포드는 기술의 역사를 '원기술'(eotechnique), '고전기술'(paleotechnique) 그리고 '신기술'(neotechnique)로 나눈다. 그가 말하는 원기술은 10세기에서 13세기까지 발전된 기술로 물, 바람, 나무 따위 자연물이 그대로 에너지로 사용되는 시기다. 고전기술은 19세기까지의 기술로 석탄을 에너지로 쓰는 자본주의와 맞물린다. 여기서 인간은 호모 에코노미쿠스(homo oeconomicus) 이상도

---

[9] 멈포드에 대한 평가는 J. Y. Goffi, *La Philosophie de la Technique*, P. U. F., 1988을 참조하라.

이하도 아니다. 멈포드가 가장 비판하는 것이 이 고전기술이다. 그리고 신기술은 기계를 넘어서는 기술이다. 그 시작은 전기 에너지와 함께 시작되었다고 본다. 이 때부터 에너지가 순식간에 공간을 넘어 전달됨으로 기술이 기계를 넘어서게 되었다고 본다. 기계를 넘어서는 기술, 멈포드는 기술비판론자이면서도 이 새로운 기술에 희망을 둔다. 멈포드는 오늘날 전자시대를 보지 못했다. 전자시대에 들어서면 기술은 기계를 뛰어넘어 모든 분야를 지배하는 삶의 방식이 된다. 그런 만큼 기술의 혜택을 누리면서도 이제 두려움도 갖게 되었다. 사람이 기술을 지배하지 못하고 정처없이 앞으로 나가는 기술에 사람은 끌려가는 것이 아닌지 불안하게 되었다.

이처럼 20세기 들어 기술을 바라보는 눈이 바뀌고 기술 자체를 문제삼기 시작한 것은 기술발전에 인류 전체가 위협을 느끼면서부터다. 1, 2차 세계대전을 거치면서 인류는 기술이 인류에게 큰 복지를 가져옴과 동시에 엄청난 재앙도 초래할 수 있음을 알게 되었다. 어느 계급의 소외가 아니라 인류 전체의 운명의 문제가 제기되었다. 이 문제에 있어서 프랑크푸르트 학파의 공헌이 컸다. 미르쿠제는 『일차원적 인간』에서 인류의 해방의 문제는 이제 사람 대 사람의 문제가 아니라 사람 대 기술의 문제임을 암시했다. 기술 그 자체가 지배 이데올로기를 정당화하는 역할을 감당한다는 것이다. 기술은 두 가지 방향의 합리화를 가져왔다. 미신에 따르지 않고 이성에 의한 정확한 관찰과 계산으로 목적을 효율적으로 달성하는 것이 첫째다. 그것은 분명히 인류의 해방의 모습으로 왔으며 등가교환이라는 자유시장경제 속에서 기회균등과 법치주의의 해방을 이룩했다. 그것은 권위주의를 종속시키고 기술관료주의를 확립했다. 기술관료주의는 사람과 사람 사이를 억압했던 신성한 모든 것을 제거하고(비마술화 : 비마술화는 사람과 사람 사이를 트지 못하게 함으로써 곧 커뮤니케이션을 방해함으로 권위주의를 조성한 신성한 것을 제거하는 작업으로서 종교개념이면서 동시에 사회개념이다) 모든 것을 합리화해 나갔다. 그러나 다른 한편으로 합리화는 스스로 정당화하는 힘을 갖고 있다.[10] 자유시장경제 속에서 '출발선상의 평등', '능력 있는 자는 출세할 수 있다'는 원리가 가져온 실질적인 불평등을 합리화하는 역할을 기술합리성이 감당하게 된 것이다. 그렇다면 공산주의는 그것을 막을 수 있는가?

    공산주의 역시 기술에 희망을 걸고 있다. 자본주의는 인간의 자유를 확보하기 위한 방편으로 사유재산을 인정했다. 자유를 경제로 확보하려 한 것이다. 반면에 마르크스는 사적 소유를 매개로 한 인간관계는 인간다운 관계가 아니라고 보고 사유재산을 없앴다. 그 대신 그가 희망을 건 것은 여전히 생산력 증가였다. 생산력 증대가 가져오는 생산관계의 변화 곧 인간관계의 변화를 기대했다. 그런 점에서 자본주의나 공산주의나 인간해방을 경제로 해결하려는 것이었고 모두 기술발전에 기대를 건 체제인 셈이다.

    여기서 마르크스주의의 오류가 있다. 현대문명의 핵심인 기술이 안고 있는 문제를 보지 못한 채 기술로 문제를 해결하려 한 것이다. 그리고 기술로 해결을 보려는 한 공산주의는 자본주의를 당할 수 없다. 사유재산 인정이 가져온 기술개발의 동기유발 그리고 거기서 비롯된 생산성 향상에서 공산주의는 당할 수 없다. 자유시장경제는 마르크스가 본 것과 달리 착취로 끝나지 않고 성장을 유지하기 위해서도 늘어난 생산물을 약자에게 환원하는 복지제도로 나아간다. 그보다도 더 결정적인 것은 더 이상 노동가치설이 먹히지 않는다는 점이다. 잉여가치를 생산하는 것은 노동이 아니라 기술이다. 기술도 기술자라는 노동자를 필요로 하지만 기술개발에는 이미 엄청난 자본이 들어가며 전문화된 노동자 곧 화이트칼라 노동자는 이미 프롤레

---

10) 우리말의 합리화에는 두 가지 뜻이 있다. 서양말로 하자면 rationalisation과 justification의 두 가지 뜻이 있다.

타리아와 다른 위치를 지닌다. 그러므로 공산주의의 멸망은 공산주의 기술이 자본주의 기술로 흡수되는 것이라 할 수 있다. 이제 오직 기술이 문명의 기수로 존재하고 인간의 억압과 해방의 문제는 부르주아와 프롤레타리아의 구도 곧 인간과 인간의 관계구도가 아니라 인간과 기술의 관계구도로 되었다. 하버마스는 이렇게 말한다.

> 이데올로기 개념과 계급이론의 적용범위를 상대적으로 한정하지 않으면 안 된다는 것이 확인되면, 마르크스가 사적 유물론의 근본전제를 전개했던 범주적 틀을 새롭게 정식화하는 것이 필요하다. 생산력과 생산관계의 연관이라는 개념 대신에 노동과 상호행위의 연관이라는 보다 추상적인 개념이 제기되지 않으면 안될 것이다. 생산관계는 자유주의적 자본주의의 발전 국면에 한해서 제도적 틀을 고정시키는 하나의 수준을 표시하는데, 이것은 이전에도 이후에도 그대로 들어맞지는 않았다.[11]

지금껏 인간 사회를 이해해 온 틀로 사용했던 생산력-생산관계의 노식을 이세 노동-상호행위의 도식으로 바꾸어야 한다는 이야기다. 생산력-생산관계의 도식은 자본주의의 생산력 증가가 프롤레타리아의 해방을 가져오고 그것을 통하여 전 인류의 해방을 추구하는 도식이다. 그러나 노동-상호행위의 도식은 '기술에 대한 인류의 해방'을 추구하는 도식이다. 하버마스가 말하는 노동(Arbeit)은 합목적인 기술행위를 가리킨다. 거기에는 대화가 없이 목적을 효율적으로 달성하기 위한 전략이 있을 뿐이다.[12] 상호행위는 이른바 프락

---

11) Jürgen Habermas, Technik und Wissenschaft als Ideologie(1969), 『'이데올로기'로서의 기술과 과학』 이성과 현실사, 1993, p. 8.
12) 그래서 기술을 가리켜 '합목적 행위'(eine zweckrationale Handeln)라 한다 (같은 책, pp. 56, 74). 그런데 기술의 '합목적성'(Zweckmäßigkeit)은 훔볼트가 제창한 학문의 '탈목적성'(Zweckfreiheit)과 대비되는 개념이다. 훔볼트가 학문의 자유를 위한 학문의 탈목적성을 내세운 반면 20세기 후반의 하버마스에 이르면 기술뿐 아니라 학문도 목적성에서 자유롭지 못함을 말하고 있다(책 제목이 Technologie und Wissenschaft als 'Ideologie'임을 기억하라).

시스라고 하는 것으로 주체 상호간의 대화 속에서 형성되는 규범형성 곧 윤리행위다. 문제는 기술행위 그 자체에 있다기보다 합목적성이 모든 행위를 정당화하는 유일한 기준이 되어 상호행위의 실종을 가져온다는 데 있다. 거기서 커뮤니케이션이 사라지고, 정치가 사라지며, 언어가 가져오는 상상력이 빈곤해져서, 새로운 질서를 향한 숨통이 막힌다. 생활수준의 향상과 소비의 증가가 현질서의 억압구조에 대해 눈멀게 한다.

이러한 하버마스의 분석은 인류의 가장 큰 과제가 기술의 이데올로기성을 분명히 하고 커뮤니케이션을 통해 인간해방을 이룩해야 함을 주장한다. 그러므로 그 인간해방은 기술로부터의 해방이다. 그러나 사람에 대한 사람의 억압이라는 문제가 사라지는 것은 아니다. 기술 이데올로기가 은폐하는 것은 사람에 대한 사람의 억압이다. 그러므로 기술로부터의 자유는 결국 사람과 사람 사이의 억압을 막는 것이 그 목표다. 〈자유와 해방이란 결국 사람 사이의 문제요 사람과 기술 사이의 문제일 수 없기 때문이다.〉 하버마스가 기대하는 커뮤니케이션은 결국 민주정치요 사람과 사람 사이에서 형성되는 근대적 자유(칸트의 자유는 윤리 곧 사람과 사람 사이의 규범에서 나온다)를 확보하기 위한 제도적 장치다. 기술은 비신성화를 통해 사람을 부각시키고 사람과 사람 사이의 자유를 위한 중요한 공헌을 하였지만 그것이 하나의 이데올로기가 될 때 인간의 실천이성을 억제하며 인간해방을 막는 요소로 되는 것이다. 〈그러므로 중요한 것은 기술을 버리는 것이 아니라 기술을 넘어서는 것이다.〉[13]

---

13) 우리는 아직 기술의 기계만 가지고 들어왔지 기술의 정신 곧 역사창조정신, 인위(人爲)의 정신은 제대로 서 있지 않다. 모든 걸 사람이 한다는 정신이 없다는 말이다. 기술을 거쳐 기술을 넘어서는 것이 필요하다. 아리스토텔레스의 테크네와 프로네시스 그리고 하버마스의 Arbeit(기술행위)와 Interaction(상호행위)은 서로 대칭된다. 기술 그 자체가 문제가 아니라 기술이 인식의 한 부분임을 잊는 것이 문제다.

IV. 사실에서 진실로: 존재신비의 회복

여러 가지 문제를 당하면서 기술이 일으킨 사람의 주체성에 대한 회의가 일기 시작했다. 기계론을 주도했던 근대의 과학적 인식은 그 엄밀한 객관성이 의심받게 되었다. 실험물리학에서는 과학이론이 과연 실험에 따른 것인가 하는 문제가 제기되었다. 인간의 경험의 객관성에 대한 도전인 셈이다. 이미 임마누엘 칸트는 『순수이성비판』 서문에서 말했다. 곧 과학적 인식 곧 경험인식이란 사물에 대한 감각과 선험적 종합판단의 결합에 의한다는 것이다. 칸트가 말한 선험적 종합판단이 현대에서는 철학과 세계관의 문제로 발전되었다. 과학지식이 탄생하는 데 경험 이전의 선험적 판단이 역할을 한다는 정도가 아니라 아예 어떤 철학에 의해 과학지식이 유도된다는 것이다. 그 점이 현대물리학에서 실험에 의해 입증되었다. 노드롭은 이렇게 말한다.

> …이 같은 귀결은 물리학 이론이 실험적 관찰사실에 대한 단순한 기술이 아니며, 또한 그러한 기술에서부터 연역된 그 무엇도 아니라는 점을 의미하고 있다. 아인슈타인이 강조한 바와 같이, 물리학자들은 사변적인 통찰을 통해서 자신의 과학이론을 만들어 간다. 과학자 자신의 연역적 방법을 관찰사실에서 이론적 가설을 만드는 것이 아니라, 가설이론에서 관찰사실을 추적하는 일이다. 결론적으로 말해서, 이론은 사변적으로 관찰에 선행되며 연역적으로 설정되는 것이기 때문에 이론을 통해서만 실험관찰이 가능해진다. 물리학의 모든 이론은 사실 자체에 의해서만 형성되는 것이 아니라, 좀더 물리적이고 철학적인 가정을 내포한 가설이론의 바탕 위에서 만들어진다.[14]

---

14) Werner Heisenberg, 최종덕 역, 『철학과 물리학의 만남』, 한겨레, 1991 안에 있는 Northrop의 서문.

과학이론이 관찰사실에서 나오는 것이 아니라 철학적인 가정에서 나온다는 것은 무슨 뜻일까? 세계관의 영향을 받는다는 것이다. 뉴튼 물리학은 근대 형성의 세계관의 영향을 받은 것이다. 그렇다면 하이젠베르그의 불확정성의 원리는 근대와 다른 철학(철학의 핵심은 세계관이다)의 영향을 받은 것이다. 그 의미를 명확히 하기 위해 마이클 폴라니의 이야기를 들어 보자. 그는 과학지식에서 실험과 관찰의 역할이 지나치게 과대평가되었음을 지적하고 과학도 하나의 신념임을 말한다. 과학지식이 형성되는 데는 어떤 직관 곧 믿음이 개입됨을 말하고 있다. 그래서 그리스도교 교부들의 "알기 위해 믿는다"는 명제를 이용한다.[15] 과학은 신념이다. 다만 과학자 집단의 신념이라는 점에서 객관적 신념이다. 그렇다면 미신을 믿는 사회에서 미신과 과학은 원리적으로 다르다고 할 수는 없지 않은가? 결국 다른 세계관에 따른 믿음의 체계라고 할 수밖에 없지 않을까? 마이클 폴라니는 이렇게 말한다.

> …주술적 견해를 가지고 있는 미개인들도 정상적인 지성을 가지고 있다고 보아야 한다. …왜냐하면 그들의 견해 역시 실재의 본성에 대한 직관으로부터 이끌어 낸 해석이므로 다른 특수한 요소를 제기하여 부적절하다고 증명할 수 없기 때문이다. …그러므로 사건의 주술적 해석과 자연주의적 해석 사이에 아무런 차이도 없다고 생각할 수 있다. …그러나 자연과학적 견해는 주술적 견해가 가까이 할 수 없는 사물의 자연질서의 훌륭한 전망을 열어 놓고 더욱 신뢰할 수 있는 인간관계를 세우고 있으므로 두 가지 견해 가운데서 우리는 자연과학 쪽을 더욱 진실한 것으로 인정하는 것을 주저하지 않는다.[16]

엄밀한 '사실성'은 포기되었다. 그러면 무엇이 객관성을 보장할 것인가? 마이클 폴라니는 분명한 언어를 쓴다. '진실성'의 문제

---
15) Michael Polanyi, 이은봉 역, 『과학, 신념, 사회』, 범양사출판부, p. 64.
16) 같은 책, p. 36.

다. 결국 실증주의적이고 고전적인 의미에서 사실이냐 아니냐 하는 문제는 지나갔다. 다만 얼마나 더 진실하냐에 따라 이론으로 인정받는 여부가 결정된다. 어떤 것이 진실한 것인가? 역시 폴라니는 명백히 짚고 있다. "사물의 자연질서의 훌륭한 전망을 열어 놓고 더욱 신뢰할 수 있는 인간관계를 세우는 것"이 진실한 것이다. 그러므로 미신이나 주술을 받아들일 수 없는 것은 그것이 사실이 아니기 때문이라기보다 '바람직하지 않기' 때문이다. 신뢰할 수 있는 인간관계를 이루는 데 바람직하지 않기 때문이다. 결국 과학지식은 사실이라기보다 진실의 문제다. '어떠어떠하다'라기보다는 '어떠어떠하다고 보는' 것이요 그 관점이 이론과 객관지식으로 인정되는 것은 바람직한 인간관계를 형성하여 사람을 사람답게 하는 데 기여하기 때문이다. 그렇다면 '어떠어떠하다고 보는' 것 안에는 '어떠어떠해야 한다'는 규범성이 들어 있다. 과학은 '어떠어떠하다'는 사실서술이다. 그러나 사실서술 안에는 '어떠해야 한다'는 규범과 당위의 진실문제가 들어 있다. 하버마스가 말하는 관심의 문제라고도 할 수 있다.

사실에서 신실로의 전환은 기계론의 객관성에 티격을 주면서 존재의 신비를 회복하는 방향으로 나간다. 그렇다고 불가지론으로 돌아가지는 않는다. 존재가 우리가 드러내는 방식에 따라 드러난다는 것은 불가지론은 아니다. 다만 그렇게 안 지식이 존재의 모두는 아님을 인정할 수밖에 없게 되었다. 기계론적 과학 곧 기술과학이 밝혀 내는 것은 존재가 드러나는 방식의 하나일 뿐 언어의 상상력에 맡겨져야 할 영역이 무한함을 인정하게 되었다. 하이데거는 기술이 도구적이고 인간론적으로 이해되는 것을 반대한다. 기술이 일으키는 생산(pro-duction)은 포이에시스(poièsis)다. 포이에시스는 오늘날로 말하자면 시다. 그러므로 경제적 측면만 기술이 아니다. 예술도 기술이다. 포이에시스 곧 기술생산은 존재를 밖으로 내놓는 행위(Hervor-bringen)다. 그러므로 자연과학적 "기술은 그저 하나의 수단만은 아니다. 기술은 드러내는 방식의 하나다."[17] 존재는 인간이 드러내야 드러난다.[18] 그렇다면 드러내는 인간의 기술행위는 자연존재를 객체로 보고 주객도식 속에서 일어나는 것일까? 하이데거는 이렇게 말한다.

    인간은 기술을 활용함으로써 드러남의 한 방식인 주문요청에 관여하고 있다. 다만 주문요청이 그 안에서 전개되고 있는 바로 그 드러남은 결코 인간이 만든 것이 아니다. 인간이 주체로서 한 객체와 관련을 맺을 때 언제나 통과하는 그런 영역도 아니다. 드러남이 단순히 인간이 만들어 낸 것이 아니라면 그것은 어디에서 어떻게 일어나고 있는가? 멀리서 찾지 않아도 된다. 필요한 것은 단지 선입견에 사로잡히지 않고 인간에게 언제나 이미 말을 건네와 요청하고 있는 것에 귀기울이기만 하면 된다. 이것이 결정적으로 중요한 것은 인간이 그렇게 말 건네받는 자로서만 그때마다 나름대로 인간일 수 있다는 사실이다.[19]

그러므로 기술과학 행위는 주객도식이 아니다. 자연존재를 객체로 놓고 맘대로 요리하는 것이 아니다. 존재가 드러나지 않으면 인간이 드러낼 수 없다. 인간의 드러내는 행위 이전에 존재의 드러남의 요청이 있다. 드러내는 행위는 그 부름에 답하는 것일 뿐이다. 인간은 존재로부터 말 건네받는 자(der Angesprochene) 곧 요청받은 자로서만 인간이다. 주도권이 어디에 있나? 사람에게 있는 것이 아니라 사람 바깥의 존재에 있다. 여기서 이미 인간의 주체성에 대한 의문이 생긴다. 그러면 드러내야 드러난다는 명제는 약화되지 않는가? 이 문제에 대해 다시 하이데거의 말을 들어보자.

---

17) M. Heidegger, 이기상 역, 『기술과 전향』, 서광사, p. 35: Die Technik ist also nicht bloβ ein Mittel. Die Technik ist eine Weise des Entbergens. 우리는 역자의 번역을 따른다. 다만 Entbergen은 '드러냄' 또는 '드러남'으로, Her-vor-bringen은 '밖으로 내놓음'으로 푼다.
18) 그러나 하이데거는 이 점을 별로 강조하지 않는다.
19) 같은 책, pp. 49-51.

V. 기술: 해방과 이데올로기 149

계속 더 물어보자. 이 드러남은 인간의 모든 행위를 넘어선 저 편 어디에서 일어나고 있는 것인가? 아니다. 그렇다고 해서 오직 인간 안에서만 일어나는 것도, 그리고 결정적으로 인간을 통해서만 일어나는 것도 아니다.[20]

존재의 드러남이 인간행위 밖의 저 편에서 일어나지 않는다는 데서 '드러내야 드러난다'는 명제는 유지되는 것 같다. 그러나 그 다음 얘기는 무엇인가? 인간 안에서만 드러나는 것도 아니고 결정적으로 인간을 통해서만 드러나는 것도 아니라는 것은 무슨 뜻인가? 결국 분명한 것은 인간중심주의가 후퇴한다는 점이다. 그리고 근대정신에서 주객도식 속에서 인간의 주체성을 찾은 것은 후퇴한다. 사람과 사람 바깥의 것이 주객도식으로 연결되는 것은 끝났다. 하이데거는 상당히 인간론을 존재론에 흡수하는 경향을 지닌다.[21] 그렇지만 '드러내야 드러난다'는 명제가 유지되는 한 근대가 이룩한 인간의 주체성은 여전히 중요한 것이다.

V. 새로운 신학을 위하여

그렇다면 인간의 주체성이 유지되며 인간과 존재의 관계가 주

---

20) 같은 책, p. 65: Widerum fragen wir: geschieht dieses Entbergen irgendwo jenseits alles menschlichen Tuns? Nein. Aber es geschieht auch nicht nur in Menschen und nicht massgebend durch ihn.
21) 예를 들면 자유의 문제도 상당히 다르게 이해된다: "자유의 본질은 본래 의지나 인간욕구의 인과율에만 예속되어 있는 것이 아니다"(같은 책, p. 67). 이것은 자유를 자율 곧 의지의 인과율 다시 말해 의지가 스스로 원인이 되고 거기에 스스로 복종하는 데서 찾았던 칸트의 근대적 자유가 수정된다. 어떻게 바뀌는가? "자유는 밝혀짐 곧 드러남이라는 의미의 자유로움을 안고 있다"(p. 67). 존재가 거리낌 없이 드러나는 것, 그것이 곧 자유라는 것이다. 그러므로 자유의 문제는 인간론에서 존재론으로 넘어간다.

체 대 객체의 관계가 아닌 도식은 무엇인가? 주체 대 주체다. 주체와 주체의 관계에서 인간의 주체성은 유지되고 존재는 그 신비를 행사한다. 인간은 그 주체성을 잃지 않으며 존재 앞에서 겸손해진다. 우리는 여기서 폴 리쾨르(Paul Ricoeur)의 해석학을 새 시대의 신학을 위한 철학적 사유로 제시한다. 리쾨르의 해석학은 모더니즘(근대성)도 아니고 포스트모더니즘도 아닌 제3의 길을 간다. 그의 해석학은 새로운 세계관으로 근대적 주체를 중시하면서 그것을 넘어선다. 그래서 그의 해석학은 상징론에 바탕을 둔다.[22]

> 그러므로 상징의 인도를 받는 철학자는 자아인식의 담을 헐고 반성 곧 생각의 특징을 제거해야 한다. 상징은, 코기토(Cogito)가 존재 안에 있는 것이지 그 반대가 아니라는 생각을 불러일으킨다. 그러므로 2차 원시성은 두번째의 코페르니쿠스적 혁명이다: 코기토를 통해 존재가 드러나며 상징을 통해 존재가 코기토를 부른다.[23]

여기서 2차적 원시성이란 생각 없는 믿음이 아니라 생각을 넘어선 믿음이다. 근대성 이전 또는 반근대가 아니라 근대성을 거쳐 넘어서는 것이다. 존재가 드러나는 것은 생각을 통해서다. 그러나 생각할 수 있는 것은 존재가 부르기 때문이다. 인간과 존재가 주체 대 주체의 관계에 서며 생각과 믿음, 인간의 행위와 계시가 순환관계에 선다. 협력관계를 말하려는 것이 아니다. "사람이 한다. 그러나 하나님이 한다." "하나님이 한다. 그러나 내가 한다." 이 둘의 역동적 긴장 관계를 말하려는 것이다. 앞으로 신학은 이 점을 펼쳐 나가야 할 것이다.

코기토와 존재의 순환관계란 주객으로 환원되지 않는 것을 가

---

22) 리쾨르의 사상에 대해서는 P. Ricoeur, 양명수 역, 『악의 상징』, 문학과 지성사, 1994, 역자 서문 참조.
23) 위의 책, p. 329.

리킨다. 우리는 상관성과 상대주의를 구분하는 에드가 모렝(Edgar Morin)을 받아들인다. 사람의 주체성을 살리면서 존재의 거룩함을 살리려는 것이지 상대주의라는 회의주의를 말하려는 것이 아니다. 만일 사람의 주체성을 살리지 않으면 운명론으로 가며 존재의 독재 앞에서 희망 없는 비극을 기다릴 수밖에 없다.

이렇게 볼 때 앞으로 신학은 인간이 겸손해지는 방향으로 나아갈 것이다. 그러나 그 겸손은 위로부터의 신학으로 돌아가는 것을 뜻하지 않는다. 그렇다고 신학을 인간학으로 바꾼 아래로부터의 신학을 계속하지도 않을 것이다. 다만 아래로부터의 신학이 이룩한 공적을 피해 갈 수는 없다. 인간의 주체성, 그러므로 사람에 대한 하나님, 그리고 하나님의 인간성, 틸리히의 말대로 "하나님은 하나의 인격은 아니지만 인격적인 분이 아닐 수 없다"는 것은 모두 아래로부터의 신학이 이룩한 성과다. 사실 그것은 성서 안에 이미 들어 있던 것이다. 다만 인간의 주체성과 목적성 곧 인간다움을 최고의 가치로 삼은 것은 아래로부터의 신학이 새롭게 부각시킨 것이다. 그러나 이제 사람이 목석일 수 있는 것은 하나님이 사람을 위해 돌아가셨기 때문이라는 것이 강조되어야 한다. 사람의 목적성을 하나님의 행위에서 찾는 것이다. 그리고 사람이 주체일 수 있는 것은 하나님이 우리를 종으로 삼지 않고 아들로 삼았다는 데서 찾아야 한다. 이렇게 볼 때 인간은 겸손하면서 그 주체성을 잃지 않을 것이다. 자기 운명과 역사의 주인이 되면서 하나님의 은총에 감사할 것이다. 앞으로의 신학은 이것을 설득할 수 있어야 한다.

다른 말로 해보자. 존재의 신비 앞에 서서 겸손해지는 인간, 그 겸손은 자연 앞에서의 겸손이요, 하나님 앞에서의 겸손이다. 자연 앞에서의 겸손으로, 신학은 생태계 문제를 해결해야 한다. 하나님 앞에서의 겸손으로 인간이 선한 행위로 의로워질 수 없으며 정당성의 근거는 결국 하나님의 것임을 고백해야 할 것이다. 정당성의 근거를 하나님에게서 찾는 것은 존재신비주의에 빠지는 것이 아니다.[24] 그것은 인간의 죄를 고백함으로 이 땅의 악을 더욱 래디칼하게 봄으로 정의의 제도화를 사랑인 정의로 발전시키는 것이다. 합리성 곧 양심에 바탕을 둔 일반윤리는 결국 죄에서 벗어나지 못한 것임을 밝히므로 이 땅의 정의의 구조를 바꿔 새롭게 하는 역할을 신학이 담당해야 한다. 그러므로 존재 앞에서의 겸손이 원시종교로의 복귀를 뜻하는 것은 더욱 아니다.[25]

기술이 이룩한 모더니즘과 그것에 반대하여 인간의 주체성과 역사성을 지우려는 포스트모더니즘 사이에서 우리는 제3의 길을 가야 한다.

---

24) 이 점에서 하이데거와 다르다.
25) 『뉴스위크』지 한국판의 보도에 따르면(1994, 7. 27, p. 58), 체코의 하벨 대통령은 미독립기념일에 연사로 나서 중요한 연설을 했다. 미독립정신은 근대성을 구현한 사건이다. 그러나 하벨은 세계가 〈포스트모더니즘〉에 들어갔다고 보고 "존재의 기적, 우주라는 기적, 우리 자신이 살아 있다는 기적"에 바탕을 둔 새로운 문명을 요구한다. 그리하여 가이아설을 옹호하고 물활론적인 고대종교를 대안으로 찾는다. 그러나 근대성을 넘어서는 것이 중요하지 근대 이전으로 돌아갈 생각을 해서는 안된다.

VI
정당화(justification)와 환경문제

I. 산업사회의 윤리문제

생태계 파괴는 산업사회에서 생겼다. 산업사회란 무엇인가? 앞에서 본대로 산업사회란 기술사회의 다른 이름이다. 기술이 경제 쪽으로 발전되어 이룩된 생산방식이 산업화요, 산업화가 사회적 생산방식을 이루고 있는 사회를 산업사회라 한다. 그러므로 산업사회는 '기술합리성'이 지배하고 있다. 한편 자본주의뿐 아니라 공산주의도 산업화를 추구하고 있다. 그러므로 산업사회라 하면 자본주의뿐 아니라 공산주의 사회도 포함하는 말이다. 그러나 공산주의는 자기들이 추구하던 산업화에 실패했다. 공산주의의 멸망은 산업화의 실패에 있다. 산업화의 실패에 따라 경제물량이 하향 평준화되었던 것이다. 그러므로 오늘날 산업사회라 하면 자본주의 사회를 가리킨다. 결국 산업사회의 윤리문제란 기술합리성과 자본주의가 잉태한 윤리문제들이다. 그리고 이 둘은 밀접히 연관되어 있다.

기술합리성이란 도구합리성이라고도 한다. 이는 어떤 목적을 달성하기 위한 최선의 수단을 찾는 능력이다. 이 기술합리성은 자연과 사회에 큰 변화를 가져다 주었다. 첫째, 자연과의 관계에서 과학을 발전시키고 인간 사회에 물질적인 풍요를 가져다 주었다. 그리고 병마로부터 인간을 보호할 수 있게 되었다. 들째, 사회에 기술합리성이 들어옴에 따라 기존의 권위주의를 무너뜨리고 대중사회를 일으켰다. 그래서 민주주의 확립에 기여했다. 그러나 산업화가 일으킨 문제가 만만치 않아서 산업문명 그 자체를 되돌아 보게 한다. 그 문제들을 대강 한번 훑어보면 다음과 같다.

(1) 자연을 합리화하는 작업 곧 사람에게 유익하도록 자연을 이용하고 다스리는 과정에서 생긴 문제가 있다.

첫째, 생태계 문제다. 물질이 풍부해지는 과정에서 생긴 산업공해가 생태계 문제를 일으켰다. 오늘날 환경윤리 또는 생태윤리(eco-ethics)는 인류가 당면하고 있는 가장 큰 문제다. 종래 윤리문제란 어떻게 인간 '다운' 인간이 되느냐의 문제 곧 가치의 문제였는데 생태계 문제로 말미암아 어떻게 생존하느냐 하는 존속의 문제로 바뀌었다. 우선 생존해야 '다움'을 찾을 수 있다는 얘기다.

둘째, 의료윤리(bio-ethics) 문제가 있다. 이 문제는 산업화와 직접 관련이 없는 것 같지만 결국 기술합리성의 문제로 산업사회와 밀접히 연관이 있다. 의료기술의 발전으로 고질병을 치료하고 사람의 수명을 연장시키게 되었다. 그러나 인공수정의 문제나, 의미없이 보이는 생명을 연장시키는 것이 옳은가 하는 안락사의 문제나, 뇌사 상태는 죽은 것으로 보아 심장을 다른 사람에게 이식하는 문제 그리고 낙태나 유전공학의 문제 따위는 기술발전이 가져온 중대한 윤리 문제들이다.

(2) 사람과 사람 사이 곧 사회를 합리화함에 따라 생긴 윤리문제들이 있다.

우선 전통사회의 권위가 무너지면서 생긴 도덕의 변화다. 도덕은 원래 변하게 되어 있으나 산업화는 갑작스런 변화를 초래했다. 흔히 전통사회에서 근대사회로 바뀌었다고 한다. 여기서 종래의 충효개념은 상당한 변화를 겪게 된다. 이 문제는 도시화에 따른 핵가정과 노인문제와도 밀접한 관계가 있다. 도시화는 산업화의 필연의 열매다. 산업화는 생산성 향상을 꾀하고 따라서 부가가치가 많은 공업화로 진행되며 공장은 많은 젊은 노동력을 필요로 하여 도시를 형성한다. 그러면서 핵가정이 형성되고 노인문제가 발생한다.

둘째, 조직을 합리화하면서 생긴 기술관료의 문제다. 모든 것을 통계자료에 의하고 합목적성을 목표로 하는 기술관료에 의해 정치는 실종될 우려가 있다. 정치가 실종된다는 것은 철학의 부재를 가리키고, 철학의 부재란 어디로 가는지를 모르는 현상을 가리킨다. 다시 말하면 삶의 의미문제와 관계없이 국가목표를 달성하는 데 주력한다는 말이다. 왜 그래야 되는가 하는 물음의 실종이다. 기술관료의 문제는 오늘날 목회현장에서도 많이 보인다. 목회철학이 부재한 상태에서 오로지 교회의 목표를 달성하기 위해 많은 통계자료에 의지하여 목회하는 경우다. 상당히 합리적인 목회요 그런 것을 가리켜 바로 기술합리성이라 한다. 그리고 기술합리성이 번성할 때 잘못하면 교회의 목표와 복음의 목표는 상당히 다를 수도 있다. 진리는 없고 테크닉만 발달할 가능성은 오늘날 기술산업사회의 삶의 행태가 될 수 있고 목회 또한 거기서 자유롭지 않다.

셋째, 성장제일주의 및 성공제일주의 문제다. 이 문제는 산업화의 최후 승리자인 자본주의 사회가 가져온 폐단이다. 자본주의는 끊임없이 성장해야 하는 체제다. 국가경영의 관심은 늘 성장이다. 성장이 발전이냐는 문제가 최근 제기되고 있지만 크게 관심을 끌 수 없다. 성장하지 않으면 존속할 수 없기 때문이다. 성장을 통해서 끊임없이 재투자를 해야 공장이 가동되고 사회가 유지된다. 성장제일주의란 결국 덩치가 커지는 문제다. 그런데 덩치가 커지는 데만 관심하다 보면 비인간화 현상이 반드시 벌어진다. 그것은 개인에 대한 관심이 사라진다는 것이다. 한 개인을 위한 것이 아닌 모든 것은 의미가 없다. 성장이란 것도 결국 한 개인을 위한 것이 되어야 하는데 개인이 아니라 성장이 목표가 되면 인간소외 현상이 발생한다. 적어도 복음은 성장이 목표가 될 수 없다. 복음은 지극히 작은 자 하나에 대한 열정이 있어야 한다. 그것은 많은 경우에, 덩치를 크게 하는 문제하고는 전혀 관련이 없다.

한편 성공제일주의란 어떻게든 목표를 달성하면 정당화되는 경향을 가리킨다. 오늘날 성공한 사람은 다 '뭔가 있을 것'이라는 생각을 한다. 그 '뭔가 있을 것'이라는 생각이 바로 그 성공을 정당화한다. 성공한 사람이 유능한 사람이요, 유능하다는 것이 최고의 윤리덕목이 된다. 그렇지 못한 사람은 도태된다. 그러나 적어도 목회는 성공하는 게 아니라 그냥 하는 것이다. 유능한 것이 목회자의 덕목이 될 수 없다.

끝으로 물질주의의 문제가 있다. 산업사회란 결국 경제위주의 사회다. 개인의 자유를 확보하기 위해서 개인의 소유권을 인정하고 그 개인소유를 최대화하는 방법으로 산업화가 진행되었다. 가능하면 더 많고 더 좋은 물질을 효율적으로 생산하고 소비하는 것이 산업사회의 방침이다. 생산과 소비는 밀접히 연관되어 있는데 결국은 소비가 목적이지 생산 그 자체가 목적일 수 없다. 그러나 생산의 규모가 고용규모와 밀접히 연관되어 있기 때문에 생산을 위해 소비를 해주는 기묘한 현상이 일어난다. 기업성장을 위해서는 소비가 되야 한다. 그래서 거짓욕구를 만들어 낸다. 대중광고를 통해 필요하지도 않은 것을 필요하게 만들고 나중에는 그게 없으면 살 수 없게 만든다. 소비가 미덕이라는 말은 소비를 목표로 보고 하는 말이 아니라 생산증가를 목표로 놓고 볼 때 그렇다는 말이다. 정치용어인 민주주의에 맞먹는 경제용어는 소비자주의인 셈인데 소비자 주권은 그런식으로 위협받는다. '과소비'는 언제나 부추겨지고 자본주의 사회를 유지한다. 알고보면 자본주의는 과소비에 의해 유지된다. 금욕과 검소함은 점차 찾아보기 힘들게 된다. 금욕이 구조적으로 불가능한 시대에는 영의 순결함도 찾아 보기 힘들게 된다.

물질주의의 또 다른 측면으로 모든 가치를 가격으로 표시하는 문제가 있다. 시장경제란 가격경제요 거기에는 민주주의의 측면이 있다. 그러나 모든 가치를 가격으로 표시하려 할 때 문제가 생긴다. 가격을 표시하는 방법이 돈인데 오늘날 돈은 만능이다. 돈만 있으면 무슨 일이든 안 되는 게 없다는 생각까지 안하더라도, 적어도 무슨 일을 하려면 돈이 필요하다. 그런 현실은 사람을 돈에 묶이게 한다. 오늘날 돈은 물건뿐 아니라 인품까지도 평가하는 평가기준이 되어 간다. 돈이 있으면 다른 덕이 있을 것으로 여겨지고 하다못해 인덕이라도 있는 사람이 된다. 문제는 그처럼 돈으로 사는 세상에서는 은혜의 구조가 들어갈 틈이 별로 없다는 것이다. '돈주고 샀다'는 생각은 감사할 줄 모르게 한다. 점차 은혜, 곧 거저 주고받는 것을 이해할 수 없게 만든다. 그렇게 되면 점차 복음을 이해하기 어렵게 된다. 참다운 은혜체험을 하기 어렵다는 말이다. 기독교의 근본 메시지가 오해되기 쉬운 세상이라는 말이다.

　　이런 문제에 파묻혀, 문제조차 모르고 사는 우리에게 복음은 어떤 길을 제시하는가? 두 가지만 말하려고 한다. 하나는 산업사회가 사람과 사람 사이에 일으킨 문제에 대한 답이요, 하나는 사람과 자연의 관계에 대한 답이다. 앞의 것은 정당화의 문제고 뒷 것은 생태계의 문제다. 그리고 이 둘은 결국 죄의 문제로 돌아간다. 사람의 죄의 깊이를 다시 얘기할 때라는 말이다.

II. 정당화(justification) 문제─합리성과 영성

　　산업사회는 이성을 믿는 사회다. 산업사회가 믿었던 이성은 두 가지다. 하나는 기술이성이고 하나는 실천이성이다. 기술이성으로는 효율적으로 경제발전을 이룩하고 실천이성으로는 양심을 따라 사는 윤리의 왕국을 건설한다고 믿었다. 그래서 기술이성과 실천이성이 물질차원과 정신차원을 모두 정당화했다. 생산성 높고 효율성 있는 행위는 옳고 좋은 행위로 정당화되었다. 그리고 양심에 어긋나지 않으면 옳고 좋은 행위로 정당화되었다. 기술이성과 실천이성, 효율성과 인간의 양심은 사람의 모든 행위를 정당화하게 되었다. 목표를 효율적으로 달성하되 양심에 거리끼지 않으면 정당화된다. 이게 오늘날 세상의 경쟁구조에 들어 있는 정당성의 원리다. 뭐가 옳은가를 결정하는 기준이 되었다는 말이다.

정당화의 문제는 성경의 핵심문제다. 구약의 선악과 사건을 우리는 인간이 스스로를 정당화하려는 욕구 곧 자기정당화의 행위로 푼다. 정당화란 하느님만이 할 수 있는데 이제 사람이 선한 일을 했다고 해서 스스로 정당화 하려는 것이 죄의 뿌리라는 말이다. 한편 신약성서의 핵심이며 기독교교리의 핵심이라면 믿음으로 의롭게 된다는 것이다. 그런데 바울이 말한 'justification through the faith'는 정확히 말하면 믿음으로 '의롭게 여김받는다'는 말이요, 정당화된다는 말이다. 우리가 의인이 된다는 말은 없다. 우리는 의인일 수 없는데 하느님이 의롭게 봐주는 것이다. 의롭게 봐 준다는 말은 정당화한다는 말이다. 사람은 끊임없이 정당성의 물음 앞에 서 있다. 그 삶과 행위가 끊임없이 무엇인가에 의해 정당화되야 마음 놓고 살도록 되어 있다. 만일 정당화되지 않으면 마음 놓고 살 수 없기 때문에 어떻게 해서든 정당화되야 한다.

그런데 뭐가 정당한가? 곧 뭐가 옳은가의 물음은 옳은 것을 누가 결정하는가의 물음이다. 정당화하는 행위는 항상 위에서 밑으로 흐르게 되어 있다. 그렇기 때문에 하느님을 벗어난 인간은 양심이라는 높은 자아를 만들어 자기를 정당화하려 한 것이다. 이른바 대자적(對自的) 자아라는 것이 그것이다. 자기와 자기를 떼어 놓고 입법하여 명령하는 자아와 거기에 복종하는 자아가 있다. 명령하고 감시

VI. 정당화와 환경문제   159

하는 높은 자아 그것이 바로 양심이요 그 양심이 나를 정당화한다. 선한 행위를 했다고 정당화한다. 그것이 바로 바울이 반대한 '행위로 의롭게 됨'의 문제다. 선한 행위를 했다고 스스로 정당화하는 것을 성경은 죄의 뿌리로 본다. 정당화는 오직 하느님만이 할 수 있다는 것, 하느님이 옳다고 하는 것이 옳다는 것, 그것이 성경 전체를 꿰뚫는 사상이다. "왜 나보고 선하다고 하느냐? 선하신 분은 오직 하느님 한 분뿐이시다."

　　사실 양심이라는 것이 얼마나 연약한가? 프로이드는 양심이라는 것이 하늘에서 떨어진 것이 아니라 사회의 산물임을 밝혔다. 그러므로 양심의 질이 사회마다 다르다. 어느 사회에서는 지극히 사소한 일도 양심에 거리끼는 반면에 어느 사회에서는 웬만한 일은 서로 눈감아 주며 양심에 거리끼지 않는다. 옳지 않은 짓을 하면서도 남이 다 하면 크게 거리끼지 않는 것이 양심이다. 그런 것이 지속되면 관행이 되고 관행이 되면 더 이상 양심의 문제가 아니게 된다. 오히려 문제삼는 쪽을 문제삼고 자기만 당했다고 억울해 하다. 양심이란 그런 것이다.

　　더구나 모두 다 옳다고 보는 것을 옳다고 보는 것이 양심이다. 이른바 공히 옳다고 보는 것 곧 공정성의 문제다. 이 공정성이야말로 경쟁을 정당화하는 최고의 원리로 자리잡았다. 공정한 게 정당한 것이다. 사실 공정하지 않아서 문제지, 공정하게만 하면 문제될 것이 없다. 이렇게 해서 양심은 성공제일주의, 성장제일주의를 지향하는 기술이성을 끌어 들인다. 공정하게 늘리면 정당하다. 공정하게 이기면 정당하다. 아니, 오직 그것만이 정당하다. 공정한 성장, 공정한 승리 외에 다른 정당성이란 잊혀진 지 오래다. 공정성이 성장과 승리를 정당화한다. 모두 다 그걸 옳다고 보니(公正) 옳다는 얘기다. 거기에는 하느님이 배제되었다. 하느님이 옳다고 하는 것이 옳은 게 아니라 사람들이 다 옳다고 하는 것이 옳은 것이란 말이다.

오늘날 교회에도 그런 세상의 정당성이 판을 치지 않는지? 진리의 성장, 믿음의 승리가 공정한 게임에 따라 이룩되지는 않는다. 그것은 많은 경우 모두 다 옳다고 보는 것과는 다른 길 그래서 가시밭길을 거쳐야 한다. 신앙양심은 양심과는 좀 다른 차원이다.

성경에 따르면 공정한 게 정의가 아니다. 모두 다 옳다고 하는 것이 옳은 것이 아니다. 하느님이 옳다고 하는 것이 옳다. 그리고 하느님이 옳다고 하는 것은 때로는 사람들이 모두 옳다고 하는 것과 정반대다. 그래서 하느님의 사람들은 외로웠다. 아니, 그들은 늘 외로웠다. 성경에는 하느님의 뜻과 사람들의 뜻이 서로 엇갈린 경우를 더 많이 기록하고 있다. 이스라엘 사람들이 하느님을 따라 가나안으로 가려했는가? 오히려 이스라엘의 민중사는 하느님에 대한 배반사다. 민중은 대부분 일차적 욕구를 좇아간다. 사람이 민중이다. 예언자들이 언제 이겨본 적이 있는가? 끝내 예언자들이 밀리고 하느님이 직접 내려오셔야 하지 않았나? 그러나 그렇게 오신 하느님은 이 땅에서 환영을 받았는가? 우리는 이사야가 예언한 대로 그리고 세례요한이 외친대로 예수 그리스도에게서 만백성이 구원을 보리라 믿는다. 그러나 지금, 사람이 많이 모인 곳에서 구원을 볼 수 있는 것은 아니다.

물론 공정성은 중요하다. 그것은 하늘나라가 오기 전까지 이 세상사회가 실현해야 할 중요한 덕목이다. 분명히 우리는 공정성으로 구원을 얻지 않지만 이 사회가 공정하게 되도록 노력해야 한다. 사회가 공정하지 않으면 기독교인이 이중생활을 해야 하기 때문이다. 교회 따로 세상 따로 놀게되기 때문이다. 그러나 사회가 공정하게 되기 위해서도 교회는 더 깊은 데 그물을 내려야 한다. 공정성을 넘어 있어야 한다. 공정성을 파괴하라는 것이 아니다. 교회에서 개인적으로 은혜의 체험 곧 거저 받은 감사로 거저 줄 수 있는 삶의 구조가 세워져야 사회적으로는 공정성이 가능하다는 말이다. 은혜롭게 한다는 것은 세상의 경쟁에서 찢긴 상처를 치유하는 것이지 적당히 넘기라는 것이 아니다. 적당히 넘기면 공정성을 파괴한다. 우리는 좀더 깊은 것을 말하려는 것이다.

　　공정한 경쟁, 거기에는 이기는 구조만 있지 져줄 수 있는 구조는 없다. 산상수훈이 들어갈 틈은 없다. 내 아들이 공정하게 대학에 들어가면 감사헌금을 한다. 물론 감사할 일이다. 그러나 내가 기쁜 만큼 다른 어머니의 가슴을 아프게 한 것도 기억해야 한다. 경건성이란 그런 것이 아닐까? 공정하게 들어갔으니 양심에 거리낄 게 없지만 신앙양심에는 거리낄 줄 알아야 한다. 세상에서 승리라는 것은 반드시 다른 패배자를 만들기 때문이다. 그것은 하나의 폭력이다. 세상의 모든 것이 그렇다. 더구나 그 경쟁이라는 것이 생존경쟁으로 인식되는 한 거기에는 어느 정도의 부패가 들어가지 않을 수 없다. 공정한 경쟁이라는 것이 세상이 만들어 놓은 최선의 방책이기는 하다. 그러나 그것이 죄 안에서 이룩되었다는 것을 적어도 교회는 알고 있어야 한다. 선악과 사건 이후 사람과 사람의 관계가 단절된 상태에서, 그 관계를 회복하려는 것이 아니라 관계가 파괴되지 않고 적당한 선에서 거리를 유지하는 것이 공정성이다. 히느님은 세상을 경쟁사회로 만들지 않았다. 누구에게나 넉넉하도록 만들었다. 그러나 관계단절 이후 모든 것이 부족하고 끝없는 경쟁이 생겼다. 심지어 정신가치도 경쟁으로 이기려는 것이 타락한 사람의 모습이 아닌가?

　　공정하게 번 것은 당당하게 내 것임을 보장하는 것이 현대사회의 대전제다. 그러나 성경은 그렇게 당당해 할 수 없음을 우리에게 말한다. 한 가지만 보도록 하자. 누가복음 16장의 불의한 청지기의 비유에서 예수님은 '불의한 재물로 친구를 사귀라'는 결론을 맺는다. 이 말은 무슨 말인가? 아무렇게나 벌어서 좋은 일 하라는 얘기인가? 그 뒤에 계속되는 말씀과 견주어 생각해 볼 때 우리가 가진 재물은 모두 불의한 재물이라는 말이다. 그러니 우리의 재물로 할 만한 일은 남좋은 일이라는 것이다. 남좋은 일 시키는 것만큼 바보

짓이 어디있나? 왜 우리가 번 재물이 모두 불의한 재물인가? 비유에 나온 청지기는 주인 재물을 자기 것처럼 썼다. 문제는 거기에 있다. 하느님이 볼 때 우리가 갖고 있는 것은 모두 하느님 것이다. 그런데 내가 벌었으니 내 것이라고 생각하는 우리는 불의한 청지기가 아닌가? 개인소유(국가소유 또는 집단소유도 그 소유를 사람에게 귀속시키는 점에서 마찬가지다)라는 것이 하느님 편에서 보면 불법이다. 그리고 개인소유는 반드시 우상이 된다. 그래서 예수님은 이어서 재물과 하느님을 모두 섬길 수는 없다고 한 것이다. 그러니 내 것이라고 생각하는 우리 재물은 모두 불의한 재물이 아닌가? 게다가 앞서 말했듯이 내가 공정하게 벌었다는 것이 모두 남이 가져갈 것을 가져온 것에 불과한 것 아닌가? 사실은 이 세상에 굶주리거나 다른 문제로 고통받는 사람이 있는 한 우리는 죄인이 아닌가?

오늘날 산업사회는 잘살게 되었다는 물질의 풍요 속에서 그런 죄의 인식을 더욱 멀어지게 한다. 다시 말하지만 우리는 실천이성에 의해 정당화된 기술이성이 주도하는 산업사회의 삶의 방식이 죄 안에서 이루어지는 것임을 보아야 한다. 하느님을 떠나 자기가 자기를 정당화하는 선악과 사건의 구조가 교회 안에까지 침투해 있는 것도 보아야 하리라. 기술이성과 실천이성을 파괴하자는 것이 아니라 더 깊은 데 그물을 내려 치유하자는 말이다. 영성으로 합리성을 치유하자는 말이다. 적어도 교회가 그 일을 감당하지 않으면 21세기의 세상은 어떻게 될까?

III. 환경 문제—'서로 해치거나 파괴하는 일이 없는 세상'

환경파괴에 대한 복음의 응답을 간단히 적어 보자. 환경파괴도 결국 죄의 열매다. 인간의 자기정당화와 환경파괴는 밀접히 연관되어 있다. 왜 인간은 자연을 정복하려고 덤벼들기 시작했을까? 그것은 자연재앙 때문이었다. 홍수가 나면 마을이 쓸려나가고 가뭄이 들면 식량이 부족했다. 그리고 병이 돌면 수많은 사람들이 죽어가야 했다. 번개는 언제나 두려운 존재였다. 그러다가 자연법칙이라는 것을 발견하면서 사람은 자연이 돌아가는 원리를 알게 되었고 자연을 이용하게 되었다. 그때부터 일어난 작업이 '대상화'이다. 대상화는 마틴 부버 식으로 말하자면 '나와 그것' 사이로 이용과 착취의 관계다. 그것은 엄밀히 말하면 관계가 아니다. 현대의 기술과학은 자연과 관계없이 사람의 이익을 위해 자연을 부렸다. 거기서 생태계 파괴라는 무서운 문제가 생겼다. 이런 상황에서 어떻게 문제를 해결해야 할까? 자연으로 돌아가야 할까? 자연은 그 자체로 아름다운가? 지금의 자연 역시 타락한 자연은 아닐까? 자연의 순환질서 속에 있는 '먹이사슬'을 아름다운 것으로 볼 수 있을까? 사자가 평화로이 노는 사슴을 공격하여 잡아먹는 장면이 아름다운가? 문제는 자연으로 돌아간다고 해결되지 않는다. 기술과학을 포기한다고 해결되는 것이 아니라 지금의 기술과학을 넘어 자연과 관계해야 한다. 그리핀이 말한대로 사람은 '자연을 바라보는 자연이요, 자연에게 자연에 대해 말해주는 자연'이다. 이것은 자연과의 거리를 염두에 둔 말이요, 거리가 있어야 관계가 있다. '대상'(對象)에서 '상대'(相對)로 가야 한다. 그동안 사람은 자연에 대해 절대(絶對)자로 군림했었다. 다시 말해 자연을 대하기를 끊었다는 말이다. 상대의 핵심은 말상대다. 그러므로 사람은 자연을 말상대로 삼아야 한다. 그것은 새로운 영성이다.

어떻게 그럴 수 있나? 성서는 자연이 자연(自然) 곧 '스스로 그러한 것'이 아니라 피조물임을 밝히고 있다. 피조물에는 만든 분의 뜻이 들어 있다. 뜻이 생명이다. 전에는 있어도 없었던 것이 뜻을 가지면 생명으로 일어선다. 사람을 둘러싸고 있는 사물은 그것이 사람에 대해 무슨 뜻을 가짐으로 생명체가 된다. 피조물 사상은 자연에 뜻 곧 로고스를 부여한다. 주체만 로고스가 있지 않고 객체에도 로고스가 있다. 그때에는 더이상 주체-객체의 관계가 아니라 주체-주체의 관계다. 자연이 살아 일어나고 사람과 대화한다. 사람과 자연은 서로 상대하는 관계다. 사람과 자연의 관계회복, 이것이야 말로 오랫동안 잊었던 생명의 회복이다. 그리고 거기서 우리는 성서에 있는 생태계 회복의 원리를 본다.

이사야서 11장에는 창조질서의 회복에 대한 비전이 있다. '여호와를 아는 지식이 물이 바다를 메우듯 이 땅에 가득하면 나의 거룩한 산 모든 곳에서 서로 해치거나 파괴하는 일이 없다'(9절). 서로 해치거나 파괴하지 않는 것이 관계회복이다. 그리하여 '그때에는 이리가 어린 양과 함께 살며, 표범이 새끼 염소와 함께 누우며, 송아지와 새끼 사자와 살진 짐승이 함께 풀을 뜯고, 어린아이가 그것들을 이끌고 다닌다'(6절). 어린아이가 사자와 송아지를 끌고 다니는 것은 사람과 자연의 관계 회복을 가리킨다. 그리고 사자가 풀을 먹고 이리와 양이 같이 뛰노는 것은 먹이사슬이 사라지고 자연과 자연의 관계가 회복됨을 가리킨다. 그리고 그보다도 먼저 그때가 되면 주님이 '가난한 사람들을 공의로 재판하고 세상에서 억눌린 사람들을 바르게 논죄한다'(4절). 이것은 사람과 사람의 관계 회복이다. 주님은 '정의로 허리를 동여매고'(5절) 사람과 사람의 관계, 사람과 자연의 관계, 그리고 자연과 자연의 관계를 치유하여 회복한다. 주님의 정의는 악한 자를 벌하는 것으로 시작하여 모든 끊어진 관계를 회복하는 데 있다. 이 모든 일은 여호와를 아는 지식이 충만하면서 일어난다. 사람과 하느님의 관계가 회복되면서 일어난다는 말이다.

그러므로 성서가 본 문제의 핵심은 사람과 하느님의 관계 회복이다. 사실, 성서는 사람과 자연의 관계 단절이 사람과 하느님의 관계 단절에서 비롯된 것임을 말하고 있다. 태초에 하느님은 이 세상을 보시기에 좋게 만드셨다. 피조물들끼리 '서로 해하거나 파괴하는 일이 없도록 만드셨다.' 그러나 사람이 하느님의 말씀을 어기면서 사람과 하느님의 관계가 어긋나고(창세 2,1-6, 2,8-10) 그러면서 사람과 사람의 관계가 어긋나고(2,7) 마침내 땅이 저주를 받아 사람과 자연의 관계가 어긋난다(2,17-18). 사람과 자연의 관계가 끊어졌다는 것은 자연이 사람에 대해 적대적이 되었다는 것을 암시한다('땅은 너에게 가시덤불과 엉겅퀴를 낼 것이다'). 자연이 사람에게 적대적이 되면서 사람은 자연을 정복할 생각을 하게 된 것이다. 그러므로 자연을 이용하는 기술과 과학은 타락한 상태에서 사람이 자유를 찾는 길이었다. 그것이 자유를 찾는 길이었다는 점에서 존중해야 하지만 그러나 타락한 상태에 있다는 것을 알아야 한다. 그러므로 치유는 대상화에 있지 않고 자연을 상대하는 데 있다. 그것을 위해서는 사람과 사람의 관계가 회복되어야 하고, 그러려면 사람과 하느님의 관계가 회복되어야 한다. 대상화는 이성이 하지만 상대화는 영성의 문제다. 모든 관계회복은 영성의 문제다.

VII
환경윤리의 원리: 자연의 인간화

오늘날 윤리의 영역이 바뀌었다. 바뀌었다기보다는 넓어졌다. 새로운 영역이 추가되었다. 삶의 문제에 생명의 문제가 덧붙여졌다. 그동안 윤리라면 삶의 문제를 다루었다. 어떻게 하면 삶다운 삶을 살 수 있겠는가 하는 것이 윤리의 과제였다. 생명은 전제가 되어 논의의 대상이 아니었다. 그러나 오늘날 생명 존속 그 자체가 문제가 되고 있다. 생명 그 자체를 인간이 건드리고 있기 때문에 윤리의 문제가 되고 있다. 모두 기술과학의 발달과 관련되어 있다. 하나는 생명윤리 또는 생명처분 및 조작의 윤리라고 해야 할 문제다. 서양에서 바이오 에틱(Bio-Ethics)이라고 하는 것이다. 또 하나는 이른바 환경 윤리다. 생태계 파괴로 자연과 인간의 생명존속이 위협받고 있는 데서 생기는 문제다.

1. 환경을 생각하는 기술

생태계 문제는 기술문제와 밀접히 연관되어 있다. 기술발전이 일으킨 문제이기 때문이다. 오늘날 환경문제가 심각하게 거론되면서 기술과학을 문제 삼는 것도 그 때문이다. 환경문제 하면 기술문제가 따라오기 마련이다. 그래서 오늘날 생태계를 파괴하지 않는 기술을 자꾸 얘기하게 되었다. 기술을 포기할 수는 없고 또 포기해서도 안 된다는 인식하에 어떻게 하면 환경을 파괴하지 않는 기술을 개발할 수 있겠는가 하는 물음이다. 생태계를 파괴하지 않고 기술을 개발할 수 있다면 그보다 더 좋은 것은 없다. 그것을 요즈음 환경기술이라 부른다. 그러나 환경기술은 많은 비용을 요구한다. 지금껏 기술개발은 자연 쪽에서 요구하는 것은 전혀 감안하지 않았다. 그러나 환경기술은 생태계의 요구를 염두에 두기 때문에 그만큼 비용이 든다. 어떻게든지 부의 증가를 통해 삶의 풍요를 추구하는 인간이 많은 비용을 감당하기는 쉬운 일이 아니다. 오늘날 최소 노력으로 최대의 효과(이른바 최고의 생산성)를 얻으려는 것은 개인의 문제가 아니라 민족의 과제로 부각되는 것이기 때문에 비용의 문제는 그만큼 감수하기 어렵다. 한 개인은 남과의 경쟁에서 일단 불리한 위치에 처하더라도 어떤 가치실현을 위해 큰 생산비용을 감수할 수도 있다. 그러나 주체의 단위가 커지면 불가능해진다. 어떤 통치자도 그런 위험을 감수하려 하지 않을 것이다. 경제지표의 향상은 자기 개인의 문제가 아니라 민족의 사활이 걸린 문제이기 때문이다.

    그러므로 생태기술은 국제 협력으로 가능하다. 국제협력이 가능하려면 공동의 위기를 느껴야 한다. 지금 공동의 위기를 느끼고 있다. 세계의 위기의식은 기술관의 변화와 관련된다. 기술관의 변화는 자연관의 변화, 인간관의 변화와 떨어질 수 없다. 기술은 결국 사람과 자기를 새롭게 보기 시작했다. 자기에 대해 자기를 새롭게 보기 시작했고, 자연에 대해 자기를 새롭게 보기 시작했다. 두 말은 거의 같은 말이다. 인간관과 자연관은 거의 겹치는 말이다. 사람은 자연과의 관계에서 그 모습이 형성되기 때문이다. 다시 말해서 사람은 자연환경을 사람의 '세상'으로 보면서 사람이 된다. 또 성서의 사람은 자연을 피조물로 보면서 사람이 된다. 목숨이 아니라 삶을 일구며 사람이 된다. 이제 이 글을 위해 둘을 묶어 자연관이라 하

자. 위기의식이 새로운 자연관을 낳았기도 하고, 새로운 자연관이 싹트면서 위기가 의식화되었기도 하다.

II. '인간의 자연화'가 아닌 '자연의 인간화'

자연은 보호되어야 한다. 그러나 어떤 도식하에서 생태계 파괴를 막을 것인가? 기술문명을 부인하는 것은 현실성이 없을 뿐더러 옳지도 않다. 기술문명으로 말미암아, 걷지 못하던 인간이 세상에서 걷게 된 것을 기억해야 한다. '운명' 또는 '섭리'만 있다가 '역사'가 생긴 것도 기술문명과 함께 일어난 일임을 기억해야 한다. 사람을 사람되게 하는 것과 기술은 뗄 수 없는 관계에 있다. 그러므로 자연으로 돌아가자는 도식은 바람직하지 않다. 더구나 기술문명의 모태인 인간해방의 정신이 성숙되지 않은 우리 나라에서 서양의 자연보호론자들과 같은 얘기를 할 수는 없다. 생태계 문제는 세계의 문제이지만 우리의 문제다. 보편적인 정답은 없다. 그 문화정신을 설득할 얘기는 문화에 따라 다를 수밖에 없다. 서구 기술문화의 현실과 우리 기술문화의 현실이 다르므로 우리의 얘기를 찾아야 한다. 우리 나름의 해결방식을 찾아야 한다. '하되 함부로 하지 않는' 기술이 필요하다. 그것이 우리의 생태기술이다. 하긴 해야 한다. 그러나 함부로 하지 말아야 한다.

하지 말자는 쪽만 강조하는 이론을 경계한다. 물론 이론의 예언자다운 측면을 인정한다. 잘못된 것을 고치기 위해 반대쪽으로 세게 치는 것이다. 그러나 우리에게는 '모든 걸 다 사람이 한다'는 의식이 별로 없다. 그래서 사람을 우습게 본다. 그것은 우리 민족이 조금이라도 더 삶다운 삶을 꾸려 나가기 위해 풀어야 할 문제다. 가장 시급한 문제 가운데 하나다. 그러므로 우리는 마음 놓고 하지 말자는 쪽만 강조하고 있을 수는 없다. 우리는 '함부로 하지 않도록' 설득할 수 있는 이론을 개발해야 한다. 사람이 하는 쪽도 강조해야 하고 그 대신 함부로 하지 못하도록 해야 한다. 어차피 우리는 둘 다 해야 한다. 우리가 게을러서 그랬든, 뭔가 하려 했는데 좌절해서 그랬든 두 문제를 다 해결하지 못했기 때문에 둘 다 해결할 수 있는 방식을 강구해야 한다.

여하튼 자연이 루돌프 오토가 말한 신성한 것이 되어서는 안된다. 물론 생태계 보존 그 자체만을 위해서는 그렇게 되는 것이 좋으리라. 신성한 것은 사람이 건드릴 수 없는 것이니 생태계 파괴가 있을 수 없다. 그러나 원시 종교의 자연신은 언제나 사람을 억압한다. 거기엔 새로움 없이 자연의 순환이 있을 뿐이다. 존속은 있되 창조는 없다. 사람은 생태계의 일부다. 사람 사회에는 생태계의 질서를 따라 약육강식이 사회 원리로 되고 정의가 없다. 손을 댈 수 없는 절대 권력이 자리 잡는다. 자연의 문제는 사회의 문제와 연관되어 있음을 잊어서는 안된다. 사람과 자연의 관계는 사람과 사람의 관계와 맞물려 있다. 우리는 사람을 억압하면서 생태계 유지를 바라는가? 김지하는 자연에 대한 "소박한 '존중'이 아니라 근본적인 '공경'을 가능케 할 세계관"(『타는 목마름에서 생명의 바다로』, p.102)을 말하지만 우리는 그렇게까지 말할 수 있는 처지가 아니다. 우리는 자연을 존중할 만한 상대로 보면 된다. 곧 자연을 인간화하면 된다. 자연을 인간화해야 한다. 그런 세계관이라야 '하되 함부로 하지 않을 수' 있다.

다시 한번 말하지만 자연이 종교체험의 핵심에 들어와서는 안된다. 사람의 누미누 체험을 일으키는 '무시무시하고 신비한 것'이 자연이 되어서는 안된다. 어차피 인간 해방이 최고의 가치가 아닐까? 사람과 삶을 살린다는 것이 모든 인식과 행위를 규제하는 궁극적 관심이요 규범성이 아닐까? 이른바 휴머니티라는 것 말이다. 자연 그 자체를 위한 자연보호가 가능할까? 자연이 죽으면 사람이 죽는다는 인식 때문에 생태계 문제가 대두되는 것이 아닐까? 세상만사가 다 사람살기 위함임을 인정하는 것이 자연 앞에서 겸허한 태도가 아닐까? 어차피 사람은 사람의 관점에서 볼 수밖에 없음을 고백해야 하리라. 지금껏 객관적이고 실증적인 것으로 여겨져 왔던 자연과학적인 지식들이 알고 보니 사람의 관점에서 본 것임을 인정하는 태도가 이 시대에 필요한 겸손이리라. 그리고 어차피 그럴 수밖에 없음을 고백하는 것이 자연의 문제를 푸는 열쇠라고 본다.

다시 말해서 자연에 대해 절대적 태도를 취했던 인간이 상대적 위치임을 깨닫는 것이 모든 생태 문제의 시발점이리라. 애당초 생태문제가 비롯된 것은 근대정신 또는 현대정신(모더니즘)의 인식론 때문이었다. 따라서 생태문제를 풀기 위해 인식론의 전환이 필요하다. 그러나 그동안 사람이 절대적인 역할을 했다고 거꾸로 자연을 절대적인 것으로 돌리면 안된다. 자연을 공경할 만한 신성한 것으로 볼 때 자연은 절대적인 것이 된다. 자연을 절대적인 것으로 볼 경우 근본적으로 사람은 자연을 건드리지 말고 놔 두어야 한다는 경향이 생긴다. 그러나 사람의 손이 가야 한다. 자연을 착취하기 위해서가 아니라 자연과 손을 잡기 위해서도 사람이 손을 내밀어야 한다. 사람의 손길이 필요하다. 사람이 무언가를 해야 한다. 손길을 통해 무언가를 하는 것, 그것은 의미를 찾는 작업이다. 사람에겐 뜻이 생명이 아닌가? 자연은 언제나 자연의 의미로 자연이다. 자연 그 자체가 아니라 사람에 대한 자연의 뜻이다. 사람도 사람에 대한 자연과 함께 사람이다. 어차피 사람은 자연에 묻혀 자연 속에서 살지 않고 자연과 더불어 산다. 그동안 현대 기술과학은 자연과 더불어 사는 점을 경시했다. 사람만 사는 것으로 생각했다. 더불어 사는 세계관이 필요하다. 더불어 살려면 거리가 필요하다. 생태문제를 풀려고 해도 자연과의 거리가 필요하다. 자연은 사람에 대(對)하여 있다. 자연이 사람에 대하여 있되 사람도 자연에 대하여 있음을 인정하면 된다. 전자만 인정한 것이 현대 기술과학을 일으킨 데카르트의 정신인데, 그 부작용을 막기 위해 후자도 인정하면 된다. 현대 정신의 도식 속에 묻혀 있던 다른 한쪽을 드러내면 된다. 둘 다 인정하면 된다. 똑같은 얘기인데 후자만 강조하면 자연이 자연신이 된다. 지금까지 경제성장을 주도한 기술과학이나, 자연을 범할 수 없는 무엇으로 보는 것은 '대하여 있음'이라는 관계존재를 한쪽으로만 발전시킨 것이다. 그러면 한쪽이 '절대'가 된다.

해결책은 자연을 '대상'(對象)으로 보지 않고 '상대'(相對)로 보는 데 있다. 현대 기술과학에서는 사람이 자연에 대해 절대적 위치에 있었다. 대상화란 그런 것이다. 주객도식이라는 것은 엄밀한 의미에서 관계가 아니다. 만일 관계라는 말을 쓴다면 이용의 관계다. 한쪽에서 일방적으로 다른 쪽을 부린다. 상호성을 모르는 일방성이다. 사람만이 주인이고 하느님과 자연은 객이다. 객은 주인을 위하여 있고 주인은 객을 마음대로 부릴 수 있다. 객체가 항상 주체에 봉사하는 관계다. 신의 죽음과 생태계 파괴는 같이 간다. 마주할 때, 곧 상대적(relative)일 때 관계(relation)가 있다. 이제 사람은 관계를 찾아야 한다. 마주하기를 끊는 모든 절대(絶對)를 버리고 서로 마주하는 상대(相對)를 회복해야 한다. 하느님이나 자연이 절대가 돼서도 안되고 사람이 절대가 돼서도 안된다. 전자는 기술문명 이전의 원시적 자연주의를 낳는다. 후자는 현대 기술문명의 교만이 낳은 역사적 자연주의다. 전자에는 인권이 없고 후자에는 신과 자연의 요청이 묵살된다. 자연을 계속 대상으로만 보면 초월을 잃는다. 역사 내재주의 곧 역사적 자연주의에 빠져 신의 죽음과 자연의 죽음을 낳는다. 신의 죽음과 자연의 죽음은 사람의 죽음으로 직행된다. 그것이 지금 문명이 맞고 있는 위기다.

자연을 사람의 상대로 본다는 말은 주체로 본다는 말이다. 자연을 사람처럼 본다는 말이다. 사람이 사람 이외의 것에 대한 가장 큰 대접은 그것을 사람처럼 봐주는 것이다. 사람 이상도 아니고 사람 이하도 아니다. 사람 이상으로 봐주면 우상이 되는데 우상은 결국 사람에 의해 이용당하는 것이기 때문에 좋은 대접이 아니다. 사람을 사람답게 봐주고 사람 외의 것을 사람처럼 봐주는 것은 사람이 상대방을 존중하면서 자유하는 길이다. 사람은 신을 인격화했다. 신에 사람의 격을 붙여 하느'님'이다. 인격화된 신을 통해 사람은 신과 주체 대 주체의 관계에 서고 가장 친밀한 관계에 선다. 자유와 구원의 길을 인격화를 통해 찾았다. 물론 신은 어떤 하나의 인격은 아니다. 그러나 인격 이상의 신은 우리와 '관계' 없다. 관계 없는 신은 없는 것이다. 성서의 신의 초월성 또는 전적 타자성 역시 인격성을 떠나서는 존재치 않는다. 이제 자연에 대해서도 같은 말을 하자. 요청되는 것은 인간화된 자연이다. 주객도식에서 벗어나 주체 대 주체의 관계로 본다는 말이다. 사람의 주체성을 지키면서 문제를 해결하는 방식이다. 사람이 자연과 혼동되지 않고 거리를 가지면서 문제를 해결하려는 것이다. 거리가 없으면 책임이고 응답이고 없다. 어차피 사람이 자연에 대해 책임질 방도를 찾아야 한다. 그러기에 거리가 필요하다. 주체 대 주체의 관계로 보아야 한다. 물론 자연은 특수한 주체다. 사람으로 보는 것이지 사람일 수는 없기 때문이다. 성서의 하느님과 사람의 관계도 주체 대 주체의 관계다. 그러나 하느님 역시 특수한 주체다. 하느님은 사람과 달리 영원히 책임지는 주체라면 자연은 책임지지 못하는 주체다. 사람은 책임주체이지만 책임의 가능성이 꼭 현실성과 일치하지는 않는다. 그러나 하느님은 영원히 응답하며 책임진다. 자연은 응답할지 모르나 책임지지는 못한다. 그런 뜻에서 특수한 주체다. 그렇지만 자연을 주체로 보고 사람의 상대로 보는 것은 문명전환의 의미를 지닌다. 윤리의 영역에 자연이 들어오기 때문이다. 윤리란 원래 사람 대 사람의 관계에서 생긴다. 응답의 주체 사이의 문제다. 그 사람 대 사람의 응답과 책임의 문제를 하느님과의 관계에서 풀려는 것이 성서 정신이다. 그러므로 종교에서는 윤리의 영역에 하느님이 들어온다. 사람-사람, 사람-하느님 그리고 사람-자연, 이 모든 관계가 가치실현과 관련되게 되었다. 종래 정의는 사람과 사람의 관계 문제였다. 각 사람의 삶다운 삶을 보장하기 위하여 공정한 윤리규범을 정하는 것이 정의의 문제였다. 그리고 정의를 정당화의 문제와 연관시켜 초월의 영역 곧 하느님을 정의의 논의에 끌어들인 것이 종교윤리였다. 그런데 이제 자연도 주체가 됨으로 정의 논의에 끼어 든다. 도로를 놓으려고 울창한 원시림을 없애는 것이 옳으냐 하는 것이 정의의 문제로 논의되기에 이르렀다.

자연을 사람의 상대가 되는 주체로 봄으로써 우리는 생태계 문제를 윤리와 정의의 영역으로 끌어들였다. 그럼으로써 사람이 자연에 대해 책임적 존재가 되게 했다. 사람만 주체가 되면 끝내 사람은 객체가 되고 만다. 하느님을 주체로 인정하지 않을 때 사람은 자기 소외에서 헤어나기 어렵다. 초월이 없으면 사람 대 사람의 관계가 '나와 너'의 관계가 될 수 없다. 사람은 '그것' 곧 객체가 된다. 사람과 사람이 '나와 그것'의 관계가 될 때 서로 이용하고 수단으로만 보는 생존경쟁의 세계가 된다. 살아도 죽은 삶이다. 자연을 주체로 인정할 여유가 없는 기술과학 역시 사람을 결국 객체로 만들었다. 오늘날 사람은 기술의 주체가 아니라 기술의 객체가 되고 있는 느낌이다. 기술에 끌려가고 있는 경향이 분명히 있다. 윤리와 역사와 사람의 주체성에 바탕하여 형성된 기술문명이 오히려 사람을 노예로 만들 수도 있게 된다. 자연을 상대로 볼 줄 아는 마음은 초월성을 인정하는 주체의 마음이다.

자연을 상대로 볼 줄 아는 사람의 주체성을 강조하면서 문제를 해결해야 한다. 사람의 주체성이 강조되는 한 기술과학의 본래 정신은 유지된다. 우리 사회는 여전히 과학하는 태도가 더욱 고양되어야 한다. 어쩌면 대상적 사고가 여전히 필요할지 모른다. 자연을 대상으로 놓고 보는 것은 자연을 상대로 보기 위한 길이다. '상대' 역시 거리를 인정하는 것이기 때문이다. 대상으로 보는 마음, 과학하는 마음을 거치지 않으면 미신이 우리 사회를 떠나지 않는다. 오늘날 뉴튼의 기술과학적 인과율을 비판하지만 그 인과율을 거치지 않으면 미신적 인과율이 지배한다. 미신 역시 인과율이다. 우연히 일어난 일을 어떤 원인에 갖다 붙임으로써 필연적인 원인 결과를 만든다. 그것은 사람의 자유를 억압하며 꼼짝 못하게 한다. 미신이 지배하는 사회는 전체주의 질서를 형성한다. 원시종교 또는 샤머니즘이 지배하는 사회의 모습이다. 대상과 상대, 이는 사람이 사람다워지기 위해 모두 필요한 과정이다. 인간의 인간화를 위해 자연을 대상화하고 인간화하여야 한다. 우리는 결국 자연을 상대로 볼 수 있어야 한다는 방향성을 지닌 채 기술과학을 통해 대상화하는 정신도 잊으면 안 된다. 대상과 상대는 율법과 사랑의 관계와 같다. 상대로 보는 세계관은 대상을 폐하는 것이 아니라 완성하는 것이어야 한다.

III. 창조 이야기: '엉킴'에서 '더불어 삶'으로

그러한 얘기를 성서의 창조 얘기로 뒷받침해 보자. 성서의 창조 이야기를 어떻게 볼 것인가? 성서의 창조와 구원과 종말은 서로 얽혀 있다. 우주적 사건으로 펼쳐지는 창조 얘기와 종말 얘기는 실존적 사건인 하느님과 나와의 만남의 각도에서 이루어진다. 게르하르트 폰 라트가 말한 대로다(『구약성서 I』, 144쪽 이하). 그러므로 창조 얘기는 나와 민족의 구원의 얘기다. 생태계 문제 앞에서 우리 민족이 또는 인류가 구원받을 수 있는 길이 무엇인지도 창조 얘기가 빛을 준다고 본다. 생태계 문제에 직면해서 오늘날 성서의 창조론을 재해석할 때 흔히 창세기 1장 28절을 들먹인다. 하느님이 그들에게 복주시며 고기와 공중의 새와 땅에 움직이는 모든 생물을 다스리라 하시니라. 그것을 새롭게 해석하려 한다. 그러나 성서의 창조 이야기의 핵심은 피조물 사상이다. 사람뿐 아니라 세상물이 하느님의 손길에 의해 창조되었다는 것이다. 그것은 욥기 40장 15-24절에서 확인된다: "이제 소같이 풀을 먹는 하마를 볼지어다 내가 너를 지은 것 같이 그것도 지었느니라."

잘 아는 대로 피조물 사상은 자연의 신성을 없애고 비신성화했다. 자연이 사람을 낸 것이 아니라 자연 역시 하느님에 의해 만들어졌다는 것이다. 자연의 비신성화는 사람을 부각시키며 자연을 대상화하는 길목을 텄다. 그 점에서 기술과학 정신은 성서의 창조론과 밀접히 관계된다. 또 바로 그 점에서 성서는 생태계 파괴의 주범으로 지목되기도 한다. 그러나 위에서 말했듯이 대상화는 인간해방을 위한 길이다. '대상' 이전이 '상대'라면 그런 비판이 타당하다. 그러나 인류 역사에서 볼 때 상대는 대상을 거쳐야 가능하다. 대상 이전에는 자연의 우상화요 인간의 객체화가 있었다. 자연이 인간을 억압했다. 그 말은 인간이 인간을 억압했다는 말이다. 자연에 대해서 객체로 남는 인간은 인간에 대해 객체로 남는다. 그것이 원시적, 봉건적 전체주의 사회다. 그러므로 우리는 피조물 사상을 비판하며 대상 이전으로 돌아가려고 해서는 안된다. 적어도 역사상 기술 이전의 시대로 돌아가려 해서는 안된다는 말이다.

피조물 사상은 자연을 비신성화해서 대상화를 가능하게도 하지만, 자연이 사람의 상대이여야 함을 역설하기도 한다. 세상 만물이 하느님의 말씀에 의하여 창조되었다고 생각해 보라. 어느 것 하나 하느님의 손길이 닿지 않은 것이 없다고 생각해 보라. 나를 사랑하시고 십자가에 달리신 그분의 입김이 그 하나하나에 스며 있다고 생각해 보라. 지금껏 덤덤하게 있는지 없는지 무관심의 대상이었던 모든 사물이 의미를 갖고 일어서리라. 세상도 새롭게 보이고 남도 새롭게 보인다. 새로움이 생명이다. 새롭게 보이면서 생명력이 충만하게 된다. 전에는 있어도 없던 것들이 살아 일어난다. 의미 때문이다. 그들을 하느님의 피조물로 볼 때 새로운 의미가 생기기 때문이다. 자연과 모든 사물을 하느님이 지으셨다는 것은 거기에 하느님의 뜻이 들어 있다는 것이다. 하느님의 뜻을 통해 그것들이 뜻을 갖는다. 그리고 우리가 지닌 '삶의 뜻'과 자연이 지닌 '존재의 뜻'은 하느님의 커뮤니케이션이다. 프란치스코처럼 새와 얘기도 할 수 있을 것 같다. 얘기의 '상대'는 함부로 할 수 있는 '대상'이 아니다. 얘기의 상대지 착취의 대상이 될 수 없다. 하느님의 뜻으로 자연은 찬양주체가 된다. 객체가 아니라 주체다. 하느님에 대한 찬양을 바탕으로 사람은 자연과 혼동되지 않고 교통한다. 주체 대 주체의 관계가 정립된다. 뜻을 지닐 때 생명 있는 주체가 되고, 그런 자연을 함부로 할 수 없다. 우리가 나무를 할 때 산 나뭇가지는 웬지 꺾기 싫듯이 의미로 살아 있는 자연은 함부로 할 수 없는 것이다. 우리로서는 하되 함부로 할 수 없는 길을 찾아야 한다.

자연이 손을 내밀지 않는다. 사람의 손길이 가야 한다. 자연을 이용해야 할 필요성은 여전히 있을 것이다. 먼저 사람의 손길이 간다는 점에서 대상화가 시행될 수도 있을 것이다. 뭔가 하려는 마음이 대상화의 모습으로 시동이 걸릴 수 있다. 기술은 단순히 만드는 것이 아니라 '만들어 내는' 것이다. 기술은 뭔가 하려는 마음의 형식이었다. 그러나 이제 생태계의 문제 앞에서 그 대상화는 자연을 상대로 보는 큰 마음 속에서 일어나는 것이어야 한다. 자연을 상대로 보는 마음에서 대상화 작업을 할 수 있는 것, 그것이 피조물 신앙에서 가능하다. 자연의 인간화, 곧 자연을 하나의 주체로 보는 것에서 우리 길을 찾아야 한다. 자연과 혼동되지 않고 자연과 책임관계를 형성할 수 있는 길이다. 자연을 自然 곧 '스스로 그러한 것'으로 보지 않고 피조물로 보아야 관계존재가 되고 관계존재가 되어야 자연과 혼동되는 자연적 자연주의와 자연을 착취하는 역사적 자연주의에 빠지지 않는다. 생태계 문제를 해결하는 길이다.

그 점과 관련하여 창조 얘기에서 또 하나 생각할 것이 있다. 창조는 혼돈(창세 1,2)에서 질서를 잡은 것이다. 그것이 창조 얘기의 핵심 가운데 하나다. 우주(코스모스)를 만들었다는 것은 질서를 잡았다는 것이다. 카오스에서 코스모스로의 이동이다. 카오스란 혼돈이다. 곧 엉킨 것이다. 엉킨 것을 풀어 갈라 놓음으로 창조가 이루어진다. 창세기 1장 4절에는 빛과 어둠을 나누고 6절에서 물과 물을 나누어 하늘과 땅을 만들고 땅도 물이 있는 부분과 없는 부분을 갈라 뭍과 바다로 만들었다. 창조란 새로운 질서다. 새로운 질서가 구원이다. 하느님은 창조를 통해 새로운 질서를 이룸으로 구원을 이루신다. 태초에 그랬고 지금도 그렇다. 우주는 하느님이 질서를 잡아 구원을 이룬 곳이다. 그 구원은 서로 엉킨 것을 갈라 놓아 거리를 두게 함으로써 이룩된다. 서로 다르다는 것을 인정한 게 창조다. 새로움은 거기서 나온다. 거리와 다름, 새로움, 그것이 최초의 창조 언어다. 물과 물을 갈라 놓았는데 그것이 다시 엉키면 어떻게 되나? 해일이요 홍수요 카오스요 저주다. 창조질서 파괴다. 창조 파괴요 멸망이다. 지구와 별을 갈라 놓았는데 그것이 다시 엉키면 어떻게 되나? 사람과 자연도 엉키지 않고 구분되어 질서를 이룬다. 거리와 다름으로 이루어진 질서 그것이 '통일'이다. 구원과 은혜는 통일을 이룬 것이다. 흔히 은혜받았다고 할 때 인격에 어떤 모습으로 나타났는가? 정신이 통일된다. 무언가 얽혔던 것이 풀어지고 정돈되면서 새로운 질서를 형성한다. 그것이 은혜요 치유다. 자연과 인간이 서로 다름을 인정하면서 이루는 통일된 관계, 그것이 생태계 문제 앞에서 이루어야 할 구원의 모습이리라.

자연의 인간화는 자연이 사람이 아니기 때문에 가능하다. 잘못하면 분리되기 쉬운 사람과 자연 사이에 관계를 이루기 위한 것이다. 인간의 인간화, 신의 인간화도 마찬가지다. 혼동되지 않고 구분되지만 분리되지 않을 수 있는 길이 인간화이다. 나와 남이 집단주의적으로 혼동되지 않고 구분되면서도 서로 분리되지 않도록 하려면 인간의 인간화를 이루어야 한다. 인간은 인간화 '해야 할 것'으로 남는다. 사람이 사람이지만 늘 사람답지는 못하기 때문이다. 남을 언제나 나만큼 사람으로 취급하지 못하기 때문에 생긴다. 나와 남이 다른 데서 오는 것이다. 자연의 인간화는 자연이 사람이 아니기 때문에 가능하다. 자연이 사람과는 다르기 때문에 일어난다. 신의 인간화도 마찬가지다. 신은 인간과 다르기 때문에 인간화하는 것이다. 하느님이라는 상징을 써서 부른다. 하느님은 사람과 다르기 때문에 사람이 되셨다. 결국 자연의 인간화란 자연이 인간과 다름을 전제로 하는 것이다. 자연을 사람으로 만드는 것이 아니라 사람 '처럼' 보는 것이다. 신의 인간화도 신을 인간 '처럼' 보는 것이다. 인간의 인간화도 남을 나로 만드는 게 아니라 남을 나 '처럼' 보는 것이다. 나와 남이 혼동되는 것은 남의 개성 상실이든지 아니면 나의 개성 상실을 낳는다. 모두 전체주의 구조다. 창조성 상실이다. 창조질서의 파괴다.

인간의 자연화는 옳지 않다. 그렇게 할 수 없을 뿐더러 해서도 안된다. 무엇을 사람처럼 보는 것이 그것과 가장 가까울 수 있는 길이다. 거리가 있지만 거리가 없는 것처럼 되는 길이다. 거리가 분리로 되면 소외지만 거리가 없어 구분되지 않는 것도 소외다. 거리가 없는 것 '처럼' 되어야 한다. 인간의 자연화는 인간의 신격화만큼이나 소외를 낳는다. 우리가 말하는 자연의 인간화는 거리를 두되, 분리되어 주객도식의 착취가 벌어지는 것을 막으려는 태도다. 그러나 요즈음 많이 얘기되는 인간의 자연화(인간을 자연의 일부라고 강조하는 태도)는 거리를 아예 인정치 않으려는 것이다. 자연을 대상으로만 본 역사주의와 기술문명에 대해 신선한 얘기를 줄 수 있지만, 역사의식과 인간의 주체성 문제가 해결되지 않은 우리에게는 옳지 않다. 인간의 신격화가 안되듯이 인간의 자연화도 안된다. 전자에는 신의 주체성 상실이 가져오는 소외가 있고 후자에는 인간의 주체성 상실이 가져오는 소외가 있다.

또한 성서의 창조 이야기에는 이 세상에 대한 원초적인 긍정이 있다. 창세기 1장 31절 "하느님이 그 지으신 모든 것을 보시니 보시기에 심히 좋았더라." 원래 이 세상은 아름다운 것이다. 이제 중요한 것은 이 땅을 떠나는 것이 아니라 이 땅을 살리는 것이다. 저 세상이 아니라 이 세상이다. 창조질서에 대한 근본적인 긍정은 생태계를 살려야 한다는 기본적인 심정을 제공한다. 이 땅에 대한 원초적 긍정은 생태계 문제를 해결하는 데 또 하나 귀한 관점을 제공한다. 이 땅이 본래 아름다웠는데 사람의 타락으로 흉하게 되었다는 현실 인식이다. 창세기 2장의 이야기가 그것이다. 그러므로 문제는 사람이 풀어야 한다. 사람의 타락은 사람과 사람의 관계에서 생겼다. 사람과 신의 관계가 어긋난 데서 생긴 사람과 사람 사이의 관계 파괴가 타락이다. 또는 거꾸로도 옳다. 그러므로 이 땅의 아름다움, 창조질서의 본래적인 선을 찾으려면 사람과 사람의 관계가 풀려야 한다. 물론 성서는 사람과 하느님의 관계가 풀려야 사람과 사람의 관계가 풀린다고 본다. 여하튼 창조질서의 회복의 문제는 사람과 사람의 관계의 문제다. 사람이 자연이 되는 데 있지 않다. 사람과 자연의 문제는 사람과 사람의 관계 문제로 풀린다. 자연 파괴는 사람과 사람 사이의 관계가 그릇된 데서 비롯되었다. 생태계 문제는 사회 정의의 문제라는 말이다. 가치란 사람과 사람 사이에서 생긴다. 그런데 오늘날 인간은 경제가치를 상당한 평가의 가치로 삼고 있다. 사람과 사람 사이가 경제가치 중심으로 형성되었다. 그것은 자본주의나 공산주의나 마찬가지다. 생태계 문제는 자본주의 사회나 공산주의나 마찬가지다. 오히려 생태계 문제를 일찍 깨달은 서구보다 동구가 더 생태계 문제가 심각하다.

한편 생태계 문제가 사람과 사람 사이의 문제란 얘기는 상당히 구조적인 문제라는 것이다. 오늘날 생태계 문제를 해결하려면 제1세계와 제3세계의 이해관계가 조절되어야 한다. 그것은 리우 회의와 쿠알라룸프 선언에서 잘 드러났다. 자연의 인간화라는 철학적 관점이 현실정치에 반영이 되려면 양대 세계 간의 관계가 풀려야 한다. 국제사회의 정의문제가 풀려야 한다. 뿐만 아니라 생태기술이 몰고 오는 비용을 감수하려면 기업이 이윤을 극대화하는 목표를 포기해야 한다. 모든 사람들의 삶의 터를 흉하게 만들지 않는다는 제약조건을 감수해야 한다. 이것은 기업 이윤의 사회환원의 문제요 기업윤리의 문제다. 결국 남을 염두에 두는 사회정의의 문제가 된다. 사람과 사람의 관계 문제가 된다. 정부가 환경 문제에 국민세금을 쓰는 것도 마찬가지다. 그 돈으로 직접적인 혜택을 받을 사람들과의 관계가 해결되어야 가능한 얘기다. 결국 자연환경의 문제는 사람과 사람이 만드는 사회환경과 밀접한 연관이 있다. 생태계 문제가 제기되기 전에 환경이라면 보통 사회환경을 가리켰다. 그러나 이제 자연환경이 문제되고 있는데 그 자연환경은 역시 사회환경과 무관하지 않다. 바로 그 점에서도 생태계 문제는 인간의 주체성을 살리면서 해결되어야 한다. 사회환경이 좋다는 것은 사회정의가 서 있다는 얘기요 사회정의는 한 사람 한 사람이 주체임을 인정받을 때 이룩되는 것이기 때문이다.

우리는 생태기술을 위해 또는 리우 회의의 표어인 "존속가능한 개발"을 위해 자연의 인간화를 택했다. 그것은 우리 사회가 확립해야 할 인간의 주체성, 역사의식 따위의 문제를 소홀히 하지 않으면서 생태계를 보호할 대책이다. "하되 함부로 하지 않을" 대안이다. 자연의 인간화는 인간의 인간화, 신의 인간화와도 같이 엮여 있는 문제다. 그 점에서 사람을 사람답게 하고 사람의 삶을 살찌우는 길이다.

VIII
대상(對象)에서 상대(相對)로

I. 문제의 방향

현대의 몇 백년 동안 기술과학은 인류의 자부심이요, 희망이었다. 단순히 물질생산력을 풍성하게 해 주었기 때문이 아니다. 경제와 정치를 비롯한 인간의 삶을 크게 향상시켰기 때문이다. 민주화도 기술과학 정신과 멀지 않다. 민주화는 대중사회를 거치며 이룩되는데, 대중사회란 대량생산 대량소비라는 산업사회의 경제생활과 밀접히 연관되어 있기 때문이다. 산업사회는 기술과학이 불러 일으킨 생산양식임은 두말할 나위 없다. 사실 기술과학은 물질생산의 문제이기에 앞서 정신의 문제다. 세계관과 인간관, 신관의 변화의 문제다. 기술과학으로 무엇을 만들면서 인간은 역사를 만들게 되었기 때문이다. 섭리와 운명만 있던 곳에 역사가 생겼다. 그 이전에도 역사가 없었던 것은 아니나 이른바 역사의식이라는 것이 생긴 것은 분명 현대 기술과학 이후의 일이다. 역사의 창조자요 주인으로 등장하면서 인간은 분명한 주체요, 목적이 되었다. '인간'이 강조된 것이다. 단순히 몇 사람이 아니라 인간이면 '누구나' 주체요 목적이 되었다. 보편정신을 따른 새로운 윤리가 성립된 것이다.[1]

그것은 부족신앙으로 자리잡았던 주술적 원시종교의 멸망과 같이 갔다. 오직 한 분이신 하느님 신앙, 이른바 유일신 신앙은 부족

---

1) 칸트의 『실천이성비판』은 뉴우튼 물리학의 영향을 받은 『순수이성비판』의 연장선 상에 있음을 기억하라. 과학정신과 보편정신이 합리성을 중심으로 같이 간다.

신앙의 극복과 같이 간다. 부족신앙은 그 지역 신앙이요, 따라서 다신론이다. 사실 그러한 원시종교에는 보편정신이 힘들다. 전체주의와 이기주의가 묘하게 공생공존하고 있다. 민주주의가 불가능하다. 그러한 이기적 지역신앙은 주술과 결합되어 있고, 그것은 기술과학적 합리주의에 의해 상당히 숨을 죽이게 되었다. 물론 오늘날에도 그런 지역신앙은 사라지지 않고 가족 이기주의와 집단 이기주의의 모습으로 남아 있어 보편정신을 방해한다. 보편정신이 곧바로 유일신 신앙으로 가는 것은 아니다. 그러나 기독교 신앙이 보편정신을 낳음은 분명하다. 여하튼 기술과학은 인류사회에 중대한 변화를 가져왔다. 우리는 그것을 일단 긍정적으로 평가한다.

그러던 기술과학이 의심을 받게 되었다. 문제가 생겼기 때문이다. 인간의 삶을 해칠 수 있다고 여겨지는 몇 가지 문제가 생기면서 그 범인이 기술과학이 아닌가 묻게 되었다. 그것을 크게 나누어 말하면 생태계 문제(생태윤리), 생명윤리(bio-ethics)의 문제, 그리고 정보화 사회의 문제다. 첫 번째는 인간이 사는 자연환경이 파괴되는 문제다. 두 번째는 의료기술의 발전으로 인간이 인간의 생명을 처분하거나 조작할 수 있는 데서 비롯되는 문제다. 세 번째는 정보화가 진전되면서 통제사회가 되지 않을까 하는 문제다. 모두 인류의 미래를 좌우할 중대한 문제들이다. 이러한 범인류적인 문제 가운데 특히 생태계 문제는 인류사회 전체의 협력으로만 풀 수 있는 지구촌의 문제가 되었다. 생태계 문제는 결국 인간과 자연의 관계 문제다. 그런데 기술과학도 일차적으로 인간과 자연의 관계문제다. 그러므로 문제의 열쇠는 기술과학에 달렸다. 기술과학을 어떻게 할 것인가 하는 물음이 생겼다. 지금까지의 기술과학을 바꾸어 새로운 기술을 만들든지, 아니면 기술과학을 전면 부정하든지 해야 한다. 전자는 신과학 운동, 생태기술 또는 절제하는 기술로 나타나고 후자는 자연주의 또는 생태주의로 나타나게 될 것이다.

어떤 모양으로든 생태계 파괴를 그냥 보고만 있을 수는 없다. 문제는 어떤 방식으로 해결할 것이냐 하는 데 있다. 결론부터 말해서 기술과학을 전면 부정할 수는 없다고 보여진다. 기술과학을 부정하고 물활론 같은 범신론을 대안으로 내 놓는다면 그것은 환경보호에는 좋겠으나 지독한 인간 소외를 낳을 것이다. 만일 환경보호가 인류의 궁극적인 목적이라면 물활론이나 자연신을 섬기는 원시종교가 좋으리라. 그러나 인간의 궁극목적은 환경이 아니다. 환경을 보호하자는 것도 그래야 사람이 산다는 의식 때문이다. 사람의 목적은 사람이다.[2]

이것은 현대정신이 구현한 기독교 정신이다. 하느님이 사람을 위해서 죽을 정도로 사람이 귀한 존재임을 알리는 것이 복음이기 때문이다. 사람이 사람을 목적으로 대우하기 이전에 하느님이 먼저 사람을 목적으로 대우해 주셨다는 얘기다. 그런 예수 그리스도를 나의 목적으로 삼음으로 남을 목적으로 대접(사람의 목적은 사람)할 수 있을 때 참 자유할 수 있다면, 기술과학은 이미 타락한 세상 속에서 자유에 이르는 길의 역할을 어느 정도 할 수 있다. 기술과학 정신은 사람이 소외되는 것을 막는 데 중요한 역할을 했기 때문이다. 만일 인류가 다시 자연을 신처럼 받든다면 자연의 착취는 막을 수 있으나 사람이 사람을 소외시키는 일이 벌어진다. 자연신 앞의 인간은 자연의 순환에 내맡겨져 운명 앞에서 주체로 서지 못한다. 주체가 되지 못하므로 목적이 되지도 못한다. 그러면서 자연신 주변의 소수의 무리가 권세를 독점하고 부를 차지한다. 자연신에서는 자연만 주체이고 인간은 객체다. 주객 도식은 이용의 관계다. 자연이 자기 목적을 위해 인간을 이용한다. 인간은 그저 먹고 사는 문제를 보장받으며

---

[2] 여기서 '목적'이란 말의 의미를 이해하기 위해서는 "네 이웃을 네 몸과 같이 사랑하라"는 그리스도의 말씀과 "너 자신을 수단으로 생각지 않고 목적으로 생각하듯, 다른 인격(남)도 수단으로 취급하지 말고 목적으로 대우하라"는 칸트의 제2 정언명령을 생각하라.

자연에 끌려 다닌다. 자연이 인간을 소외시키는 것이다. 자연이 인간을 소외시킬 때, 반드시 그 안에는 인간을 소외시키는 인간의 무리가 있게 마련이다. 자연만 주체가 될 때, 자연스럽게 자리잡은 억압구조의 고리를 끊고 '사람'을 사랑하시는 하느님을 찾고 구현할 길이 없다.

선진국에서 간혹 일고 있는 생태주의에 대해 후진국이나 개발도상국이 탐탁치 않게 생각하는 데에는 그런 인식이 깔려 있는 것 같다. 쿠알라룸프 선언에서 보듯 후진국들로서는 개발을 포기할 수 없다. 개발이란 단순히 경제의 문제가 아니라, 국민 전체를 잘 살게 하여 대중사회를 이룩하는 민주화의 길이기도 하기 때문이다. 선진국은 이미 자연개발을 완료했고 이제 인공소재를 다루는 첨단산업으로 가기 때문에 마음놓고 생태주의를 주장할 수 있다. 그러나 후진국은 그렇지 못하다. 만일 선진국이 지구의 환경을 보호하려면 후진국의 개발을 막는 것보다는, 가능한 한 생태계를 파괴하지 않으면서 개발할 수 있는 생태기술이나, 무공해 소비제품, 대체 에너지 기술을 이전해야 하리라.

여하튼 자연이 신이 되는 범신론의 방식은 인류가 안고 있는 생태계 문제를 위해 옳지 않다. 인간이 주체가 되는 정신은 아직도 필요하고, 아직도 다 구현되지 않았기 때문이다. 그렇다고 현대의 기술과학처럼 자연을 마냥 객체로 보면 자연에 대한 착취를 원리적으로 막을 도리가 없다. 자연을 보는 눈, 곧 자연관에 변화가 있어야 하는 것은 사실이다. 이에 우리는 자연도 주체고 인간도 주체로 되는 관점을 찾으려 한다. 사실 생태계 문제를 하나의 윤리문제로 제기하는 태도에는 사람뿐 아니라 자연도 주체로 보겠다는 생각이 깔려 있다. 윤리란 주체 대 주체의 관계에서만 발생하기 때문이다. 우리가 꽃을 딸 때는 별로 느끼지 못하지만 동물을 죽일 때 웬지 께름칙한 감정을 갖는 것은 뭔가 주체 비슷한 감정을 동물에게서 느끼기 때문이다. 눈을 꿈벅꿈벅하거나 우는 소리를 내는 것이 자기의사와 감정을 표현하는 것 같기 때문이다. 그러므로 동물 살해에 대해 윤리 얘기가 끊임없이 제기되는 것이다. 그러나 지금까지 윤리란 사람 대 사람의 관계를 가리켰다. 역시 사람만 주체라고 생각했기 때문이다. 그러다가 이제 우리가 생태윤리라는 말을 쓰는 것은 생태계도 주체로 보아 사람과 자연의 관계를 윤리관계로 끌어들여야 하지 않겠느냐는 얘기다. 그러나 자연이 의사표시를 하는 것은 아니니 엄밀히 말하면 주체 '처럼' 보자는 것이다. 그러나 여하튼 가장 중요한 문제는 현대의 합리성을 거치지 않고 자연과 새로운 관계를 맺을 수 있겠는가 하는 점이다. 대상화 곧 주객도식을 거치지 않고 바로 자연과 주체 대 주체의 관계를 맺을 수 있겠느냐는 말이다.

II. 대상화: 해방의 과정

현대 기술과학의 문제는 환원주의라 한다. 모든 자연현상은 물질요소인 소립자로 이루어졌으며, 그것들의 물리·화학 반응으로 설명된다는 것이다. 어떤 존재나 현상을 물질들의 결합과 반응으로 설명해 낼 수 있다는 것이다. 그래서 그것을 기계론적이고 분석적 관점이라 한다. 그러나 요즈음 환경문제와 함께 목소리가 높아지는 신과학 운동은 유기체적이고 전일적인 관점을 가지려 한다. 그렇다고 해서 신과학이 합리적 탐구를 포기하는 것은 아니다. 합리적 탐구를 포기하는 한, 과학이 아니리라. 그러나 합리적 탐구를 하는 한, 분석의 방법을 배제할 수 없다. 경험관찰과 분석을 통해 어떤 법칙을 만들어 내지 않는다면 과학이 아닐테니 말이다. 그러므로 신과학의 전일적 세계관이란 지금까지 국부적인 분석의 총합이 전체라고 여겨 왔던 관점에서 벗어나, 전체를 통째로 보는 눈을 가지고 시작해서 그 속에 개체의 역할을 보겠다는 것이다. 그것은 사회과학에서 사회학의 출현과도 같은 효과를 겨냥하는 것이다. 곧 "사회는 개인의 축적과 다른 고유의 구조를 갖고 있다"고 본 에밀 뒤르껭의 사회학 말이다. 그리할 때 개인의 문제를 사회구조적으로 접근하게 된다. 요즘 과학에서 말하는 유기체적·전일적 세계관이란 것도 그런 전체적인 시각을 트려는 노력이리라.[3] 그것은 지금까지 현대기술과학의 대상화 작업을 얼마나 막을 수 있는가?

    기술과학의 핵심은 대상다. 대상화는 처음부터 소외구조다. 주객 도식이기 때문이다. 무엇이나 누구를 '대상'으로 본다는 말은 그(그것)를 나의 '상대'로 여기지 않는다는 말이다. 관계 단절이요, 커뮤니케이션이 없다. 거기서 소외가 발생한다. 성서에서 말하는 원초적 불행은 하느님과의 관계 단절이요, 거기서 비롯된 인간과 인간의 관계 단절이요, 거기서 비롯된 자연의 타락이다. 그것이 창세기 3장에서 노아 홍수까지의 메시지다. 남을 대상화하면서 이용하는 것은 자기 소외를 수반하며 일어나는 일이다. 이 세상의 삶이 어차피 이용하는 행위를 피할 수 없기 때문에 성서에서 볼 때 이 세상 삶은 소외와 악으로 얼룩져 있다. 여하튼 불행의 핵심이 관계 단절이라 할 때, 악과 소외의 극복은 관계 회복을 통해서만 가능하다. 성서는 하느님과의 관계 회복을 통한 나와 나의 화해, 나와 남과의 관계 회복, 그리고 인간과 자연, 피조물과 피조물의 관계 회복(이사야 11장)을 해방의 길로 제시한다.

    그런데 문제는 인류의 역사에서 볼 때 적어도 자연에 관한 한, 우리가 대상화하지 않고는 소외를 극복할 수 없다는 점에 있다. 대상화라는 소외구조를 통하지 않고는 소외를 극복할 수 없다는 얘기

---

[3] 참조. 러브록, 308 : "시스템은 부분들의 합이 결코 될 수 없다." 예를 들어 인간이라는 세포의 집합체가 항상 일정한 온도를 유지하는 것은 각각의 세포를 아무리 들여다 보아도 절대로 유추할 수 없다(54-55).

다. 그것이 타락 이후 인간의 현실이다. 지금 우리가 사는 세계는 하느님이 만드신 원래 그 세계가 아니다. 이미 선악과를 따먹어 타락한 세계다. 우리가 자유하는 길이 선악을 거쳐 넘어서야 하는 데 있으며, 선악을 거치지 않고서는 안되듯이, 대상화를 거쳐 넘어서야 한다. 선악을 안 것이 이미 소외구조이지만 그렇다고 선악을 구분하지 않고 살아간다면 인간사회가 자유를 실현할 수 있을까? 이미 선악 이전으로 돌아갈 수 없는 데 말이다. 우리에게 남은 길은 선악을 건전하게 구별하며 나아가 그것을 넘어서는 것이다. 악을 없앨 수는 없으며 악을 극복하는 일만 남았다. 그런 의미에서 율법은 몽학선생이다. 이래라 저래라 하는 당위를 거치지 않고는 존재의 자유를 얻을 수 없는 것이 타락한 세상 속의 인간 현실이다. 존재의 자유에는 당위가 없지만 그것은 당위를 극복했으며 계속 극복하고 있는 것일 뿐, 아예 당위가 없었거나 사라진 것은 아니다. 마틴 루터가 생각한 반율법주의는 무규율의 혼란을 낳았다.

  마찬가지다. 이미 인간이 맺은 하느님과 자연과의 관계가 비뚤어졌다. 그런 가운데 자연과 해방의 관계를 맺는 방법은 대상화를 거쳐 대상화를 넘어서는 것이다. 장회익 선생이 온 생명을 주장하니 오히려 이제 인류는 자연과 좋은 관계를 맺을 수 있다고 한 것도 그런 뜻이리라.[4] 온 생명을 주장하게 된 것도 과학을 통해서이기 때문이다. 대상화를 통해 연구해 보니까, 대상화에 안주해서는 안된다는 것을 아는 것이다. 합리적 연구의 대상이 되어야 한다. 만일 합리적인 앎의 대상이 안되면 한 사람의 깨우침으로는 남지만 응용력과 대중성을 잃는다. 무엇이든 합리적으로 일관되게 이해하는 노력이 필요하다. 그 일관성이란, 흩어져 있는 여러 체험들을 묶는 것이요, 대중에게 무슨 메시지를 준다는 말이다.

---

4) 강원돈/양명수/양재혁/장회익, "과학기술혁명과 새 문화"(심포지움), 『신학사상』, 75(1992), p.1058.

오늘날 환경파괴의 원인을 현대 기술과학의 대상화에 둔다. 과학자들 중에는 기술과 과학을 구분하여 과학은 환경파괴에 책임이 없다고 하나, 하버마스가 말하는 대로 과학에 이미 기술적 관심이 들어 있다. 기술적 관심이란 자연을 이용하려는 관심이다. 과학지식이 만들어지는 과정에 이미 자연을 이용하려는 의도가 들어 있다. 그것은 대상화를 통해 이루어진다. 과학적 관찰이란 대상화를 전제로 한다. 대상화란 거리를 떼어 놓고 객체화하는 것이다. 다시 말해 주객 도식을 성립시키는 것이다. 주객도식은 이용하는 관계다. 주체가 객체를 이용하는 관계다. 데카르트 이후 인간이 주체로 등장한 것은 자연을 객체로 대상화하면서 이루어진 일이다. 객체는 주체를 위해 있다. 주체를 위한 수단이요, 이용의 대상이다. 이용이란, 말 그대로 이롭게 쓰는 것이므로 그릇된 것이 아니다. 한 편이 자기를 위해 다른 한 편을 일방적으로 쓰는 것이므로 커뮤니케이션의 구조는 아니지만 말이다. 원래 기술과학은 그런 이용을 위한 것이었다. 인간을 위해 자연을 쓰자는 것이었다. 그러나 상대방을 전혀 고려하지 않는다는 면에서 이용은 착취로 갈 수 있다. 착취란 상대방의 근본을 파괴하는 것이다. 오늘날 생태계 파괴가 거기서 비롯된다. 그러나 상대방의 근본이 파괴되면 이용할 수도 없고, 이쪽의 존속도 어렵게 된다. 그처럼 이용에서 착취로 가는 길을 막을 수 있는 방법이 지금까지 대상화를 바탕으로 한 현대 기술과학에는 없다. 그런 점에서 의식철학과 함께 발전한 기술과학은 자연파괴의 주범이라 할 만하다.

그러나 앞에서 말했듯이 대상화는 타락한 인간이 취하는 해방의 몸부림이다. 인간이 대상화하지 않고 대상화당한 시절이 있었다. 인간의 타락 이후 자연은 인간에게 무시무시한 신이었고 인간은 자연의 비위를 거스리지 않고 섬겨야 했다. 자연이 신격화되었다. 그것이 자연의 타락이다. 타락의 핵심은 하느님 아닌 것이 '하느님처럼'(창세 3,5) 되는 데 있다. 하느님처럼 되는 것은 신격화를 뜻한다. 그것은 소외로 직결된다. 사람이든 자연이든 신격화되는 순간 소외가 발생한다. 소외란 바깥으로 밀어내어 홀로 떨어뜨림을 가리킨다. 이 낱말은 헤겔과 마르크스 이후 흔히 쓰는 말이 되었는데, 원래 성서에서 볼 때 인간의 불행을 가장 잘 나타낼 수 있는 개념이다. 소외라는 낱말이 한마디로 자기분열, 관계단절을 가리키기 때문이다. 인간이나 자연을 신격화하면 자기분열과 관계단절의 소외가 발생한다. 사람이 사람을 신격화할 때는 주종의 관계가 발생해서 사람과 사람 사이에 소외가 형성되고, 사람이 자연을 신격화할 때는 사람과 자연 사이에 소외가 발생한다. 자연으로부터 소외당한 인간은 기본적으로 자연의 순환에 내 맡겨져 창조도 모르고 두려움 속에서 운명에 매여 산다. 물론 어느 정도의 문화창조가 있다 하더라도, 자연신을 섬기는 민족은 기본적으로 주어진 것에 순응하며 역사의식이 없다. 사람과 자연과의 관계는 한 사회내의 인간관계 곧 사회관계를 결정한다. 사람과 자연의 관계가 주객도식으로 되면서 자연이 주님이 되고 결국 사람과 하느님과의 관계가 어긋난다. 하느님과의 관계가 어긋난 상태는 곧바로 어긋난 인간관계, 곧 어긋난 사회관계로 드러난다. 하느님과의 관계가 어긋났을 때 인간은 결코 주체가 될 수 없다. 결국 거기에는 주체적인 사회관계가 없으므로 믿음이 없는 사회가 된다. 원시종교성, 곧 미신(迷信)이란 믿음이 없다는 뜻이다. 자연신과 미신이 동일개념은 아니다. 그러나 어떤 사회에 미신과 타부가 많다는 것은 믿음 없이 불신이 지배한다는 것이요, 그것은 다시 무슨 주체적 관계가 형성되지 않았다는 얘기다. 한 사회의 구성원 밑에 운명론적인 원시종교성이 자리잡고 있을 때 그런 상태에서 벗어나기 어렵다.

그런 소외상태를 극복하기 위해, 주객이 전도된 새로운 소외상태로 접어든 것이 현대 기술과학의 대상화다. 인간이 주체가 되어 자연을 객체화한 대상화다. 주객이 전도되었다. 주객도식은 여전하지만 이제 인간은 대상화당하지 않고 대상화를 감행하게 된 것이다. 물론 현대 기술과학 이전에도 기술과학이 있었지만 현대만큼 대중정신으로 자리잡지 않았다. 이제 대상화 정신, 곧 떨어뜨려 놓고 보는 정신은 객관성과 맞물려 인간의 생활을 지배하게 되었다. 사실성이 강조되었다. 사실성이 곧 객관성이요, 객관성이 진리다. 대상화를 통한 과학적 사실은 객관적인 진리로 의심치 않게 되었다. 실제로 삶의 과학화는 많은 공헌을 하였다. 많은 것이 정리되었고 막연한 관습은 분석을 통해 미신임이 가려졌다. 미신이 사라지면서 그 공백을 인간의 합리성이 메우게 되었다. 인간이 자기 삶의 주도권을 잡게 된 것이다. 합리성에 대한 믿음이 생기면서 인간은 주체요, 목적이 되었다. 전에, 자연이 주체이고 인간은 객체일 때, 인간은 자연의 일부였다. 자연 속에 파묻혀 자연이 돌아가는 대로 같이 돌아갔다. 그러나 이제 자연이 인간의 일부가 된다. 그것이 데카르트의 "나는 생각한다, 그러므로 존재한다"는 이상한 말의 핵심이다. 자연은 인간에 대한 자연만 있다. 인간에 대하여(for) 있다는 말은 인간을 위하여(for) 있다는 말이다. 자연의 이용이 시작되었다. 과학을 통해 자연법칙을 발견하게 되었다. 법칙을 알아냈다는 말은 자연의 재앙을 미리 막고, 나아가 이용할 수 있게 되었다는 말이다. 인류의 진보를 믿게 되었고 진보는 산업화를 통해 이루어졌다. 경제물량이 많아지면서 전반적인 생활수준이 향상되었다. 생활수준의 향상은 인간이 인갑답게 되는 데 중대한 역할을 했다. 이제 역사와 자연이 분명히 구분되었다. 자연은 인간의 역사 창조를 위해 봉사할 대상이었다.

  그러나 그 과정에서 인간은 점차 하느님을 잊게 되었다. 역사의 주인이요, 창조자로 등장하게 된 것이 하느님의 은혜임을 잊게 되었다. 성서의 하느님은 우리를 종이 아닌 아들로 삼으심으로 우리를 주체로 삼으시는 분이다. 주인의 아들은 주인이기 때문이다. 그래서 하느님과 인간의 관계를 주체(주인된 몸) 대 주체의 관계로 보는 것이 거룩하신 성서의 하느님이다. 인간을 객체로 보고 스스로 우상으로 군림하려는 원시종교의 신과 다르다. 성서의 하느님은 인간을 위해 죽으셨다. 그것은 인간을 목적으로 삼으셨다는 것이다. 내가 하느님을 내 인생의 목적으로 삼기 전에 하느님이 나를 먼저 목적으로 삼으셨다. 그것이 주 예수 그리스도의 은혜다. 하느님은 나보다도 더 나에 가깝고, 나보다 더 나를 사랑하신다. 그러므로 나와 나의 분열을 극복하고 주체로 서는 일은 하느님의 은혜로 가능하다. 인간이 인권을 선언하고 목적으로 대접받는 것도 하느님의 은혜 밖에서는 실패로 끝날 수밖에 없다. 인권선언은 하느님이 먼저 해주셨기 때문이다.

그러나 현대정신은 그러한 영성을 잊어버렸다. 주인이 된 인간은 자기를 주인으로 만든 분의 은혜를 잊어버렸다. 현대정신이 인간해방의 기수로 합리성을 주장하지만 합리성은 초월성 없이 불가능함을 그들은 쉽게 잊어버렸다. 물론 그 점을 모른 것은 아니다. 칸트는 종교의 필요성을 알았다. 초월성 없이는 보편정신도, 윤리도, 인간이 목적이 되는 것도 불가능하다는 것을 알았다. 그래서 그는 『실천이성비판』의 변증론에서 신존재 증명을 했다. 그러나 그 신은 내 기도를 들으시는 살아계신 하느님이 아니라 인간의 필요를 채우는 가설로서의 신이었다. 하느님이 점차 객체화되어 갔다. 자연을 대상화한 기술과학 정신은 하느님까지 대상화하게 되었다. 대상화에 잡히지 않는 것은 실재가 아니라고 보았다. 그러니 하느님은 실재가 아니게 된다. 중세의 유명론의 연장선상에 있는 현대 기술과학정신으로 주인이 된 인간에게 살아계신 하느님은 귀찮게 된 셈이다. 종교가 있으면 되지, 하느님은 자율로서의 자유에 방해가 되었다. 하느님을 하느님 '처럼' 보았다. 그러나 하느님은 하느님이지 신격화의 대상이 아니다. 하느님처럼 된 하느님은 죽은 하느님이다. 얘기가 되기 위해 필요한 가설로서의 하느님, 개념으로서의 하느님은 죽은 하느님이다. 성서의 하느님이 아니다. 결국 기독교의 영성을 바탕으로 인간 해방을 위해 나온 기술과학 정신은 그 대상화 작업을 통해 하느님의 죽음을 선언하기에 이르렀다.

원래 자연(自然)이란 '스스로 있는 것'이란 뜻이다. 스스로 있는 것은 신이니, 자연이란 말 자체에 신이라는 뜻이 들어 있다. 현대 기술과학은 대상화를 통해 그 자연을 비신성화했다. 그러나 하느님마저 대상화의 틀로 이해하려 들었다. 그래서 하느님을 배제했다. 야스퍼스가 말하는 대로 과학이 미신이 되었다. 하느님 없는 인간은 자연과 더 이상의 성숙된 관계를 맺기가 어렵다. 자연 착취를 원리적으로 막을 수 있는 길이 없다. 자연을 피조물로 볼 수 있는 눈을 상실했기 때문이다. 생태계 문제를 위해 우리가 찾는 길은 사람과 자연이 주체 대 주체의 관계를 정립하는 것이다. 그리고 그 길은 자연을 피조물로 볼 때 가능하다.

III. 새로운 과학 논의들—가이아 이론 비판

자연을 주체처럼 보는 태도가 필요하다. 하느님처럼 본다는 말이 아니다. 인간이 주체로 서기 전에는, 자연을 주체로 보는 것은 곧 하느님처럼 보는 것을 뜻했다. 합리성을 세운 이후에나 자연을 신 아닌 주체처럼 보는 것이 가능하다. 주체 대 주체의 관계는 성숙한 관계다. 합리성 이전이 아니라 합리성을 세운 후 그것을 넘어 선 관계다. 그러므로 그것은 현대의 기술과학을 거쳐 넘어서야 가능하다. 그 과정에서 합리성은 줄곧 중요한 역할을 담당한다. 우리는 기독교 신앙이 비합리적인 것이 아님을 알아 한다. 합리성을 넘어서는 것이지 반합리적인 것이 아니다. 합리적이어야 할 때 합리적일 수 있게 하고 때로 그것을 넘어 감싸는 역할까지 하는 것이 기독교 신앙이다. 이제 자연을 하나의 주체처럼 보려는 과학이론들이 생겨나고 있다.

하이젠베르크의 불확정성이나 닐스 보어의 상보성은 철학에서 말하는 해석학적 순환을 연상케 하는 이론이다. 과학의 인식론에 새로운 장을 열었다. 하이젠베르크에 따르면, 지금까지 뉴우튼 물리학이 생산한 과학지식은 폐쇄된 공간내에 정적인 상태에서 얻은 지식이다. 사실 지금까지의 과학적 지식이란 여러 가지 경험들을 근거로 귀납적으로 얻어낸 것이다. 그것은 움직이는 것을 서 있는 상태로 만들어야 가능하다. 또 비슷한 것은 같은 것으로 볼 때 가능하다. 그것이 기계론적 사고방식의 특성이다. 그러므로 엄밀히 말하면 과학적 지식은 확률이다. 하이젠베르크가 그 점을 분명히 했다. 더군다나 그에 따르면 과학지식은 전체를 보지 않고 부분을 보는 것에 지나지 않는다. 전체는 곡선인데 그것을 측정할 수 없으니까 수많은 직선으로 살세 나누어 측정하는 것과 같다. 닐스 보어에 따르면 과학지식은 이미 그 대상에 참여함으로써 얻어지는 것이다. 주체 객체로 대상화된 상태에서 얻어지는 것이 아니라 객체에 대한 전이해를 이미 가지고 관찰하는 것이다. 과학지식이 참여지식이라면 이미 지금까지의 주객도식과는 다르다. 딜타이에 따라 과학 인식은 '설명'으로 보고 철학 인식은 '이해'로 본 구분이 희미해졌다. 설명은 일방적인 관찰과 분석을 통해 '사실'을 얻어내는 것이라면 이해는 해석학적 순환을 통해 '진실'을 구하는 것이다. 그동안 과학주의는 사실이 곧 진실이라고 하여 진실을 사실로 환원하려고 했다. 그러다가 이제 신과학 운동과 함께 사실을 진실의 문제로 환원하게 될 지경에 이른 것이다. 사실과 달리 진실은 믿음과 연계된다. 폴 리쾨르가 『악의 상징』의 결론에서 말하듯이, 해석학적 순환은 한마디로 '알아야 믿는다, 그러나 믿어야 안다'는 공식으로 설명된다. '알아야 믿는다'가 옳은 한 과학 합리성의 입지는 사라지지 않는다. 그러나 '믿어야 안다'가 옳은 한, 과학사실은 과학의 문제이기에 앞서 철학적 진실의 문제다. 믿어야 안다는 것은 앎의 대상에 참여해야 앎이 생긴다는 것이다. 그때 그 앎의 대상은 이미 현대 기술과학의 주객도식 속의 객체가 아니다. 대상이 아니라 상대다. 이미 이쯤되면 신과학 이성은 폴 틸리히가 『조직신학 1권』에서 말하는 존재론적 이성에 가깝다. 지금까지의 기술이성은 데카르트의 이원론에 따라 주관의 로고스만 인정했지만 이제 객관적 로고스까지 인정하는 셈이다. 이 세상 안에 로고스가 있다면 사람과 대화의 상대가 된다는 얘기다. 이용의 '대상'이 아니라 대화의 '상대'가 되는 셈이다. 여기서 자연에 대한 착취를 막을 수 있는 새로운 과학인식론의 탄생을 본다.

생태계 문제와 함께 관심을 끄는 신과학 이론으로 러브록의 가이아 이론이 있다. 가이아란 그리이스 신화에 나오는 대지의 여신이다. 그 명칭이 암시하듯 가이아 이론은 이 지구 생태계를 하나의 신적 실체로 보는 경향이 있다. 만일 러브록이 말하는대로 가이아(지구생태계)가 '생명의 가장 큰 형태의 구현물'이요, '하나의 단일 생명체'요, '생명의 기원에서부터 시작하여 생물이 살아남는 최후의 순간까지 시간적으로 연속성을 갖는 실체'(55)요, '불멸의 존재'(298)라면 그것은 신적 실체가 될 가능성이 많다. 가이아가 하나의 유기체요, 인간은 그 유기체를 이루는 여러 세포 무리의 하나와 같다면(83), 이 자연은 사람을 초월하여 사람을 품고 있으며, 사람은 가이아를 위하여 있기 때문이다. 실제로 러브록 자신이 성모 마리아와 가이아를 혼동하는 신비감에 빠지기도 하고 '살아 있는 자연의 숭배'(302)를 말하고, '신과 가이아가 한데 어울려 함께 숭배되던 모든 장소들에서 완전히 결별된 채로 방치'(303)된 것을 안타까워한다. 그는 '고대의 원시신앙과 현대의 지식이 정서적으로 융합된 깊은 경외심'을 들먹인다. 자연에 대한 경외심은 분명 현대과학이 잃어버린 부분이다. 그러나 원시신앙에 있던 경외심으로는 자연은 건드리면 안되는 것이었다. 따라서 인간과 무슨 관계를 갖는 것도 아니었다(인간을 객체로 놓는 주객도식은 관계가 아니다). 인간은 자연 속에 파묻혀 있었다. 그것은 인간의 소외를 낳고, 인간의 기술과학은 자연을 거리를 두고 보는 대상화를 통해 소외를 극복하고자 했다. 인간을 소외시키는 자연은 그 스스로 소외된다. 신격화된 자연, 곧 타락한 자연이 그랬다. 그러므로 현대 지식의 해방성을 간과할 수 없다. 그래서 러브록은 원시신앙과 현대의 지식이 정서적으로 결합된 경외심이라는 묘한 표현을 썼을 것이다. 원시신앙은 과학으로 어느정도 극복되고 과학지식은 원시신앙으로 어느 정도 극복되는 것을 말하는 것 같다. 그러나 가이아가 자기조절능력을 지닌 신적 실체로 부상한다면, 가이아론은 이중의 문제를 가질 수 있다. 원시신앙이 지닌 문제와 현대지식이 지닌 문제를 모두 안고 있다 할 수 있다. 원시신앙이 지닌 자연의 신격화 문제(물활론은 아닌 것 같다)가 있다. 그리고 사연을 하느님의 피조물로 보기엔 너무나 과학적인 분석을 넘어서지 않고 있다. 가이아 이론을 가리켜 '안이한 원시종교적 세계관이 함축되어 있다'(장회익, 1992, 151)고 한 것은 첫 번째 문제와 관련된 옳은 비판이다. 또 가이아 이론이 '지구전체를 하나의 유기적 시스템으로 보고 전일적인 취급을 했다고 하여 반드시 환원주의를 극복했다고는 볼 수 없다'(소광섭, 1992, 14)는 소광섭 선생의 비판 역시 둘째 문제와 관련하여 적절한 비판이다.

가이아 이론은 '지구는 살아 있다'는 말로 표현된다. 지구가 살아 있다는 말은 지구 안에 많은 생물체가 있지만 지구가 하나의 단일 유기체처럼 존재해 결국은 모든 생물체와 무생물체가 지구를 살리는 방향으로 협력한다는 것이다. 이것은 눈을 지구 생태계 전체에 돌리게 하는 전일적 세계관의 효과를 가진다. 개체 하나하나가 돌아가면서 지구 생태계가 돌아가는 것이 아니라, 지구 생태계가 돌아가면서 개체가 돌아간다는 점을 새롭게 인식한 것이다. 가이아는 개체 생물의 집합이 아니라 독립된 구조가 있다는 말이다. 전체의 입장에서 개체를 조절해 나간다는 것이다. 이것은 전체가 살아야 개체가 산다는 점을 분명히 해준다. 더구나 가이아 이론이 이룬 코페르니쿠스적 전환은 생물과 환경(무생물)의 관계다. 지금까지는 환경에 맞추어 생물이 진화했다고 생각했는데, 가이아 이론에 따르면 오히려 생물들이 전체 생태계를 유지하는 방향으로 환경을 조성한다는 것이다. 다른 별들의 대기가 화학적 평형상태에 있는 데 비해 지구의 대기는 화학적 비평형 상태(예를 들어 화학적으로 반응하게 되어 있는 산소와 메탄이 대기에 공존하는 것. 러브록 68)에 있는 것은 생물체들이 자기의 필요에 따라 환경을 주도하기 때문이라고 보았다. 지구 생태계의 능동성이다. 지구가 살아 있다고 하는 또 하나의 이유다.

그러나 가이아 이론이 자연을 신격화하는 것 아니냐는 의심은 생태계내에서의 인간의 역할 때문이다. 가이아를 하나의 생명체로 볼 수 있느냐, 자기조절을 통해 항상성을 유지하는 유기체로 볼 수 있느냐에 대해 논란이 많지만, 러브록은 그 점에 대해 거의 신앙에 가까운 믿음을 지니고 있는 것 같다: "신에 대한 믿음은 마음에서의 결정이며 또한 앞으로도 그러할 것이다. 이와 마찬가지로 가이아가 살아 있다는 것을 증명하려는 노력 또한 헛된 것이리라"(러브록, 298-299). 여기서 가이아 이론은 상당히 선언성을 띠고 그래서 가이아 이론의 과학성 여부에 논란이 많다. 그러나 과학이론도 해석학적 순환에서 벗어날 수 없는 한 어느 정도의 선언성 곧 신앙적인 측면을 배제할 수 없다고 본다. 가이아 이론이 앞으로 그 과학성에도 더 신경을 써야 되겠지만, 여기서 우리가 따질 문제는 그 이론이 인류의 문제 해결에 얼마나 도움을 주겠는가 하는 점이다. 문제는 가이아 안에서 개체 또는 어떤 특정한 종의 역할이 미미하다는 점이다. 인간의 역할이 미미하다. 사회학으로 말하자면 에밀 뒤르껭식의 방법론적 전체주의는 있는데(사회가 개인을 만든다), 막스 베버 식의 방법론적 개인주의(개인이 사회를 만든다)는 없는 셈이다. 가이아의 목적은 자신을 유지하는 것, 곧 '생물들이 살기에 적당하도록 유지하는 것'이며 특별히 인간을 목적으로 하지 않는다. 자연은 자연을 위하여(대하여) 있다. 그야말로 '스스로 있는 자'로서의 자연이니 신격화된 자연이다.[5] 자연은 자연을 위하여 있고 생물들을 위하여 있으며, 특별히 인간을 위하여 있지는 않다. 거기서 자연에 대한, 자연을 위한 인간이란 말은 성립될지 모르나 인간에 대한 자연이란 말은 성립되지 않는다. 인간이 주체로 설 여지가 없다. 가이아가 자기조절을 하기 때문에 인간이 특별히 생태계를 파괴하지도 못한다. 주체가 아니니 특별히 책임질 이유도 없다. 실제로 가이아 이론은 환경보호론자나 생태주의자들과 달리 환경문제에 대해 상당히 낙관적인 것 같다(260). 그러므로 환경문제 해결을 위해 가이아 이론이 얼마나 기여할 지는 두고 봐야 한다는 것이 학자들의 견해다. 여하튼 사람이 주체로 서지 않는 한 자연과 주체 대 주체의 관계를 맺기 어렵다. 우리는 현대 과학정신이 확립한 인간의 주체성을 잃으면 안 된다. 인간은 주체로 서고 그 다음 자연을 주체 '처럼' 보는 태도가 필요하다. 자연이 먼저 거대한 주체가 되고 인간은 그 사이에 끼인 존재가 되면 인간 소외가 발생할 뿐 더러 기왕에 벌어진 환경문제를 해결할 수도 없다. 인간이 책임질 일도 없기 때문이다. 이런 이야기를 인간중심주의라고 비난하면 안된다. 어떻게든지 인간이 자연에 '대해' 주체로 서야 한다는 것은 인간이 책임을 지기 위해서도 필요

---

5) '스스로 있는 자'란 존재론적인 말이지만 관계의 개념이기도 하다. 곧, 본질상 '타자에 대한 자기'로 존재하는 것이 아니라, '자기에 대한 자기'로만 존재하는 것을 가리킨다. '자기에 대하여 있는 자기'는 본질상 자기를 위한 존재다. 그래서 헤겔은 칸트의 대자적 관계(자기에 대한 자기의 관계)를 비판했다.

하다. '대한다'는 것은 거리를 두는 것이요, 그것은 다시 '대상'(對象)으로 보는 것과 '상대'(相對)로 보는 것이 있다. 우리가 문제의 해결책으로 보는 것은 후자다. 그러나 전자도 필요하다고 했다. 대상화를 거쳐 상대화로 가자고 했다. 인간중심주의라고 비난하지만 사실 인간은 인간중심이 될 수밖에 없다. 어떻게 설득할 것인가? 자연을 보호하고 주체처럼 보는 것이 인간을 위해서도 좋다는 식으로 설득할 수밖에 없지 않을까? 자기의 관점이 환경론자들과 다르다고 하면서, '인류의 문제 대신 지구의 건강성에 관심을 두는 새로운 학문분야가 필요하다'(25)는 러브록은 그 점을 잊고 있는가, 아니면 가이아를 강조하기 위한 수사법인가?

장회익 선생의 온 생명 개념도 마찬가지다. 한 인간을 개체생명으로 볼 때 보생명인 자연을 잘 보호해야 그 인간이 온전하게 생명을 누릴 수 있음을 알자는 얘기다. 그래서 온 생명 이론은 생명의 단위를 자유 에너지가 공급되는 항성-행성의계로 봄으로써 전일적 관점을 제공함과 동시에 환경보호를 위한 인간의 책임성을 강조하고 있다. 우리가 가이아 이론보다 온 생명 이론에 더 주목하는 것은, 그 온 생명이 자기조절 능력을 지니고 항상성을 유지하는 실재가 아니라는 점이다. 자유에너지 개념도 지구생태계를 신격화하지 못하도록 하는 역할을 한다. 온 생명 이론의 관심은 인간이다. 전체 생태계가 살아야 인간이 산다는 것은 가이아 이론과 같으나, 개체생명이 중시된다. 온 생명이 돌아가는 데 따라 개체생명도 같이 돌아갈 뿐 아니라, 인간이라는 개체생명들이 어떻게 하느냐에 따라 온 생명은 치명타를 입을 수도 있고 건전하게 유지될 수도 있다(장회익, 1989, 151-152). 인간은 온 생명 안에 있지만, 인간이 인간과 그 나머지를 나누게 된다. 그때 자연은 인간의 보생명이 된다. 보생명이란 co-life 곧 공생공존하는 생명이다. 환경이란 말이 보생명이란 말로 대치된다(148). 보생명은 환경에 비해 훨씬 적극적이다. 인간에 '대하여' 있지만 인간이 마음대로 손 안에 넣고 주무를 수 없다는 정서를 지닌 개념이다. 환경이란 말이 좀더 대상화된 사물의 느낌을 은연중에 준다면 보생명이란 낱말은 대상화할수 없는 살아 있는 무엇의 느낌을 준다. 인간에 대하여 있으면서 함부로 대상화되지 않는 것, 그것은 인간의 상대다. 여기서 인간과 자연은 서로 '상대'로 더불어 사는 관계일 것이 요청된다. 온 생명 이론은 성서의 영성과 상당히 가깝게 만날 수 있는 과학이론이다.

IV. 결론: 자연이 아닌 피조물

우리는 자연을 피조물로 보는 신앙을 통해 자연을 신격화하지 않으면서 착취의 대상으로 삼지 않는 길을 찾을 수 있다고 본다. 성서의 피조물 신앙은 우선 자연의 신격화를 막는다. 자연이 누군가에 의해 만들어졌다면 궁극적인 관심은 만든 분을 향한다. 자연 그 자체에 쏠리지 않는다. 물질과 공간에 대한 초월이요 비신성화다. 사람도 만들어진 존재다. 그러므로 사람이 만드는 시간 곧 역사에 대한 초월이요 문화에 대한 비신성화다. 세상과 그 안에 있는 모든 것을 피조물로 보는 기독교 신앙은 결국 하느님의 부름을 좇아 자연과 역사를 넘어서는 초월이다. 자연과 역사를 떠나는 것이 아니라 넘어서는 것이다. 자연과 역사를 중시하되 자연주의와 역사주의(역사 내재주의)를 모두 배제한다. 자연주의처럼 사람을 자연의 일부로 보지도 않고, 현대 기술과학이 낳은 역사주의처럼 자연을 사람의 일부로 보지도 않는다.

성서에 따르면 자연은 분명 인간을 위하여 있다. 인간에 대해 있다는 말이다. 자연은 인간에 대한 자연이다. 거기서 대상화의 가능성이 있다. 그러나 그 '인간에 대한 자연'은 마음놓고 함부로 대상화할 수 있는 것이 아니다. 자연은 인간에 대하여 있지만 동시에 하느님에 대하여 있기 때문이다. 자연이 하느님을 위하여 하느님을 찬양한다는 것이 시편 104편의 영성이다. 그러므로 자연은 나름대로 하느님을 찬양하는 주체다. 성령이 충만한 프란치스코는 새들과 꽃들이 하느님을 찬양하는 소리를 들었다. 주위의 생물과 무생물이 우연히 있는 것이 아니라 하느님이 만드신 것이라 믿을 때 우리는 바위 하나에서도 신비감을 느낀다. 그 신비감은 존재의 기원을 따져 올라갈 때 느끼는 과학적 형이상학(쟝 기똥, 『신과 과학』, 고려원)보다 더 친밀한 신비감이다. 존재론적 신비주의(가톨릭에서 많이 보이는) 보다는 윤리적 신비주의와 더 가까운 무엇이다. 자연에 흡수되는 원시종교의 신비감과도 다르다. 그것은 친구(다른 사람)를 '마주 대할 때' 느끼는 신비감과 같다. 뭔가 얘기가 통할 것 같은 신비감이다. 대상을 거쳐 자연을 상대로 보는 정서다. 한스 발터 볼프(『구약성서의 인간학』, 분도출판사)가 창세기 1장과 2장의 놀라운 공통점이라고 보는 것도 그 점일 것이다. 곧, 두 이야기 모두 인간과 동물을 아주 직접적으로 가까운 관계로 본다고 한다. 동시에 인간에 대한 하느님의 특수한 태도 때문에 인간은 끝없이 동물과 구별되어 있다고 한다(173). 둘째 특징은 자연이 인간에 대하여 있음(인간에 대한 자연)을 말하는 것이고, 첫째 특징은 그 '대하여 있음'이 단순히 '대상'화로 끝날 수 없고 인간의 '상대'로까지 감을 암시한다.

    성서에 따르면 자연은 인간처럼 하느님이 자기의 뜻에 따라 말씀으로 지으신 것이다. 그러므로 자연에는 하느님의 무슨 '뜻'이 들어 있고 '말씀'이 들어 있다. 자연에서 로고스가 보이는 것이요, 무슨 의미가 보인다는 말이다. 의미가 생명이다. 무심코 있던 주위가 생명(로고스)을 갖고 일어선다. 썩은 나무는 쉽게 꺾어 버릴 수 있어도 물오른 나무는 웬지 꺾기 싫다. 우리가 우리 주위에 있는 것들을 하느님의 피조물로 볼 때, 그것들에 물이 차오른다. 대상화 속에서는 자연이 살았어도 죽은 것 같았다. 그러나 피조물로 볼 때 자연은 생명이 넘친다. 무슨 의미가 있다고 여겨지는 것은 함부로 하지 못한다. 함부로 하지 못하는 것이지 전혀 건드리지도 못하는 것은 아니다. 물활론이나 자연신 하고는 다르다는 얘기다. 피조물 신앙에서 자연은 어디까지나 사람에 대하여 있다. 다만 하느님께 대하여도 있을 뿐이다. 여기서 우리는 대상화를 거쳐 상대화로 가는 길을 발견한다. 자연이 인간의 상대가 되어 공생공존하는 길을 발견한다. 자연과 인간이 주체 대 주체의 관계를 맺는 길이다. 물론 여기서 자연을 주체로 본다는 것은 주체 '처럼' 본다는 것이다. 그것은 자연을 이용하되 착취하지 못하는 길이다. 하되 함부로 하지 못하는 길이다. 자연을 피조물로 보는 관점은 산업사회 속에서 환경을 보호해야 하는 현대인에게 귀한 신앙의 유산이다. 환경문제에 관심하는 과학자들에게 필요한 영성을 제공하리라 믿는다. 과학이라는 것도 결국 무슨 세계관 또는 영성의 문제이기 때문이다.

〈참고자료〉
제임스 러브록, 『가이아의 시대』, 범양사, 1992.
"지구는 살아 있는가 - 가이아 이론에 대한 학술적 검토" (소광섭, 홍욱희, 장회익, 고철환의 논문), 『과학사상』, 4(1992).
장회익, "생명의 세계 속의 인간", 『후기산업시대의 세계 공동체 5: 환경』, 우석, 1989.

IX
포스트모더니즘과 한국 사회의 윤리

1. 들어가는 말

포스트모더니즘 또는 탈현대에 대해 논의해야 하는 이유는 근대화라는 이름으로 현대성이 우리 사회에 발을 들여놓았기 때문이다 (우리는 포스트모더니즘을 탈현대 정신으로 부르기로 한다. 따라서 그 현대성을 문제 삼는 탈현대 정신을 모른 채 지나칠 수 없다. 현대성의 핵심에는 기술정신이 있다. 그러므로 탈현대 정신이란 기술문화에 대한 반발의 측면이 크다. 그러므로 만일 우리가 포스트모더니즘의 부당성을 지적한다면, 그것은 기술이 가져온 인간해방을 변호하는 것이다.

한국 사회에 탈현대의 모습이 있는가? 논란의 여지가 있지만 상당한 부분에서 그런 모습이 나타나고 있음이 사실이다. 그러나 그런 모습이 나타난다는 사실이 그래도 좋다는 것을 뜻하지는 않는다. 한번 따져 보고 주체적으로 처리할 방도를 강구해야 한다. 현대성이 그랬듯이 탈현대성 또한 문화유입 현상을 따라 들어왔다. 그 시발지는 모두 서구사회이다. 개항 이후 오늘날에 이르기까지 우리사회의 가치는 현대성이 지배했다. 조국 근대화라는 이름 밑에서 말이다. 현대화가 모든 사회행위를 정당화했다. 17,8세기 이후 3,4백년 간 서구사회를 지배해 온 사상이 지난 백년 동안 우리 사회에 적어도 외형적으로 큰 변화를 낳았던 것이다. 그리고 이제 지난 1960년대 이래 제기된 서구의 탈현대 조류가 다시 우리 사회에 영향력을 행사하기 시작했다.

　어차피 문화는 교류한다. 문제는 다른 문화를 얼마나 주체적으로 수용하느냐 하는 점이다. 적어도 문화 대 문화의 관계에 있어서는 내가 있고 그 다음 남이 있다. 주체적이란 말은 자기폐쇄를 뜻하지 않는다. 오히려 주체적일수록 개방적이라 할 수 있다. '내'가 서 있으면 '내 것'을 고집하지 않고 남의 것을 받아들여 내 것으로 만든다. 이 과정에서 취할 것은 취하고 버릴 것은 버린다. 새로운 정신은 새로운 탈출구를 찾기 위한 시도에서 나온다. 인간해방을 위한 탈출구다. 무슨 사상이든지 하나의 조류를 형성했다는 것은 설득력을 지녔다는 얘기다. 그 사상 속에 들어 있는 새로운 규범이 인간해방에 기여할 수 있다고 설득하는 데 성공했다는 얘기다. 물론 사상에는 삶의 지침을 제시하는 규범이 들어 있게 마련이다. 그런데 그 규범은 언제나 '무엇 무엇에 좋다'는 논리로 설득력을 형성한다. 엄밀한 의미에서 '마땅히 그리 해야 하기 때문에 그리 해야 한다'는 절대 정언명령은 없다. 끝내 '무엇에 좋다'는 식으로 설득한다. 여기서 '무엇'이 무엇일까? 인간해방이다. 사람을 사람답게 하고 사람의 삶을 살게 하는 것이다. 그 점에서 탈현대 정신도 마찬가지라고 본다. 탈현대 사상도 인간해방을 위해 무슨 설득력을 형성했기 때문에 하나의 큰 조류를 형성하고 있다. 그러므로 우리는 눈여겨 보아야 한다.

　그러나 탈현대주의가 설득한 대상은 서구 시민사회 구성원들이다. 그것은 현대를 거친 서구문화에서 생각한 탈출구다. 그러므로 우리 사회가 시민사회가 아니요, 현대정신이 팽배해진 사회도 아니라면 얘기가 달라진다. 서구사회에서 지니는 설득력과 똑같은 만큼의 설득력을 지니기 어렵다. 거기에 흐르는 논리의 일관성이 있기 때문에 그럴 듯하리라. 그럴듯해야 말이 된다. 얘기가 된다. 그러나 얘기가 된다고 다 얘깃거리가 되지는 않는다. 그럴 듯하다고 다 애깃거리가 되지는 않는다. 얘깃거리는 얘기를 듣는 이들이 얘기를 재미있게 받아들일 수 있느냐의 문제다. 위에서 말한 설득력의 문제이기도 하다. 따라서 문화제약성이다. 얘기가 되는 것이라도 문화에 따라 얘깃거리가 안될 수 있다. 그리고 얘깃거리가 안되면 끝내 얘기가 안된다. 얘기가 되느냐 안되느냐의 문제 속에는 처음부터 얘깃거리가 되느냐의 문제 곧 문화제약성이 밑에 깔려 있다.[1] 서구사회에 좋은 이론이 그럴 듯하지만 크게 얘깃거리가 안될 수도 있다. 말은 되지만 말이 잘 안될 수도 있다. 그러므로 잘 살펴 정말 우리 사회 구성원들의 해방에 기여할 수 있는 점이 무언지 보아야 한다. 물론 모든 문화에 공통된 얘깃거리가 있을 수 있다. 그런 것들은 가려내어 자꾸 얘기하여야 하리라. 우리는 탈현대 정신이 지니는 인간해방적인 요소를 잘 보고 우리 사회에서 무얼 취하고 무얼 버려야 할지 살펴야 하리라.

탈현대 정신의 특징을 주체에 대한 제약과 탈역사의 관점에서 살펴보겠다. 그리고 그러한 특성이 우리 사회의 윤리 형성에 어떤 도움을 줄 수 있는지 그리고 어떤 문제가 있는지 보겠다. 그것은 우리 사회의 정의감 형성 문제와 관련되고 정의(justice)는 다시 정당화(justification) 문제와 관련될 것이다.

II. 탈현대 정신의 특징: 다름, 주체 제약, 탈역사

탈현대 정신이 하나의 사상적 조류로서 자리잡기 시작한 것은 1960년대 쟈끄 데리다와 미셸 푸코의 저술이 소개되면서부터일 것

---

1) 토착화의 문제도 이와 같은 얘기와 얘깃거리의 문제라고 본다. 얘기와 얘깃거리의 문제는 폴 리꾀르의 가르침에서 배웠다. 'Temps et récit I'에서 그는 이야기를 이야기 자체의 그럴 듯함(le vraiesemblence)과 듣는 사람 또 읽는 사람의 수용성(acceptabilité)의 관계로 푼다.

이다. 그런데 탈현대 정신의 조짐은 레비 스트로스의 구조주의에서 보인다. 레비 스트로스의 입장은 분명하다. 주체를 제약하겠다는 것이다. 이 입장은 후기 구조주의라고도 불리우는 탈현대 사상가들에게도 그대로 흐른다. 사람의 주체성을 제약하겠다는 것이다. 서구의 사상사에서 보면 사람이 주체가 된 것은 현대에 이르러서이다. 주체란 말은 '주인된 몸'이라는 말이다. 현대에 이르러 비로소 사람은 스스로 자기의 주인이 되었다. 사람이 자기와 세상과 역사의 주인이 되는 것, 그러한 시대정신의 반영이 데카르트와 칸트의 철학이다. 데카르트의 '나는 생각한다 그러므로 존재한다'. 그리고 칸트의 '자율로서의 자유' 선언은 바로 인간의 주체선언이다. 그래서 현대 몇 백년을 주도한 철학은 주체철학이다.

    이제 사람만이 주인이요 다른 모든 것은 객이다. 자연이나 신은 사람에 의해서 사람을 위해서 존재한다. 사람은 객의 창조자요 객의 봉사를 받는 주인이다. 존재 그 자체란 아무런 의미가 없고 따라서 없다. 의미가 없는 것은 없는 것이다. 뜻만 있다. 뜻으로서의 존재만 있다. 뜻은 사람을 통해서 나간다. 중요한 것은 사람의 안이다. 사람 밖의 모든 것은 사람에 대해서 존재한다. 사람에 대해서 (for) 존재한다는 것은 사람을 위해서(for) 존재한다는 것이다. 사람의 안에 있는 의식의 반성작용이 바로 객관 존재에 뜻을 부여하는 역할을 한다. 모든 객체를 주체에 대한 존재로, 즉 의미로 만드는 것이 생각하는 의식이다. 생각이란 반성이다. 그래서 현대를 일군 관념철학을 의식철학이라고도 하고 반성철학이라고도 한다. 여기서 모든 초월성은 선험성의 문제로 된다. 객체와 혼동되지 않고 반성을 통하여 거리를 갖는 것이 초월이다. 주체와 객체의 거리가 초월이다. 사람 밖에 있는 객관적 실체로서의 초월은 더 이상 없다. 중세의 하느님 즉 객관차원의 초월이 주관차원의 초월로 바뀐 것이다. 사람 밖에 있던 초월 실체가 가졌던 능력을 사람 안으로 끌어들였다. 그것이 선험이성이다. 칸트에게 순수이성이라고 불린 그 선험이성이 전에는 하느님이 했던 일을 한다. 순수실천이성은 정언명령을 만들어 내는 입법자가 되고 행위의 정당성을 인준하는 정당화의 역할까지 감당한다. 초월 실체로서의 신은 오직 요청될 뿐이다. 요청으로서의 신이란, 말이 될려니까 논리상 신이라는 존재가 가정되어야 한다는 얘기다. 구체적으로 우리와 얘기하는 신은 없어졌다. 그런 신이 있으면 타율이므로 자율이 억압되고 따라서 자유가 없어진다고 보았다.

결국 현대정신은 인간해방을 위해 나왔다. 중세시절, 신 그리고 신의 대리자로서의 교회라고 하는 객관적 권위에 의해 억눌렸던 인간성이 자유를 찾아 나선 것이다. 그 자유는 결국 객관을 주관으로 환원하는 모습으로 나타난 것이다. 물론 교회는 인류에게 큰 자유의 유산을 물려 주었었다. 자연의 비신성화가 그것이다. 자연을 자연신이 아니라 피조물로 봄으로써 자연 질서의 운명론적 순환에서 벗어나 역사를 읽을 수 있는 계기를 마련했다는 점이다. 그러나 교회조직이라고 하는 객체가 권위를 독점함에 따라 개인의 자유가 억압되었다. 종교개혁의 인간 해방 측면은 개인을 권위발생의 장소로 되돌렸다는 점에 있다. 여하튼 현대와 함께 가장 부각된 것은 '사람'이다. 사람이 부각되었다는 것은 개인이 부각되었다는 것이다. 어느 시대고 사람이 없었겠는가? 그러나 보통사람이 전체의 한 부속품 정도의 역할밖에 하지 못할 때, 그것을 가리켜 개인의 존엄성이 흐지부지되었다고 말하고, 사람이 부각되지 못했다고 말하는 것이다. 사람이 중시된다는 것은 한 사람 한 사람이 중시된다는 것이요, 한 사람 한 사람이 중시된다는 것은 서민 즉 민중이 중시되는 것을 가리킨다. 사람이 부각되는 것은 만민평등 사상을 가리킨다.

이제부터 문제는 개인이요, 개인과 개인의 관계다. 관계의 문제에서 중요한 것은 사람과 사람의 관계다. 모든 것은 사람과 사람의 관계로 풀린다. 신과 사람의 관계, 자연과 사람의 관계는 사람과 사람의 관계를 거친다. 책임의 문제 즉 응답의 문제는 사람과 사람 사이의 문제였지 사람과 신, 사람과 자연의 문제는 아니었다. 그들은 이미 주체가 아니었기 때문이다. 물론 객관성이란 언제나 필요하다. 그러나 그것도 사람과 사람의 관계에서 풀린다. 현대정신은 객관을 주관으로 환원했지만 객관성은 여전히 필요했다. 주관의 부각으로 사람의 주체성이 부각되었고 한 사람 한 사람의 주인됨이 부각되었지만 그것은 상대주의를 초래할 가능성을 내포하고 있기 때문이다. '주관적'이라는 말은 주체성이 있다는 좋은 의미로도 쓰이지만 객관성을 상실하고 너무 자기쪽으로 치우쳤다는 말로도 쓰인다. 사람이 주체로 등장하면서 곧 개인이 주인으로 등장하면서 상대주의의 위험에 당면했다. 그러한 상대주의의 극복을 위해 객관성이 필요하다. 앎의 차원에서도 객관성이 필요하지만 사회질서를 가능하게 하는 규범차원에서 객관성이 더욱 필요해진다. 앞의 것은 과학의 문제요 뒤의 것은 윤리의 문제. 그런데 그 객관성은 이제 객체에서 나오는 것이 아니라 사람끼리의 보편 타당성에서 나오는 것이다. 사람과 사람의 관계에서 나온다는 말이다.[2]

칸트의 정언명령을 보자. "네 의지의 준칙이 언제나 동시에 일반법칙 수립의 원리가 될 만하게 그렇게 행동하라." 이 공식은 다른 말로 하면 "다른 사람이 다 너처럼 그렇게 해도 괜찮다 싶게 그렇게 행동하라"는 것이다. 칸트는 이제 윤리법칙이 하늘에서 떨어지는 것이 아니라 사람의 타협의 결과라는 말이다. 즉 다른 사람을 고려하여 그들도 모두 동의하는 방식으로 그렇게 하라는 것이다.[3] 사람과

---

[2] 윤리규범뿐 아니라 과학지식도 마찬가지다. 과학의 객관성은 이미 사람의 '기술관심'에 의해 조정된 객관성이다. 객관성에는 이미 주관이 들어가 있다. 그 주관은 사회구성원들의 협의를 반영한다. 기술관심이란 사회성을 띠는 것이다.

[3] 바로 이 점 때문에 칸트의 윤리는 사회계약론에 바탕을 두고 있다고 본다. 제2 정언명령도 마찬가지다. "너 자신을 목적으로 생각하듯 다른 사람도 목적으로 생각하라"는 것도 다른 사람을 염두에 둔, 비교의 차원이다.

사람과의 관계, 그 사이의 토론과 조정을 거쳐 정언명령이 나온다. 따라서 여기서 말하는 객관성은 합리적인 모든 사람이 동의할 수 있는 성질을 가리킨다. 중요한 것은 사람이다. 그리고 사람과 사람의 관계다.

　이처럼 모든 것의 주인이 된 사람이 서구의 현대 몇백 년을 지배했다. 그리고 서구정신의 영향을 받은 19, 20세기의 후진국의 개발을 주도했다. 그것은 분명 해방이다. 그러나 주인이 된 사람은 지배자였다. 신에 대한 관계에서는 신을 죽이고, 자연에 대한 관계에서는 자연을 이용하게 되었다. 자연을 이용하는 자연과학과 기술의 발달은 신을 죽이는 데 결정적인 역할를 한다. 전에 신의 개입으로 받아들여졌던 자연현상들이 자연법칙으로 설명되어지기 때문이다. 설명되어진다는 것은 신비가 없어진다는 것이다. 딜타이가 쓴 용어에 따르면 설명과 이해는 다르다. 전자는 자연과학의 인식방법이고 후자는 인문과학의 인식방법이다. 그러나 인문과학이나 사회과학도 과학인 한, 많은 부분이 법칙에 의해 설명되게 되었다. 학문을 과학으로 푸는 것은 전적으로 현대 정신의 산물이다. 자연법칙과 사회법칙과 역사법칙을 손에 쥔 인간은 명실상부한 세상의 주인이 되었다. 아는 것은 곧 힘이 되었다. 그 힘은 응용과 이용의 힘이다. 생산력을 말한다. 현대는 상당히 힘의 논리로 무장하게 되었다. 힘은 무엇을 할 수 있음을 가리킨다. 이성은 언제나 능력의 문제였다. 사람은 자기와 세상을 정복한 주인이요 지배자가 되었다.

　탈현대주의는 사람이 지배자로부터 자유인으로 옮기려는 시도다. 지배자가 된 인간은 자유를 잃게 되었던 것이다. 사실 자신만만한 주체로서의 인간은 이미 프로이드나 마르크스에게서 흠집을 입는다. 프로이드는 사람의 행위가 무의식에 의해 지배됨을 밝혔다. 그것은 의식철학에 치명타를 가한 셈이다. 그것은 곧 주체철학에 대한 도전이다. 모든 것은 의식으로 집중되며, 의식을 통한다고 봄으로써 사람을 당당한 주체로 내세운 현대성에 대해 사람은 자기가 어떻게 할 수 없는 무의식에 의해 조종됨이 밝혀졌다. 자기가 자기의 주인이 아닌 셈이다. 데카르트는 코기토의 확실성을 의식의 확실성으로 보았지만, 이제 꼬기토는 확실해도 의식은 확실치 않게 된다.[4] 마르크스는 그동안 고상하게 여겨온 선험성, 그리고 거기에 바탕한 보편 윤리규범이라는 것이 사회·경제적인 경험에 의해 형성된 2차적 상부구조임을 주장한다. 그가 공격한 것은 현대정신 자체라기보다는 부르주아 이익에 봉사한 현대정신이라고 보아야 한다. 곧 자유주의로 흐른 현대정신을 비판했다. 그러나 여하튼 처음부터 생산관계에 대한 관심과 연관되어 있으면서도 그것을 은폐하는 데 일익을 담당했던 도덕률의 정체를 마르크스가 파헤쳤다.[5] 그 점에서 마르크스가 데카르트와 칸트의 주체에 흠집을 낸 것은 사실이다. 감각의 세계를 넘어 예지의 세계와 맞닿아 있는 현대의 도덕주체가 마르크스에게서 '사회관계들의 총체'로 된다. 주체철학의 '의식은 의식된 존재' 이외의 다른 것이 아니게 되었다.[6]

---

4) 리꾀르는 정신분석학이 주체철학에 가한 도전을 정당한 것으로 본다. 추상적인 코기토를 벗어나 구체적인 자아를 찾았다고 본다. 참조 P. Ricoeur, Le conflit des interprétation에 수록된 그의 논문 "La question du subjet: le défi du sémiologie".

5) 새삼스럽지만 한 구절을 인용하자: 인간은 자신의 생활 수단을 생산하기 시작하면서부터 자신을 동물과 구별하기 시작한다(개인을 동물과 비교해 주는 최초의 '역사적' 행위는 사고한다는 사실이 아니라 '자신들의 생활도구를 생산하기' 시작한다는 사실이다). … 그것(생산양식)은 개인들의 일정한 활동방식이고 삶을 표현하는 일정한 방법이며 일정한 '생활양식'인 것이다. 개인들은 자신의 삶을 표현하는 방식대로 존재한다. 따라서 그들이 어떤 존재인가 하는 것은 그들의 생산, 다시 말해서 그들이 '무엇'을 생산하는가, 그리고 '어떻게' 생산하는가와 일치한다. 그러므로 개인이 어떤 존재인가 하는 것은 그의 생산의 물질적 조건에 달려 있다(김대웅 역, 『독일 이데올로기』, 58-59).

6) 여기서 길게 말하려는 것은 아니나 우리 사회 발전을 위해 계속 논의될 문제라고 생각되어 새삼스럽게 인용해 보자. 마르크스가 "Das Bewußtsein kann nicht anderes sein als das bewußte Sein"이라고 했을 때 '존재'는 현실 곧 생산력과 생산관계가 형성한 삶의 구체적 현실을 가리킨다; "이념, 표상, 의식의 생산

한편 구조주의는 사람이 객관적인 구조에 의해 지배를 받는다고 본다. 그때그때 사람이 주체적으로 만들어 내는 사건으로 이루어지는 역사(diachronie)보다 역사에 의해서도 변치 않는 공시적인 무엇(synchronie)이 더 결정적이라고 본다. 이것이 소쉬르에게서는 빠롤(parole)에 대한 랑그(langue)의 우위로 나타난다. 랑그란 한 사회의 언어협약에서 생겨 모든 말의 뿌리를 형성하는 것으로 시대나 사람에 따라 변치 않고 존재하는 선험적인 것이다. 빠롤은 그 랑그가 구체적인 상황 속에서 말이 된 것을 가리킨다. 상황 속에서 일어나는 구체적인 말(빠롤)에 대한 변치 않는 언어 구조의 우위는 의미론(semantique)에 대한 기호론(semiologie)의 우위로 나타난다. 의미론은 말이 말되기 위한 단위를 서술어가 들어가는 구(phrase)로 보며 나아가서 구문론(syntax) 위주로 본다. 반면에 기호론은 낱말 하나하나를 단위로 갈라 보는 기호(signe) 중심의 언어학이다.[7] 의미론은 어떤 낱말 하나의 의미는 상황 속에서 결정된다는 것이고, 기

은 우선 인간의 물질 활동과 물질 교통 및 현실생활의 언어 속에 직접적으로 편입되어 있다. 인간의 표상, 사유, 정신적 교통은 그의 물질활동이 직접 발현되어 생긴다. … 인간은 그들의 표상, 관념 등의 생산자이지만, 그는 생산력과 상응하는 교통의 일정한 발전이 만든 조건에 따라 그대로 현실직으로 활동한다. 의식은 의식된 존재 이외의 그 어떤 것도 아니며 인간의 존재는 그의 현실적 삶의 과정이다. … 자기의 물질생산과 물질교통을 발전시키는 인간이 자기의 현실과 함께 자기의 사고와 그 사고의 산물을 변화시킨다. 의식이 삶을 규정하는 것이 아니라 삶이 의식을 규정한다"(『독일 이데올로기』, 65-66). 이러한 마르크스의 사실주의 또는 이른바 리얼리즘은 크게 보면 현대정신 안에 들어 있다. 현대정신은 '사람의 삶이 돌아가는 대로 세상이 돌아가는 것이지 세상이 돌아가는 대로 사람의 삶이 돌아가는 것이 아니다'라는 명제로 요약된다고 본다. 그런데 마르크스의 명제 '삶이 의식을 결정하는 것이지 의식이 삶을 결정하는 것이 아니다'는 위에서 말한 현대정신의 명제 안에 들어 오는 것으로 보여진다. 현대정신을 전제로 마르크스주의가 가능하다는 얘기다. 그가 비판한 것은 관념론에 바탕한 부르주아 현대정신이다. 그러한 구분 없이 리얼리즘을 모더니즘과 깨끗이 따로 놓고 얘기를 하면 문제해결을 모호하게 만든다.

7) 리꾀르 같은 학자는 경우에 따라 기호론에서 말하는 낱말의 의미를 sens라고 하고 의미론에서 말하는 낱말의 의미를 signification이라고 하여 구분하기도 한다.

호론은 상황과 관계 없이 그 기호 자체가 갖는 객관적인 가치에 따라 결정됨을 찾아내려 한다. 물론 롤랑 바르트처럼 구조주의의 기호론을 이데올로기 비판과 연결할 수도 있다. 우리는 상황을 고려한 문장 속에서 늘 무슨 말은 무엇을 뜻한다는 것에 익숙해져 있다. 우리가 거침없이 의사소통하는 것은 그 언어가 담고 있는 사회질서에 익숙해 있기 때문이다. 기의(signifie)란 사회관계에서 생긴다. 그렇다면 무슨 말이 꼭 무엇을 뜻하라는 법은 없다. 무슨 말이 무엇을 뜻한다는 것 곧 어떤 기표(significant)가 어떤 기의에 가서 딱 달라붙는 것은 순전히 사회적 약속이다. 거기에는 사회관계에서 나온 권력관계가 들어 있다. 따라서 어떤 기표에서 기의를 찾는 해석을 하지 않고, 그 기표가 그 기의로 귀착하는 규칙과 코드를 찾는 것은 사회권력관계 비판, 이데올로기 비판으로 연결될 수 있다. 그러나 그것은 언제나 구체적 현실세계를 염두에 둔 바르트 같은 사람의 이야기다. 구조주의 그 자체는 기호가 무슨 '지시대상'을 가리키지는 않는다고 하는 점에서 이데올로기 비판과는 거리가 멀어질 수 있다. 다시 말해서 기호가 무슨 뜻을 갖는 것 곧 기표가 기의로 귀속되는 것은 다른 기호와의 차이 때문이지 그 기호가 무슨 현실을 지시하기 때문이 아니라고 한다.[8] 기호 밖의 현실 지시성을 무시하는 태도는 데리다에게로 가면 더 극단화되어 기표의 자율을 말하고 텍스트[9] 바

---

8) 사전을 연상하면 된다. 사전에 보면 한 낱말의 뜻은 여러 가지 다른 낱말로 이루어진다. 곧 한 낱말의 뜻은 낱말과 다른 점들이 엮어져서 생긴다. 그러한 낱말의 차이의 순환만 있을 뿐이며 한 낱말이 기호 밖의 현실을 가리키지는 않는다는 것이 구조주의자의 주장이다. 그처럼 언어의 지시성 곧 존재론적 측면을 부인하는 것은 존재론을 의미론으로 변화시킨 현대정신처럼 세계관의 혁명적 변화를 시도한 것이다. 방향은 틀리지만 말이다. 여하튼 그렇기 때문에 데카르트의 명제가 좀 억지로 보이듯이 레비 스트로스의 명제 역시 좀 억지로 보인다. 또 둘 다 그만큼 혁명적 변화를 시도한 것이다. 변화는 대개 어느 정도의 과장에서 나오는 게 사실이다.
9) 텍스트란 말 자체는 단순히 본문이란 말이 아니다. 모든 글을 텍스트로 보겠다는 것은 기호와 코드로 얽힌 구조를 통해 보겠다는 것이다. 텍스트란 말 자체가 이미 구조주의 언어다.

깥의 현실, 곧 언어 바깥의 현실을 부인하게 된다. 여하튼 그러한 태도는 '객관 현실을 부정하거나 현실에 대한 가장 무반성적인 고정관념을 알게 모르게 전제하는 결과를'[10] 낳을 수 있다. 그런 점에서 후기 구조주의[11]는 현실질서에 대해 중립적인 태도를 취하는 과학주의의 산물이라고도 할 수 있겠다.[12] 어떻든 구조주의가 사건에 대해 구조를 말하고 빠롤에 대해 랑그를 강조하는 한 역사창조라는 현대정신에 일격을 가하는 것이 사실이다. 역사에 대한 일격은 곧 주체성 제약과 관련된다. 사람의 주체성은 곧 역사창조 능력과 연관되며 따라서 현대에 들어 역사가 강조되었던 것이다. 운명론적인 것은 아니나 사람이 주체적으로 어찌 할 수 없는 객관적인 무슨 질서를 강조함으로써 구조주의는 레비 스트로스가 말하는 대로 '자유의 환상에 젖어 있는 주체를 제약'[13] 하고자 한다.

    탈현대 정신은 구조주의의 주체비판과 역사비판을 이어받는다고 보아야 한다. 그런 점에서 구조주의의 연장선상에 있는 '후기' 구조주의다. 그러나 합리성 비판 다시 말하면 로고스 중심주의

---

10) 백낙청, 『민족문학의 새 단계, 민족문학과 세계문학 III』, 창작과 비평사, 1990, 419. 바로 그 점에서 어떤 모양으로든 객관현실의 실재를 인정하는 리얼리즘에서 구조주의나 탈현대주의를 신보수주의로 문제 삼을 수 있다.

11) post-structualisme은 구조주의에서 벗어나려는 노력도 있지만 구조주의가 내건 문제와 해답의 연장선상에서 그것을 더 극단화하는 작업이라고 볼 수 있다. 때에 따라 앞의 태도를 가리키고 싶을 때는 '탈구조주의'라 하고 뒤의 태도를 가리킬 때는 '후기 구조주의'라고 쓰겠다. 그러나 post-modernisme은 현대성이 제기한 문제를 작업장으로 삼고 있으나 다른 모양의 해결책을 찾아 현대를 벗어나려는 노력으로 보이므로 '후기 현대' 보다는 일관되게 '탈현대' 또는 '탈현대 정신'이라고 쓰겠다. 탈현대 정신과 후기 구조주의는 겹치는 부분도 있지만 꼭 같지는 않다.

12) 위의 글, 같은 쪽에서 백낙청 교수의 지적은 옳다. 쟈끄 엘륄도(Le systeme technique)라는 기술비판서에서 구조주의를 현대 기술과학이 낳은 철학이라고 본다.

13) Claude Levi-Strauss, "Réponses à quelques questions", in Esprit, 322 (1963), p.630.

(logocentrisme) 비판을 통해 그러한 경향을 무한대로 확장한다. 그런 과정에서 '탈' 구조주의 모습을 띤다. 그것은 동일성과 획일성을 비판하고 다름과 다양성을 내세운다. 질서에 대해 해체를 말하고 중심에 대해 탈중심과 주변을 말하며 진보에 대해 방황을 말한다.

탈현대 정신에서 볼 때 구조주의는 아직도 동일성의 논리를 벗어나고 있지 못하다는 점에서 불충분하다. 사람 밖의 것을 말했지만 아직도 밖의 '로고스'를 말한다. 로고스 중심에서 벗어나지 못한 면이 보인다. 로고스란 질서요, 같음을 말한다. 구조주의는 기호가 갖는 지시 대상성을 부인하면서도 기표와 기의가 자의적이긴 하지만 (협약에 의한 것이므로) 안정되게 대응한다고 보았다. 구조주의가 기호론에 바탕을 둔다면 탈현대주의는 기호라는 말을 기피한다.[14] 데리다는 '표시'라는 말을 쓴다. 구조주의 기호론은 어떤 선험적인 기의 곧 개념세계를 염두에 두고 있기 때문이다. 결국 소쉬르의 기호론에 따르면 감각의 세계(기표)와 예지의 세계(기의)의 이분법을 바탕으로 이미 있는 실체인 개념세계가 말소리라고 하는 기표를 통해 드러난다.[15] 데리다는 실체, 선험질서 따위의 로고스 중심개념들이 지배하는 것은 서양의 사고가 언제나 음성(phone) 중심이었기 때문이라고 본다. 그래서 그는 말(parole)보다 글(écriture)의 우선성을 내세운다. 이것은 역사적으로 글이 말에 앞섰다는 얘기가 아니다. 말은 언제나 앞에서 듣는 사람에게 한가지 뜻으로 전달된다. 어쩌다가 무슨 말인지 모를 경우 말한 사람에게 물어 보지만 그래야 한두

---

14) "이제는 기호들의 분열, 다시 말해서 기표와 기의를 분열시키는 것이 아니라 기호라는 생각 그 자체를 분열시키는 것이 중요하다. 이러한 작동을 '기호파괴'(semioclstie)라고 부를 수 있을 것이다. 오늘날 분열시켜야 하는 것은 서구 담론의 토대와 기본형태다", 바르트, "레이몽 벨루와의 대담", 1973, 『문학과 사회』, 1992년 여름호에 있는 박성창의 논문 "문학 텍스트의 구조와 탈구조"에서 재인용.

15) Jaques Derrida, Positions, Minuit, 1972, pp. 29-30.

번이면 곧 의미가 파악되고 대개는 말하는 자와 듣는 자가 일정한 상황이해를 전제하기 때문에 한번에 알아 듣는다. 하나의 말은 하나의 뜻을 갖는다. 반면에 글은 작가의 손을 떠난 다음 읽는 사람에 따라 굉장히 다르게 읽힐 수 있다. 말하자면 기표의 자율을 말하기 위해 데리다는 글을 내세운다. 다름이 있는 글이 같음에서 움직이는 말보다 더 원천적이라는 것이다. 그러나 글의 차원에서 기호에 해당하는 것을 '그람'(gramme)이라고 이름붙인다. 그람은 구조주의가 말하는 기호를 이어받는 측면이 있지만 '이미 안에 들어 있던 개념 또는 기의가 밖으로 드러나는'(이것을 데리다는 expression이라 하는데, 우리말로 '표현'이라 하자) 것이 아니다.[16]

로고스 중심주의 비판은 기술과학적 합리성으로 된 현대의 합리성 비판인데 여하튼 탈현대 정신의 핵심적인 단어는 '다름'이다. 현대는 같음을 전제로 다름을 생각했다. 다름은 같음의 파생어다. 하나의 같음(아이덴티티)과 또 다른 같음 사이의 차이가 다름이다. 다름도 같음으로 이루어져 있다. 같음의 같음, 다름의 같음이다. 그러나 탈현대 정신은 다름을 바탕으로 같음을 생각한다. 같음과 다름이 나누어져 있기 전의 다름의 운동, 데리다는 그것을 차연(differance)이라 하였다. 같음과 다름(difference)이 어떤 상태를 나타낸다면 그 상태 이전의 운동을 말하기 위해 차연을 말한다. 소쉬르가 말한 '차이'는 차이와 차이로 엮어지는 일정한 기호질서를 낳는 것이지만 데리다가 말하는 '차연'은 질서 이전이다. 그렇다고 무질서도 아니다. 무질서란 오직 어떤 질서를 전제로 하는 개념이기 때문이다. 질서도 무질서도 아닌, 엮어지지 않는 다름, 중심이 없는 분산(dissemination)이다. 그것은 남자와 여자, 신과 인간, 유신과

---

[16] "텍스트에 관한 학문이라고 할 그라마톨로지(grammatologie)를 하나의 비-표현적인 '기호론'으로 부르려면 조건이 있다. 기호의 개념을 바꾸어 거기서 표현주의 요소를 빼버려야 한다"(데리다, Positions, p. 46).

무신, 감각의 세계와 예지의 세계, 몸과 정신 따위의 대립항이 생기기에 앞서 그러한 같음과 다름을 낳기 위한 인터벌, 곧 원초적 다름의 틈과 지연이다. 틈과 미룸 곧 시간적 공간성(espacement), 공간적 시간성(temporisation)이다.[17] 그것은 아직 지금 있는 현존도 아니고 이미 지나가 버려 없는 것도 아니다. 현대는 지금 있느냐 없느냐, 곧 현존(presence) 여부에 따라서 있음과 없음을 결정했다. 지금까지 서구에 있어서 존재는 언제나 현존이다. 비존재는 곧 비현존을 가리킨다. 모든 것이 현재 중심이다. 그러한 관점에 따르면 차연은 있는 것도 아니고 없는 것도 아닌 무엇이다. 있고 없음 이전이다. 있음의 없음이고 없음의 있음이다. 그것을 흔적(trace)이라고 부른다. 여기서 흔적이란 뭐가 지나가 버린 자취를 말하는 게 아니다. 현존의 각도에서 볼 때 뭐가 없는 것 같으나 있고, 있는 것 같으나 없는, 그런 운동을 가리키기 위해 빌어 쓴 낱말이다. 따라서 흔적이란 말은 현존이라는 동일성의 논리에 기초한 현대정신의 존재론적 기반을 해체하려는 것이다.[18] 흔적은 존재보다 원초적이다. 현존으로서의 존재에 앞선다. 한편 차연은 하나의 상태가 아니라 움직임이다. 그것은 사람이 주체가 되어 행하는 '다르게 함'도 아니요 사람이 수동적으로 받아들여야 하는 '달라짐'도 아니다. 주체적이지도 않고 비주체적이지도 않다. 그 이전이다. 그 이전이라고 해서 차연에 어떤 기원(origine)이라는 말을 붙이는 것은 옳지 않다. 지금까지 철학에서 기원이라면 아르케(arche)를 가리키는 것으로, 뒤에 일어나는 모든 사건을 설명해 주는 원리로 이해되었기 때문이다. 차연은 아르케가 아니다. 그런 점에서 기원 아닌 기원이라 해야 할 것이다. 위에서 보듯이 탈현대 정신의 축을 이루는 데리다의 사상은 탄생이

---

17) Jaques Derrida, Marges de la philosophie, Minuit, 1972 안에 있는 논문 Le differance에서 데리다는 차연에 대한 자기의 견해를 자세히 밝히고 있다.
18) 위의 글, p. 24.

나 창조에 관련된 밀교의 의식처럼 신비스러운 분위기를 자아내는 것이 사실이다.[19]

다름만 있다는 것은 관계만 있다는 얘기다. 적어도 관계가 우선한다는 얘기다. 나와 남이라는 같음이 있기 이전에 다름이 있어 갈라진다. 현대에서는 그 점을 경시했다. 이제 절대적인 것은 없다. 절대란 대를 끊는 것, 즉 마주하기를 끊는 것이다. 현대에서의 목표는 절대적 아이덴티티다. 헤겔의 절대지는 절대 아이덴티티다. 그러나 이제 절대는 없다. 모든 것은 관계에서 나온다. 서로 마주함, 즉 상대(相對)다. 상대적이란 혼란을 말하는 게 아니라 구체적 타당성을 말한다. 몸, 구체적 사건, 현실은 모든 로고스, 즉 보편질서를 범하면서 발생한다.

III. 우리 사회 윤리를 위해

현대정신은 우리 사회에 어느 정도 발을 들여놓았음이 사실이다. 경제발전을 위한 기술과학의 도입을 통해서다. 또 마르크스주의 영향 때문이다. 그렇기 때문에 현대정신이 갖는 억압적 요소를 비판하는 탈현대 정신에 주목할 필요가 있다. 현대정신에 의한 기술산업사회 속에서 획일화되고 전체주의화되기 쉬운 부분이 있다. 거기에 대해 탈현대주의는 다원화를 내세워 개인의 자유를 찾는 메시지를 준다. '다름'[20]에 대한 강조는 힘을 분산시키기는 하지만 다른 것을 그대로 다른 것으로 놔두는 데서 오는 자유방임의 효과를 만끽하기도 한다. 물론 아담 스미스의 자유방임을 말하는 것은 아니다. 어떤

---

19) 박성창의 논문, p. 694.
20) altérité, différence, hétérogénéité 따위의 낱말들을 모두 '다름'이란 말로 묶을 수 있으리라.

아나키(anarchie)스러운 자유를 가리킨다. 그것은 현대정신의 부산물로 생긴 전체주의 성격을 수정하는 데 큰 역할을 하리라. 그러나 문제는 우리 사회의 문제가 현대정신에서 생긴 것이냐는 점이다. 만일 우리 사회가 아직 현대정신이 무르익지 않았다면 탈현대 정신이 공헌할 수 있는 부분이 아주 작아진다. 사실 우리 사회의 획일성과 억압성이 현대정신에서 온 것이라기보다는 우리 나름의 역사경험 속에서 생긴 것으로 보인다. 오랜 세월 지배한 유교의 경직된 도덕관, 민중수탈의 역사가 이어짐에 따라 생긴 눈치보기, 남이 하는 대로 따라 해야 안심되는 데서 오는 유별난 모방욕구[21] 따위가 우리 사회의 전체주의적 억압구조를 형성한다고 봐야 하리라. 그렇다면 오히려 우리는 아직 현대정신을 받아들여 인간해방을 도모해야 할지 모른다. 바로 그 점에서 탈현대 정신은 현대정신이 낳은 병에 대한 약이지 그 밖의 병에 대해서는 별 구실을 할 수 없다.

1. '내가 지나친 자기'가 아니라 '나 없는 자기'가 문제다

그러나 여하튼 우리 사회에 현대정신이 발을 들여놓았다. 그것이 형성한 윤리 형태가 있는 것도 사실이다. 그 점에서 탈현대의 '다름'이 우리 사회의 윤리 형성에 새롭게 생각할 거리를 주고 있다. '남'에 대한 새로운 인식은 새로운 윤리틀을 형성하리라. 현대의 논리는 같음의 논리다. 같음의 논리는 힘의 논리이다. 힘으로써 신에 대항하여 자유를 찾고자 한다는 것이다. 그러한 같음의 논리가 주체성에 반영되어 있다. 객체를 지배하기 위한 주체는 주체의 객체화를 초래한다. 주체의 대상화다. 인격의 비인격화다. 힘을 키우기

---

[21] 모방욕구(Le desire mimetique)의 문제는 윤리적으로 대단히 중요하다. 르네 지라르는 모방욕구를 인간의 가장 원초적 욕구로 보고 오이디푸스 콤플렉스도 모방욕구로 푼다. 그러나 그 모방욕구의 정도는 사회마다 다를 수 있고, 모방욕구의 충돌이 생겼을 때 그것을 해결하는 방식도 사회마다 다르다. 정의 문제의 발생, 부정의의 해결 이 두 문제를 모방욕구를 중심으로 풀 수 있다.

위해서 동일성의 논리로 무장했다. 다름을 인정하다가 타율에 빠질까 두려워 했다. 다름은 본질적인 것이 되지 못한다. 밑에 깔려 있어 언제나 같은 것 그것이 '본질'이요 '실체'(substance)다. 다름과 거리는 같음을 위해 있다. 그것이 현대의 도덕주체로 등장한 대자적 자아다. 거리는 '자기' 안에서 '자기' 대 '자기'의 관계로 생긴다. 전혀 다른 것, 남이 끼어들 틈은 원칙적으로 없다. 윤리가 사람 대 사람의 관계라고 했지만 그것은 자기들끼리의 관계 곧 폐쇄된 자기 대 자기의 관계일 수 있다. 남은 또 하나의 자기다. 그 자기는 나의 자기에 미루어 생각된다. 자기를 위해 자기들끼리 타협을 본다는 말이다. 원천적인 것은 남과의 관계가 아니라 자기와 자기의 관계다. 현대정신의 연장선에 있는 훗설에게서 보이듯이 남은 '또 하나의 나'다. 남을 또 하나의 나로 보는 것은 어떤 면으로 봐서 숭고하다. 내가 나를 생각하듯 남을 생각해 준다는 얘기가 될 수 있기 때문이다. 그러나 거기에는 내가 나를 알듯 남도 안다는 전제가 깔려 있다. 임마누엘 레비나스(Emmanuel Levinas)가 말하듯이 그것은 같음의 논리가 몰고 다니는 폭력이다. 남은 내가 '알' 수 있는 존재가 아니라 오직 '응답'할 수 있는 존재다. 남은 전혀 다른 존재이기 때문이다. 윤리는 책임이기에 앞서 응답이다. 남과의 관계에서 먼지 생기는 것은 앎이 아니라 응답이다. 책임은 앎과 계산에서 생기지만 응답은 책임 이전의 원초적 관계형성이다. 흔히 남을 이해해야 한다고 한다. 이해심이 많은 사람이 남과 좋은 관계를 형성한다. 그러나 거기서 이해는 아는 게 아니다. 모르는 데서 이해심이 나온다. 내 경우에 빗대어(아날로지) 남을 이해하는 경우도 있지만 대개 바탕되는 이해심은 남의 신비를 인정하는 데서 나온다. 내가 그의 경우를 다 알 수 없음을 순간적으로 인정하는 데서 생긴다. 사람이 제일 먼저 느끼는 것, 그것은 다름이요, 남에게서 느끼는 다름이다. 앎 곧 지식이란 같음의 논리에서만 형성되기 때문에 남에 대해서는 지식이 아니라 응답이 있을 뿐이다. 정의가 진리에 앞선다. 그런 점에서 윤리는 제일철학이요 왕도다.

우리 사회가 산업화되면서 윤리의 주체도 현대화되었다. '우리'에서 '자기'로 되었다. 이 점에서 탈현대 정신은 새로운 윤리 형성을 위해 생각할 거리를 준다. 그러나 문제는 우리 사회의 윤리주체인 '자기'가 어느 정도나 현대정신의 산물이냐는 점이다. 탈현대 정신이 비판할 수 있는 자기는 '나'라고 하는 주체에 파생된 것이다. 거기서 '자기'는 절대화된 '나'다. '나'라고 하는 주체성을 확립하다가 그것이 지나쳐 생긴 것이다. 임마누엘 레비나스나 마틴 부버 같은 사람은 절대화된 '나'로서의 '자기'를 견제하려 한 것이다. 그래서 남이 내가 섬길 전적 타자임을 말하고(레비나스), 관계의 아프리오리를 말하는 것이다(마틴 부버). 그러나 그들은 '내'가 뚜렷이 확립되지 않은 채 '남'을 말하려는 것이 아니다. 그러면 주체성 없이 남에게 끌려다니게 될 테니 말이다. 나는 나다. 예를 들어 마틴 부버는 언뜻 보기엔 어울리지 않게 나의 배타성을 말한다. 내가 확립되어 있지 않은 사회는 윤리가 서기 어렵고 민주주의가 어렵다.

우리 사회의 윤리 행위자인 '자기'는 절대화된 '나'가 아니다. 현대정신이 극단화되어 생긴 것이 아니다. '나'의 결핍에서 생긴 것이다. 위에서도 말했지만 우리 사회의 윤리의식은 상당히 복합적이다. 한편으로는 전통 윤리관 그리고 오랫동안 빼앗긴 경험이 의식을 형성하고 있다. 다른 한편으로는 조국 근대화에 따른 의식 형성이 있을 것이다. 기술발전은 물질을 낼 뿐 아니라 생활 양식의 변화도 요구하기 때문이다. 양편의 영향을 모두 인정해야 하리라. 그 양편 모두 '자기' 중심의 윤리 주체를 만들어 낼 수 있다. 그러나 결정적인 것은 앞의 것이라고 생각한다. 원래 서구에서 기술과학이란 현대정신의 산물이요, 그것은 물질의 생산혁명이기에 앞서 의식혁명이요 정신혁명이었다. 물건을 만들어 내면서 역사를 만들어 냈다. 그러면서 운명에서 벗어나 역사의 주체가 되고 자신에 대한 주체가 되었던 것이다. 그러나 우리 나라에서는 기술의 정신은 취하지 않고 그것을 경제개발을 위한 도구로만 생각했다. 현대정신 없는 현대화를 추진했다. 그러므로 사람이 주체가 되는 해방감이 한 사람 한 사람에게 뿌리내리지 못했다. 결국 우리 사회의 윤리 행위자인 '자기'는 '나' 없는 '자기'다. 기술과학과 산업화가 몰고 온 생활양식의 변화는 그런 전통적 '자기'가 근대화의 이름으로 자리잡도록 틀을 제공했을 뿐이다.

    절대화된 나로서의 자기는 탈현대 정신이 치유할 수 있으나 나 없는 자기를 치유하는 데는 오히려 현대정신이 공헌할 바가 많다. 마르크스주의를 비롯한 모든 기술과학 정신 말이다. 나 없는 자기는 남의 '눈'을 보지 않고 '눈치'를 본다. 남의 눈치를 보는 것은 남 생각하는 것 같지만 남이 들어갈 자리가 없다. 자기 생각만 한다. 나 고유의 멋을 모른 채 남이 하는 대로 따라하는 의식은 피해의식에서 생긴 이기주의다. 내가 있어야 남을 생각한다. 내가 있고 그 다음 남이 있다는 말이 아니다. 나는 나라는 얘기다. 내 안에 이미 남이 들어와 있다. 그래서 남과의 관계를 정상화하지 않고 나를 찾을 수 없다. 그러나 나는 역시 나다. 그때에야 비로소 공동체가 가능하다. 눈치를 보는 사회는 공동체가 되기 어렵다. 공동체 사회가 아닌 집단사회다. 흔히 쓰는 '우리'라는 낱말이 집단 개념이 아니라 공동체 개념이 되려면 '내'가 서 있어야 한다. 민주주의가 가능하려면 집단주의를 벗어나야 한다. 오늘날 서구 민주주의의 위기는 '절대화된 자기' 때문이다. 절대화된 자기들은 어떤 눈에 보이지 않는 전체주의 세력에 의해 잠식될 가능성이 많기 때문이다. 그러나 우리 사회의 민주주의 결핍은 '나 없는 자기' 때문이다. 그렇기 때문에 우리는 탈현대 정신을 생각하기에 앞서 사람을 주체로 세우는 현대 정신을 어떻게 받아 우리 것으로 할 수 있는가를 생각해야 한다. 우리 나라 민중사 속에서, 또 어차피 끼고 살 수밖에 없는 기술과학 정신 속에서 그런 모양의 해결책을 찾아 내야 한다.

2. 씨니피앙의 자율을 말하기엔 아직도 '뜻'의 확립이 중요하다

그런 점에서 데리다가 말하는 씨니피앙의 자율을 그대로 받아들이기 어렵다. 또 같은 이유로 리오타르가 합의여론(consensus) 대신에 빠라로지(paralogie; 잘못된 유추에 의한 어형변화라는 뜻)를 내세우는 것도 우리에게 맞지 않는 얘기고, 푸코가 말하는 비연속성(discontinuite) 역시 우리 사회에 어느 정도나 유용한지 곰곰 생각해 봐야 한다.

우리 사회의 윤리를 위해 현대정신이 제기한 '뜻'의 뜻을 새길 필요가 있다고 본다. 현대정신은 존재물음을 의미물음으로 바꿈으로써 사람을 주체로 세웠다. 사람에겐 뜻이 생명이다. 사는 뜻이 없으면 살아도 죽은 거다. 뜻은 말이나 꿈이나 우주 현상에 들어 '있다'. 그러나 뜻은 언제나 '따라야' 할 것으로 남는다. 뜻은 존재라기보다는 가치요, 윤리다. 규범성이다. 존재물음이 의미물음으로 바뀐 것은 칸트가 실천이성비판에서 밝혔듯이 인간이 형이상학이나 사변에서 윤리로 옮겨 가는 것이다. 따라서 뜻을 해체하고 기표의 자율을 말하는 것은 한 사회의 규범성의 상실을 가져온다. 두 가지 각도에서 보자.

무엇이 무엇을 뜻한다고 할 때 앞의 무엇은 상징이 된다. 상징이 어떤 뜻으로 풀리는 데는 사회 구성원들 사이의 협약이 요청된다. 무엇이 무엇을 뜻하는 것은 합의된 여론 없이 불가능하다. 그러므로 데리다가 기표의 자율을 말하는 것과 리오타르가 컨센서스를 부정하는 것은 일맥상통한다. 그러나 그러한 탈현대주의자들의 주장에는 상당한 과장이 있다. 과장이 필요하지만 서구 사회를 위한 과장을 우리가 그대로 받아들일 까닭이 없다. 뜻이 수만 갈래로 갈라

지면, 사회구성원의 합의가 없다면, 사회는 존속할 수 없다. 물론 그것은 사회가 전체주의화되는 데 대한 경고다. 따라서 우리에게 새로운 물음을 던져 준다. 왜 그게 꼭 그 뜻인가? 이데올로기 비판에 쓰일 수 있다. 그러나 앞에서도 말했듯이 우리 사회의 전체주의성은 서양과 그 배경이 다르다. 서양의 현대정신은 투쟁 속에서 어떻게 하면 민주주의 절차에 따라 공통규범을 찾을 수 있겠는가 노력하고 성취해 왔다. 거기서 민주주의 절차는 누구에게나 있는 '합리성'이 이룩해 내리라 믿었다. 그런데 그 합리성은 결국 기술합리성으로 귀결되고 기술합리성은 일차원적 세계를 만들어 사회를 획일화한다는 지적이다. 그것은 무슨 말은 무슨 뜻이라는 언어해석에 반영되어 왔다. 거기에 대해 탈현대 정신은 공통규범이 불가능하다고 본다. 합법성(legitimation)의 기준이 될 공통규범을 찾으려는 노력이 보편성의 이름하에 개인을 죽일 수 있다는 얘기다. 결국 '합리'적인 것이 꼭 '합당'하지는 않다. 합리성이 부정되는 한, 합당성(justification)의 기준이 될 보편규범은 찾을 수 없다.[22] 그래서 '뜻' 얘기를 하날사는 것이다.

    무엇이 무엇을 '뜻'하지 않게 되면 따라야 할 '뜻'도 없어진다. 무엇이 무엇을 뜻한다는 게 왜 따라야 할 뜻이 되는가? 상징성 때문이다. 그 상징성은 우주 현상이나 꿈보다도 언어에서 두드러진다.[23] 언어의 상징성은 그것의 다의성을 말한다. 이데올로기는 'A는 B를 뜻한다'에서 끝난다. 상징성을 거부한다. 여러 가지를 뜻한다는 것, 해석의 다양성은 현질서의 변화 가능성이기 때문이다. 상징

---

[22] 리오타르도 그러한 입장에 서 있는 것 같다. 그는 지식 언어(les enonces denotatifs)와 규범 언어(les enonces prescriptifs)의 구별을 강조한다. 지식 언어란 기술과학 언어요 곧 현대 합리성 언어다(J. F. Lyotard, La condition postmoderne, 1988, p. 104).

[23] 이 점에서 하느님을 말씀이라고 보는 그리스도교는 우주현상에 바탕을 둔 원시 종교에 비해 더 큰 상징성을 수용한다. 더 큰 상징성은 더 큰 윤리성이다.

에서 'A는 B를 뜻하지만 동시에 B 이외의 다른 것들을 뜻한다'. 따라서 언어의 상징성에 바탕을 둔 상상력은 A와 B의 짝으로 이루어진 질서를 바꾼다. '다른 뜻'은 현실을 다시 그리며 '다른 질서'를 꿈꾼다. 다른 질서라는 점에서 탈현대의 질서 없는 다름과는 다르다. 상징이 가져오는 '다른 질서'에는 로고스가 들어 있다. 다른 질서는 항상 무엇을 '위한' 또는 무엇을 '향한' 다름이다. 여기서 목적과 방향이 되는 무엇은 일치된 가치, 규범성이다. 그것은 말하자면 '정의'라고 할 수 있으며 또는 '인간해방'이라 할 수 있으리라. 그 사회의 일치된 가치는 언어의 상징 상상력의 목표요, 언어의 상상력이 이상하게 빠지지 않도록 방향을 잡아주는 키잡이, 곧 규범이 된다.

우리 사회에는 따라야 할 뜻이 필요하다. 사회 구성원들 사이에 합의를 본 어떤 규범성이 필요하다. 우리 사회의 가장 큰 문제는 정의감의 결여에 있다. 무엇이 옳은가에 대한 합의가 이루어지지 않고 있다는 말이다. 옳은 것이 오랫동안 짓밟히고 옳지 않은 자들의 옳지 않은 행위가 정당화되는 역사를 살면서 정당화의 기준이 돈과 권력이 되었다. 사람에게는 무엇이 옳은가에 대한 공통의 판단력이 있다. 그러나 옳지 않은 것이 옳은 것으로 정당화되는 역사가 되풀이되면 그 판단력이 흐려진다. 가치가 헷갈린다. 따라서 우리의 가치관의 혼란은 산업화가 수반한 생활양식의 변화가 만들어 낸 것이라기보다는 수탈의 역사가 가져온 것이다. 우리에게 정의감이 형성되어 있다면 산업화는 개별가치의 변화는 오게 할지언정 궁극가치의 혼란 속에서 헤매게 할 수는 없다. 무엇이 옳은가에 대한 합의가 이루어져야 한다. 그것이 없을 때 이기주의가 판친다. 이기주의적 '자기'는 그런 정의의 결여에서 온다. 내가 지키는 그 규범을 다른 이들도 지키리라는 믿음이 있을 때 나는 그 규범을 따라 내 차례를 기다리며 양보할 수 있다. 그 믿음은 무엇이 정의냐에 대한 합의가 이루어졌다는 믿음이다. 그렇지 않으면 불안해서 어떻게든 수단 방법을 가리지 않고 자기 것을 확보하려 한다. 기회주의가 판친다. 이기주의 문제는 인간론에서 찾을 수도 있겠지만 이처럼 합의의 결여라는 측면에서 설명하는 것이 더욱 설득력 있고 유익하다.

그러므로 언어의 임의성을 비판하는 것은 옳지만 현대 정신이 제기한 '뜻' 자체를 없애자는 것은 우리 사회에 맞지 않는 과장이다. 기술과학정신이 몇백년 간 뿌리내려 기술과학주의 때문에 언어의 임의성이 생긴 서구사회에는 적합할지 모르나(물론 이 점에서도 논란이 분분하지만) 우리 사회에는 맞지 않는다. 우리 사회에서 경험하는 언어의 임의성은 기술과학주의에서 온 것이라기보다는 전통사회의 경직성, 불공정한 권력행사가 빚어낸 이기주의적 '자기'에게서 온 것이기 때문이다. 뜻을 인정해야 그 뜻을 해석하면서 인간이 주체로 참여한다. 사람이 주체가 되어야 목적이 된다. 사람을 살리는 것이 최고의 가치기준이 된다. 우리에게는 그러한 경험이 필요하다.

3. 탈역사를 말하기엔 아직도 '역사의식'이 필요하다

그런 점에서 탈현대 정신의 탈역사 경향은 우리에게 맞지 않는다. 리오타르가 큰 이야기(le grand recit)를 거부하거나 푸코가 역사의 불연속성을 말할 때 그들은 역사주의와 함께 역사도 없애려 한다. 현대정신은 역사가 인간 해방이라는 목적을 향해 움직여 나간다고 본다. 그것을 하나의 통일된 이야기로 엮을 수 있다고 보고 거기서 역사법칙이 나온다. 그리하여 역사법칙을 손에 쥔 인간은 역사를 만들어 나간다. 그런데 그것이 극단화되었을 때 역사의 우연성은 없어지고 다름도 없어진다. 모든 사건을 이미 정해진 원리에 의해 엮기 때문이다. 탈현대 정신이 없애려는 것은 그러한 역사다. 여기서 푸코가 강조하는 우연이나 다름은 운명론을 말하는 것은 아니다. 사람의 손아귀에 들어오지 않는, 저쪽에서 오는 무엇을 인정함으로,

시간을 지배해야만 하는 억압에서 자유로워지려는 것으로 봐야 한다. 자기와 시간의 지배가 피지배에서 막 벗어난 현대 초기에는 자유였다. 그러나 이제 그것은 지배해야 한다는 강박관념, 당위가 가져오는 억압이 되었다고 판단한 것이다.

우리는 분명 역사주의에 빠져서는 안된다. 낙관론에 바탕한 역사 내재주의에 빠져서는 안된다. 그러면 자기를 비판할 준거를 잃어버리고 끝없는 개혁에 실패한다. 공산주의 세계의 몰락에서 가장 먼저 배워야 할 것이 그 점이라고 생각한다. 저쪽에서 오는 우연, 계시와 같은 것을 인정하고, 우리 손놀림에서 나오는 게 아닌 어떤 단절도 인정해야 한다. 변증법을 넘어서는 일 말이다. 탈현대 정신에서 우리는 그러한 메시지를 읽어야 한다.

그러나 지금 우리 사회를 좀먹는 것이 역사주의인가? 그렇지 않다. 우리에게는 오히려 역사의식의 결여가 아직 문제되고 있다고 본다. 역사의식이란 구체적인 현실을 염두에 두는 현장성, 우리가 주도적으로 뭘 해나가겠다는 주체성, 그리고 큰 흐름을 보는 시각으로 이뤄진 의식을 말한다.[24] 첫째는 세속화의 문제요, 둘째는 주체 탄생의 문제요, 셋째는 역사의 궁극적 방향을 말한다. 세속화 또는 비신성화는 저 세상이 아닌 이 세상을 귀하게 보는 태도다. 역사의 궁극성에 비추어 현실을 본다는 것은 어떤 바탕되는 가치실현을 믿는다는 얘기다. 그러한 믿음은 주체로 하여금 현실을 거기에 맞춰 개혁해 나가도록 한다. 이 셋이 엉켜야 윤리가 선다. 여기서 우리가 말하는 윤리란 새로운 세상을 향한 변혁의지를 말한다.[25] 아직 없애

---

24) 누가 또는 누구의 사상이 또는 오늘날 한국교회가 역사의식이 없다고 말할 때 우리는 대개 그러한 세 가지 각도에서 말하는 것이라 여겨진다.
25) 그 사회에 윤리가 있느냐 없느냐는 것은 어떤 도덕규범을 잘 지키느냐 하는 것보다는 새로운 세상에 대한 개방성이 있느냐에 따라 가려야 한다. 정의감의 확립도 그런 새 세상을 위한 변혁의지와 무관하지 않다. 정의란 언제나 남과 연관되어 있고 남은 언제나 새 세상을 요구한다. 폐쇄적인 사회에 정의가 서기 어렵다.

버려야 할 구조악이 많은 우리 현실에 비추어 우리는 탈현대의 흩어지는 자유를 구가하기보다는 힘을 뭉쳐 새로운 역사를 창조해야 할 것이다. 그러기 위해서도 역사의식이 요청된다. 현대정신에서 배워야 할 점이다.

 무엇이 무엇을 뜻한다는 것은 결국 내가 무엇을 뜻한다는 것이다. 무엇이 무엇을 뜻한다는 것은 협약에서 나온 것이기 때문이다. 협약에는 주체들의 의사가 반영되어 있다. 내가 무얼 하려고 의도하는 바가 반영된다. 내가 '뜻'하는 바다. 그러므로 현대정신이 뜻을 부각시켰을 때 사람이 적극적으로 무얼 해나가려는 역사창조의 의도를 부각시킨 것이다. 뜻이 중요한 한, 시간은 '때'다. 시간은 때와 때의 사이로 이차적이다. 우리는 시간 '에' 살기보다는 때 '를' 산다. 때는 언제나 무엇을 '할' 때다. '뜻'[26]이 부각시킨 '때'의 사람은 행동하는 사람이다. 뭔가 해보려는 인간이다. 물론 그 인간은 뭔가 해야 한다는 강박관념에 쉼을 모르는 인간이 될 수도 있다. 일이 놀이일 수 없게 된다. 일은 없고 노동만 있게 될 수도 있다. 그것이 기술사회가 가져오는 병폐일 수 있다. 일이 없으면 삶의 의미가 없게 된다. '뜻'의 세계가 부각시킨 기술사회가 다시 '뜻'을 잃고 무의미에 빠질 수 있다. 뜻이 없으면 윤리도 없다. 뜻이 없으면 추구할 가치도 없어지고 가치가 없는 곳에는 일차적인 본능충족만 있기 때문이다. 기술주의 사회가 빠지기 쉬운 함정이다. 그때는 다시 '때'가 없어지고 시간만 남게 될 수도 있다. 시간이란 모든 때를 동일한 것으로 보고 길이를 재는 데서 생긴다. 때를 잃고 시간에 사는 한, 동일성의 논리 속에서 사는 것이다. 베르그송의 말대로 하자면 시간이 그 질을 잃고 양만 남았다는 얘기다. 그것 역시 기술과학주의가 낳

---

[26] 동아출판사에서 1980년에 나온 국어사전에는 '뜻'을 다음과 같이 풀고 있다. 뜻: 1. 무엇을 하리라고 먹은 마음(intention) 2. 글이나 말이 가진 속내, 의미(meaning). 이 둘은 서로 얽혀 있다.

을 수 있는 이데올로기성이다. 그러한 부작용은 뜻과 때의 사람이 뭘 하고자 하는 욕구가 지나쳐 생긴 것이다. 그 적극성과 주체성이 나르시시즘에 빠질 때 생긴다. 그것은 역사주의, 진보주의 낙관론과 같이 간다.

그러나 우리에게는 역사주의를 염려하기보다 역사의식의 결여를 염려해야 한다. 오늘날 우리 사회 구성원들이 뭔가 새로운 세상을 꿈꾸고 그 실현을 위해 싸워 나가기보다는 주어진 질서를 그대로 수용해 나가며 자기 이득이나 챙기려 하지 않는가? 투철한 현장성에 입각해서 새 세상을 바라기보다는 엉뚱한 세상에 관심을 쏟고 있지 않은가? 현실 속에서 가치의 실현이란 너무나 어린애 같은 생각으로 여기고 되는 대로 살고나 있지 않은지? 문화의 실체를 종교라 할 때, 우리 나라 종교의 모습은 어떤가? 틸리히도 말했지만 종교는 뜻을 주는 것이다. 삶의 의미를 준다. 그런 점에서 종교는 문화의 실체다. 문화는 뜻을 중심으로 형성되기 때문이다. 뜻이라 하여 정신만 가리키는 것은 아니다. 그 뜻이 정신과 물질의 생산, 교환, 그리고 분배의 모습을 결정하는 것이다. 정의를 이룩한다. 그러나 오늘날 대부분의 경우 우리 종교는 그 뜻을 주려 하지 않는다. 축복이라는 이름하에 이기적 본능을 충족시키고 있다. 그리고 그것은 적어도 그리스도교의 하느님이 볼 때 하느님 모독이다. 하느님이 우리 사람을 종이 아닌 아들로 삼아 주인이 되게 했다는 것(로마 8,15)을 믿지 않는 짓이기 때문이다.[27] 어떻게 보면 교회가 역사의식의 결여를 부추기고 있는 것 같다.

역사의식이 결여되면 운명론이 지배한다. 어떻게 해볼 수 없다

---

27) 따라서 사람이 역사의 주인이다. 그러나 하느님이 그렇게 하셨다. 은혜의 구조, 하느님의 타자성, 계시를 잊으면 역사내재주의에 빠진다. 인간중심주의라는 말보다는 역사내재주의가 훨씬 해롭다고 본다. 인간중심주의는 어떻게 보면 우리가 피할 수 없는 것이다. 그것을 인정하는 것이 겸손이요 또 그래야 그것이 가져올 폐단을 막을 수 있다.

는 의식이 팽배해진다. 그러면 '될대로 되라'는 식의 삶이 판친다. 그것은 '자기'만 살겠다는 것이다. 윤리가 설 자리가 없다. 그리하여 미신이 의식을 좀먹는다. 현대정신의 과학적 인과율을 거치지 않으면 미신적 인과율이 판친다. 미신도 인과율로 이루어져 있다. 어떤 사건을 공연히 엉뚱한 원인과 연관시켜 생각하는 게 미신이다. 그러한 미신은 사회적으로 비효율성을 낳는다. 뿐만 아니라 미신은 이기심과 연관되어 있다. 자기의 책임을 생각하는 구조가 아니므로 남 생각이 없다. 사회가 어지러울 때, 합의를 보았다고 여겨지는 '뜻'이 없을 때 미신이 자리잡아, 본능적 욕구와 권력의지가 판치게 된다. 그러한 운명론과 미신은 원시종교에서 생기는 것이지만 우리 민족의 경우 좌절에서 생긴 측면이 많은 것 같다. 뭔가 포기하며 살게 된다. 여하튼 그런 측면이 많이 극복된 것도 사실이지만, 운명론과 미신이 아직도 암암리에 우리 민족의 행복을 가로막는 요소로 민중의 가슴 속에 자리잡고 있지 않은지? 역사의식의 결여가 가져 오는 현상들이다. 그러므로 우리에게는 역사의식의 과잉에서 생긴 억압이 문제가 아니라 역사의식의 결여가 낳는 억압이 문제라고 본다. 탈역사가 아니라 어떻게 우리 민중이 역사의식을 가질 수 있겠는가를 생각해야 한다.

IV. 맺는말

우리 사회의 윤리 측면에서 탈현대 정신의 자리를 생각해 보았다. 주체의식과 뜻과 역사의식의 관점에서 보았다. 도덕이 아니라 윤리가 서려면 그 세 가지가 있어야 한다. 우리는 탈윤리를 말할 때가 아니다. 우리 현실에서 탈윤리는 비윤리다. 탈현대적 탈윤리는 부정의가 판을 치도록 길을 터주는 역할을 할 것이다. 우리는 마르크스주의를 포함한 현대정신에서 배워야 할 것이 많다. 서구는 현대를 넘어 탈현대로 가는데 우리는 아직 현대도 안됐다는 얘기를 하려는 게 아니다. 오늘날 어떤 사람들이 말하듯이 우리가 문화적 변방에 섰다는 말을 하는 게 아니다. 어디가 중심이기에 우리가 변방이란 말인가? 중심도 우리고 변방도 우리다. 우리가 우리 것으로 중심을 잘 잡지 못했기 때문에 서구 문화를 주체적으로 받아들여 필요한 대로 뽑아 우리 것을 만들지 못했다. 그리하여 우리의 중심에서 벗어나 우리의 변방에 처한 것이다. 문제는 서양 것을 잘 소화하지 않았다는 데 있지 않다. 왜 우리가 우리 역사 속에서 '뜻'을 중심으로 인간해방을 위해 싸워 승리하지 못했는가 하는 데 있다. 왜 근세사 속에서 거듭 좌절을 경험해야 했는가에 있다. 우리는 우리의 중심을 잡고 자유롭게 남의 것을 받아들여야 한다. 그런 점에서 우리는 우리 정신을 찾아 의식화시킬 뿐 아니라 다른 문화에서도 인간 해방에 도움될 만한 것을 받아들여야 한다. 그처럼 우리 문제를 풀기 위해 다른 문화에서 무엇을 배운다 할 때 우리는 탈현대 정신을 쉽게 받아들이기 어렵다는 말이다.

　　물론 탈현대 정신을 단순히 후기 자본주의 논리라든지, 현대정신의 아류로 보는 것[28]은 옳지 않다고 본다. 거기에는 인간해방을 위한 진지한 노력과 시대 비판이 있다. 그리고 우리 사회로서도 배

---

28) 『창작과 비평』 1992년 여름호 좌담, "리얼리즘, 포스트모더니즘, 민족문학", 최근 김진석의 책 『탈형이상학과 탈변증법, 해체와 탈현대를 가로지르며』를 둘러싼 도정일과 김진석의 논쟁(「한겨레 신문」 92년 7월 14일자와 7월 21일자)도 그처럼 탈현대 정신의 자리에 대한 시각 차이에서 비롯된 것 같다. 도정일의 비판(그 이전부터 여러 글들에서 나타나는)은 지나치다. 탈현대 정신의 메시지를 진지하게 이해하지 않으려는 것 같다. 김진석의 태도는 탈현대 정신에 너무 기대를 거는 것 같다. 문제는 우리 사회를 어떻게 보느냐는 것이다. 그가 말하는 대로 전현대와 현대가 섞여 있다면 탈현대가 공헌할 수 있는 부분은 그만큼 제한된다. 더구나 우리 사회의 획일성이 현대성이 아닌 다른 것에서 비롯되는 것일 때 탈현대성을 적극적으로 수용하는 태도는 위험하다.

울 점이 많다. 어차피 산업화와 과학화를 추진하는 나라로서 그것이 초래할 수 있는 억압적인 요소가 무언지 잘 들여다 볼 필요가 있다. 그러나 탈현대 신학자 마크 테일러(Mark C. Taylor)가 자신의 저서 (A-Theology)에서 말했듯이 탈현대 정신은 현대정신의 기생충이다. 현대정신을 먹어 치우지만 결국 먹고 산다. 현대정신이 없으면 탈현대 정신은 살 수가 없다. 무슨 역할을 할 수 없다는 얘기다. 그런 점에서 우리 사회에 공헌하는 데는 한계가 있다. 더욱이 탈현대 정신이 말하는 '다름'이 현질서에 대한 다름이 아니면 정치적 허무주의[29] 또는 신보수주의[30]에 빠져 우리 사회를 아주 해롭게 할 수도 있다는 점에서 위험하기조차 하다. 서구 사회를 위한 과장을 우리가 그대로 받아들일 이유가 없다.

---

29) 마크 포스터, 『푸코와 마르크스주의』, 민맥, 1989, p. 25.
30) 마단 사럽, 『데리다와 푸코, 그리고 포스트모더니즘』, 인간사랑, 1991, p. 159.

결론: 인권과 자연권

결국 기술정신이 근대사회에서 이룩한 중대한 결실은 인권의 확립이라 할 수 있다. 우리에게 인권의 문제가 아직도 초보의 단계를 벗어나지 못하는 한 기술정신은 그렇게 쉽게 버릴 수 없는 것이요, 오히려 깊이 음미하며 탄탄히 할 부분은 탄탄히 하고 지나가야 할 실정이라고 믿는다. 오늘날 자연의 권리가 주창되면서 인권을 되돌아 보게 되고 그에 따라 그 바탕을 이루었던 기술정신도 되돌아 보게 되었지만 말이다. 인권의식을 확립해 나가며 환경문제를 개선할 방법은 없을까? 70-80년대의 민주화 운동의 의식을 공고히 하면서 그 에너지로 자연을 다시 볼 수 있는 길은 없을까? 그것이 이 책 밑에 깔린 나의 일관된 관심이었다. 훌쩍 생명 전체에 대한 존중심으로 건너 뛰는 것은, 아주 관대한 것 같지만 우리 사회에 첩첩이 쌓인 모순을 너무 쉽게 덮어 두는 것 같고, 사람과 사람의 관계를 개선하지 못하면 사람과 자연의 관계를 개선하기도 어렵다는 생각을 떨쳐 버릴 수 없다. 물론 자연과의 관계 개선이 사람과 사람의 관계 개선을 낳을 수도 있겠으나, 정말 한 사람의 삶이 얼마나 귀한 건지 제도로 보장되어 있지 않은 사회에서 그 점을 기대한다는 것은 너무 낭만적이라 보여진다.

I. 인권: 인간중심과 세속화

기술이 인권과 무슨 관련이 있단 말인가? 오늘날 유엔의 인권선언이나 우리 나라 헌법의 기본권이 무엇인지 알면 그 점을 알게 된다. 인권은 먼저 하느님에 대한 인간의 주체선언에 그 철학적, 신학적 바탕을 가지고 있다. 그리고 그 인권이 헌법을 통해 기본권으로 구체화되는데, 그것은 국가권력에 대한 한 사람의 주체선언에 그 정치적 바탕을 지니고 있다. 이쯤되면 우리가 지금까지 살핀 기술정신이 인권과 무슨 관련이 있으리라는 감을 갖게 될 줄로 믿는다.

　　　인권이란 '사람의 권리'다. 불어의 droits de l'homme나 영어의 human rights나 독일어의 Menschenrechte라는 말도 모두 그 뜻이다. 인권이란 말에는 잘 나타나지 않지만 '사람의 권리'라는 말에는 사람이 무슨 권리의 주체임이 선명하게 드러난다. 인권이란 말은 먼저, '사람이 무슨 권리를 갖고 있다'는 말이다. 그러면 무슨 권리를 갖고 있는가? 우리는 그 권리의 내용을 '사람답게 살 수 있는 권리'라고 풀자. 그러므로 위의 두 가지 명제를 합치면 인권이란 '사람이 사람답게 살 수 있는 권리'라고 하겠다.

　　　먼저, '사람이 사람답게 살 수 있는 권리'라고 할 때, '사람'이란 '누구나'를 가리킨다. 누구나, 사람이라는 이유 때문에 사람답게 살 수 있는 권리가 있다는 말이다. 이것은 인종이나, 재능이나, 재산 또는 신분의 차별을 인정하지 않는 것이다. 어느 시대건 존중받는 사람이 있었다. 그러나 근대에 들어 인권을 선언하기에 이른 것은 한사람 한사람이 존중받는 것을 가리킨다. 인권의 확립에는 인간중심과 개인주의의 두 가지가 인권의 성립과 밀접히 연관되어 있었던 것이다. 다시 말하면 인권선언은 사람이 존중되면서 생긴 것이요, 사람의 존중은 '하느님에게서 사람으로' 그리고 '사람에게서 개인으로'라는 단계를 거치면서 확립되었다. 인간의 주체성 그리고 한 개인의 주체성을 거쳤다는 말이다. 하느님만 주체고 인간이 객체일 때는 인권의 개념이 나올 수 없었다. 사람이 권리의 주체일 수가 없었다. 그러므로 인권을 확립한 인간중심주의는 하느님에 대한 인간의 권리 선언이라는 색깔이 짙다. 이것은 인간이 자기 운명의 주인이 되고 역사의 창조자가 된다는 근대 역사의식과도 맞아 떨어진 것이다. 사람의 주체성이란 모든 건 사람이 한다는 의식이다. 그리고 동시에 인간중심주의는 어떤 차별도 인정하지 않고 인간이라는 이유 때문에 존중받는다는 신념체계이기도 하다. 예를 들어 넬슨 만델라가 대통령 취임연설에서 남아프리카 공화국을 '인간중심의 나라'로 만들겠다고 한 것이 그것이다.

　이제부터 사람이 수단이 아닌 목적으로 대접받게 된다. 사람중심이란 사람이 다른 무엇을 위한 수단이 되지 않고 그 자체로 최고의 목적이라는 말이다. 모든 건 사람이 한다는 주체성 문제와 사람이 목적으로 대접받는 문제는 같이 간다. 주체만 목적이 될 수 있다. 그러므로 운명론이 지배하는 사회나, 올바른 뜻이 늘 좌절되는 사회 그리고 돈과 권력이 모든 걸 한다는 신념이 지배하는 사회에서는 인권이 자리잡기 힘들다.

　이러한 문제는 세속화하고도 같이 간다. 인권의 확립에는 세속화가 큰 역할을 했다. 성스러운 장소가 따로 있지 않고 이 세상이 거룩한 곳이 될 수 있다는 개념은 권위의 발생 장소를 특별한 곳에서 일상생활로 옮겼다. 일상생활이 중시되면서 특별한 사람들이 아닌 일반인 곧 누구나가 주체가 되었다. 세속화란 단순히 신의 문제가 아니다. 절대신이 군림하던 곳은 반드시 절대권력을 가진 인간의 집단을 만들어 낸다. 성속의 이분법이란 종교개념이면서 동시에 사회개념인 것이다. 그러므로 성속의 이분법을 깨는 세속화는 신의 인간화와 함께 사회제도의 인간화를 수반한다. 세속화는 인간중심과 개인주의 곧 '하느님에게서 사람으로' 그리고 '사람에게서 한 사람 한 사람에게로'라는 이중의 운동을 일으킨 것이다. 이는 기술세계관이 끌고 들어온 근대적 양심 곧 한 사람을 수단이 아닌 목적으로 보라는 정언명령과 맞물린다. 이는 국가권력의 비신성화를 낳았다.

사람중심과 세속화, 비신성화 이것이야말로 기술정신의 핵심임을 우리는 위에서 보았다.

II. 사람의 '권리': 인권과 기본권

권리란 그 권리를 요청할 상대방을 염두에 둔 말이다. 인권 곧 사람답게 살 권리를 요청할 상대방은 누구인가? 그것은 먼저 국가권력이었고 그 다음 다른 사람이었다. 다른 말로 하면, 권리란 계약개념에서 나온 것이고 인권을 선언하게 될 때 그 계약은 국가와의 계약이고 다른 사람과의 계약이다. 그리고 그 계약을 설명하기 위한 이론이 시민계약론이었다. 시민계약론을 통해서 서양 사회는 인권을 제도화했다. 그것이 근대 서양 사회가 인류에게 끼친 공헌이다. 여기서 철학적이고 신학적인 인권개념은 정치개념이 된다. 제도화되지 않으면 추상적인 선언에서 끝난다. 서양에서 인권이란 시민권을 가리키고, 시민권으로 설명되는 인권의 위대성은 국가에 대해 그리고 다른 사람에 대해 한 사람의 권리를 제도를 통해 보장했다는 데 있었다.

이 문제에서 기술세계관의 영향력은 명백히 드러난다. 기술이성이 불러 온 근대적 양심의 열매로 풀 수 있다. 근대적 양심이란 칸트의 용어로 하면 실천이성인데, 기술이성과 실천이성은 동전의 양면을 이루며 근대사회를 형성했다. 칸트의 『순수이성비판』과 『실천이성비판』은 서로 밀접히 연관되어 있다는 말이다. 위에서 우리는 근대적 양심이 국가를 비신성화하고 한 사람을 주체요 목적으로 세웠다고 했다. 그것은 칸트의 제2 정언명령에 해당하는 것이다. 정치적 인권개념은 그처럼 국가에 대한 한 사람의 주체성뿐 아니라 주체 대 주체의 관계를 조정하는 구체적인 시민사회의 양심을 통해서도 구현되어야 한다. 거기에 공헌한 것이 칸트를 빌어 말하자면 제1 정언명령이다. 곧 '네 행위의 준칙이 일반법칙 정립의 원리가 될 수 있도록, 그렇게 행동하라'는 것이다. 이는 다른 말로 하면 '다른 사람도 다 너처럼 해도 괜찮다 싶게, 그렇게 행동하라'는 것이다. 이것은 주체로 등장한 한 사람 대 한 사람의 관계를 규정하는 것으로서 결국 다른 사람에 대한 인권을 보장하려는 것이 된다. 그리해서 국가에 대한 권리 및 다른 사람에 대한 권리로 인권은 구체화되는 것이다. 그러한 실천이성의 등장에 기술세계관이 중대한 역할을 하고 있음은 앞에서 말한 바와 같다. 하버마스는 기술이성과 실천이성을 다르게 보고 있다. 다른 것은 사실이지만 그 둘은 그 탄생으로 보나,˙ 각자의 실현을 위해서나 서로 뗄 수 없는 관계에 있었다.

　서양에서 인권은 시민의 권리였다. 그러므로 인권이란 시민권이었다. 1789년 프랑스의 인권선언도 '인간과 시민의 권리선언'으로 되어 있다. 여기서 시민이라는 말은 '서울시민'처럼 장소와 연결된 개념이 아니다. 정치주체 또는 의사결정의 주체를 가리키는 말이다. 시민이라는 말은 한 사람 한 사람이 주체가 되고 그 정치주체가 모여 국가권력을 창출한다는 '시민계약'과 뗄 수 없는 말이다. 우리 사회가 시민사회냐 아니냐 하는 논쟁도 그런 점을 염두에 둔 것이다. 주체의식이 미약하면 인권을 보장하기가 쉽지 않다. 개인은 권리주체로서 자기 것을 자기가 찾아야 하고, 그러기 위해 힘을 모아 제도적 보장장치를 마련해야 한다. '권리 위에 잠자는 자는 보호받지 못한다'는 말이 있다. 어디까지나 '당사자주의'를 채택하고 있기 때문에 나온 말이다. 자기 권리는 자기가 찾아야 한다는 당사자주의는 약자를 골탕먹이려고 나온 것이 아니라, 모두 자기의 행복을 찾는 경쟁사회에서 최선의 방책을 찾은 데서 나온 것이다.

　이처럼 인권을 시민권으로 구체화하면서 근대국가는 헌법을 만들었다. 그리고 헌법에 보장된 인권을 가리켜 기본권이라 한다. 헌법의 의미에 대해서, 1789년 프랑스의「인간과 시민의 권리선언」

16조에는 "권리의 보장이 확보되지 아니하고 권력의 분립이 정해지지 아니한 사회는 헌법을 가지지 아니한다"고 되어 있다. 이는 헌법이 사람의 기본 인권을 명시적으로 보장하고, 그 보장을 위하여 국가의 권력을 나누는 것임을 말하는 것이다. 이리하여 인권의 발달사에서 인권이라는 철학적 신학적 개념은 기본권이라는 정치적 개념으로 되면서 구체화되고 법의 보호를 받게 되었다. 법의 보호를 받는다는 말은 국가의 강제력으로 개인의 인권을 보호한다는 말이다. 우리 나라도 헌법을 택하고 있는 한 시민정신으로 인권을 보호하겠다는 것을 암시한다. 이렇게 해서 헌법이란 것은 인권을 보장하기 위해 근대국가에서 생긴 것이다. 국민의 의무를 부과하고 분쟁을 조절하는 법으로 말하자면 이미 로마 시대에 상당한 법이 발전되어 있었고 동양에서도 중국의 역사에 상세한 법전이 있으며 우리 나라에도 경국대전 같은 훌륭한 법전이 있다. 오늘날에도 그런 법이 존재하지만 그런 것들은 모두 헌법의 규정에 따라 존재한다. 다시 말해서 오늘날의 법은 사람을 규제하기 위해 있는 것이 아니라 인권을 보호하기 위해 존재한다는 말이다. 물론 오늘날 행정법이나 기타 인권과 무관한 것 같이 보이는 법들이 많이 있지만 그런 것들도 모두 헌법정신 밑에서 존재한다. 그 점을 보장하려는 것이 헌법재판소다. 근대의 법치국가란 결국 다스리기 위해서라기보다는 인권을 보호하기 위한 법을 따르는 국가를 가리킨다.

　　우리 사회에서의 법의식은 아직 거기에 도달하지 못한 것 같다. 국민이 주체가 되어 헌법을 만들지 않고 거의 수입된 것이기 때문이다. 이 점과 관련해서 아쉬운 것은 우리 사회가 주체적으로 시민사회가를 형성하지 못하고, 건전한 민족자본이 이루어지지 않은 상태에서 제도만으로 근대국가에 들어갔다는 것이다. 근대국가 형성이 시민계급의 경제주체성과 밀접히 연관되었음을 볼 때, 일제 치하와 해방 이후 수십 년에 이르기까지 매판, 관료, 독점자본이 경제의 주류를 이루는 현실은 건전한 시민사회 형성을 크게 막는 것이요 결국 여러 가지로 인권침해를 불러 오는 것이다. 우리 나라에는 아직 봉건사회와 권위주의의 유산을 청산할 비신성화 또는 세속화가 철저하게 일어나지 못했는데, 그것은 기술세계관의 결여와 밀접한 연관이 있다고 보여진다.

결국 인권은 기본권으로 되면서 구체화되고 제도화되었다. 말하자면 제도상으로 보장받는 권리가 되었다는 말이다. 그런데 기본권으로 되는 과정이 시민계약으로 설명되는 것은 기술발전이 일으킨 소유형태의 전환, 시민계급의 성장과 맞물리고 동시에 기술세계관이 요청한 근대적 양심의 세계와 맞물린다.

III. '사람답게' 살 수 있는 권리

인권의 내용을 살펴보면 근대적 인권형성과 기술세계관이 얼마나 밀접히 연관되어 있는지 알게 된다.

인권이란 사람답게 살 수 있는 권리라 했다. '사람답게' 살 수 있는 권리란 무엇을 가리키는가? 앞에서 말한 대로 사람이 부각되면서 인권개념이 생겼다. 사람이 주체요 목적이라는 신념을 바탕으로 인권개념이 생겼다고 했다. '인간적'이라는 말이 좋은 뜻으로 쓰이고 '사람다움' 곧 휴머니티가 최고의 가치로 등장하게 되었다. 사람이 사람답기 위해서 무엇이 필요한가? 그것을 요청할 권리, 그것을 방해하는 것을 막을 수 있는 권리, 그것이 인권이다. 사람 '다움'은 가치의 문제다. 여기에는 실용가치, 윤리가치가 모두 포함된다. 그리고 이 가치들에 따라 인권의 내용이 결정된다. 실용가치라 함은 사람이 사람답기 위해서는 최소한의 의식주가 해결되어야 하는 문제와 맞물린다. 윤리가치란 사람이 자신의 양심에 따라 삶의 의미를 찾고 거기에 따라 행동할 수 있는 권리와 맞물린다.

근대사회에서 인권이 주장되면서 제일 먼저 부각된 것은 윤리 가치의 문제다. 삶의 의미를 스스로 결정하고 찾을 수 있는 권리며 자기 양심에 따라 가치관을 결정하고 행동할 수 있는 자유의 문제다. 그래서 이것은 종교와 양심의 자유권과 연결되고(예리네크는 최초의 인권은 종교개혁에서 시작되었다고 본다) 신체의 자유, 인신보호법 등을 낳는다. 대체로 자유권이라 부를 수 있는 인권이 이것이다. 그런데 그러한 양심과 신체의 자유를 보장하기 위해서 확립한 것이 개인 소유권의 문제다. 이것은 재산권이라는 생각이 들지만 사실 알고 보면 재산을 마음대로 소유하고 처분하고 이용할 수 있는 자유권의 성격이 짙은 것이다. 여하튼 인권을 주장하던 초기의 권리는 자유권이었고, 그 자유권이 경제활동에 적용된 것이 사유 재산권의 확립이었다. 근대사회에서 개인의 소유권을 침해할 때 대단히 신중을 기하는 것은 그 때문이다. 개인의 소유권을 포함한 자유권 전반을 가리켜 '시민적 정치적 인권'이라고 한다. 이 문제는 기술이성이 실천이성과 짝을 이루어 이룩한 업적이다. 이처럼 자유권의 문제와 소유권의 문제가 밀접히 연관되어 시민적 정치적 인권이 확립된 사실은 근대 서양에서 기술이성과 실천이성이 얼마나 서로에 기대며 인권을 확립했는지를 보여 준다.

그 다음, 부각된 것은 실용가치와 관련된 인권이다. 사람이 사람답게 사는 데는 최소한의 물질이 필요하다. 초기에 주장한 자유권에서는 찾아 볼 수 없는 권리, 곧 최소한도의 생존보장을 요구할 수 있는 권리가 등장하게 되었다. 자유권에서는 신분을 철폐하고 누구든 능력 있는 자는 자기 능력에 따라 삶의 질을 높이고 그 재산을 보호받을 수 있게 했지만 한번 생긴 불평등은 그 후손에게 그 사람의 책임과 관계 없이 힘든 삶을 물려준다. 말하자면 부익부 빈익빈 현상이 초래되고 돈이 없으면 실질적인 자유가 보장되지 않는 측면이 생기게 되었다. 이것은 '평등'의 이념과 맞물리는 것이었고 이 점을 부각시킨 것은 물론 사회주의였다. 그러나 사회주의 국가뿐 아니라 전 세계가 이러한 생존권을 인정하고 오늘날 자유주의 국가에서도 생존권 곧 최소 생계를 요청할 수 있는 권리를 인정하고 있다. 그래서 오늘날에는 엄밀한 의미의 자유주의 헌법은 없고 복지주의 헌법이라고 한다. 크게 보아서 이러한 인권을 생존권이라 하는데, 여기에는 노동을 할 권리, 일정한 교육을 받을 권리, 사회보장제도의 혜택을 받을 권리, 또 문화생활을 즐길 권리 등도 포함된다. 다시 말해서 오늘날의 생존권은 단순히 먹고 사는 것을 해결할 의무를 사회에 지울 뿐 아니라 일정한 문화생활을 할 권리까지 개인에게 인정한다고 보아야 한다. 이른바 절대적 빈곤의 문제뿐 아니라 상대적 빈곤의 문제도 해결하도록 요청할 권리를 개인에게 인정하는 셈이다. 그래서 이러한 인권을 가리켜 '경제적 사회적 문화적 권리'라고 한다. 1966년의 인권규약에도 이 문제가 들어갔는데, 나라에 따라 첫번 규정만큼 신속히 효력을 발휘하지 못하는 이유는 경제사정이 다르기 때문이다. 그러나 인권이 어떤 방향으로 나아가는지는 분명해지고 있다.

이것은 한 사람이 부각되면서 생긴 초기의 '당사자주의'에 대한 수정이다. 그러나 생존권이란 기본권도 크게 보면 인간중심의 세계관 안에 있는 것이요 그 점에서 근대의 기술세계관 안에 있는 것이다. 사회주의 국가에서 기술발전과 산업화를 통한 생산증대가 인민의 권리실현을 위해 가장 중요한 사업이었음을 기억하면 된다.

IV. 인권과 자연권

근대사회는 이처럼 기술정신을 통해 인권을 확립했다. 그러나 전 세계는 환경오염과 생태계 파괴라는 큰 문제에 부딪히고 자연의 권리가 중시되게 되었다. 이른바 인권에 대해 자연권이 등장한 것이다. 사실 그동안 자연권이라 하면 '인간에게 자연적으로 또는 날 때부터 주어진 권리'를 뜻했다. 다시 말해 자연권은 인권을 설명하는 용어였다. 인권이 신성한 것임을 가리키기 위해 쓴 신학적 용어가 '천부인권'이라면 신학적 요소를 빼고 합리성(자연이성)으로 설명하려는 방식이 '자연권'이었다. 그러나 이제 오늘날 대두되는 자연권은 자연의 권리(Rights of Nature)를 가리킨다. 프랑스의 철학자 미셸 세르(Michel Serres)는 시민계약(Le contrat civil)에 맞선 개념으로 '자연계약'(Le contrat naturel)을 천명하기에 이르렀다. 계약이란 주체 대 주체 사이에 맺어지는 법률 관계다. 그러므로 자연계약이란 사람이라는 주체와 자연이라는 주체 사이에 어떤 권리 의무가 발생한다는 얘기다. 이것은 자연을 하나의 주체로 본 것이고, 그래서 '자연의 권리'를 인정하자는 얘기다. 바야흐로 인권과 자연권이 버성기는 시대에 도달한 셈이다.

    그동안 인권은 자연을 빼놓고 생각한 개념이었다. 시민계약은 주체로서의 사람과 사람 사이의 관계였다. 자연은 주체일 수 없었고 오로지 객체의 역할을 할 뿐이었다. 인권은 사람에 대한 사람의 관계에서 약자의 삶을 보장하려는 개념이었다. 세상은 사회 더하기 자연이다. 그러나 그동안 사회 곧 '사람과 사람'만 세상으로 생각했다. 근대의 인권개념은 거기에 바탕을 두었다. 정의란 사람과 사람 사이의 관계를 조정하는 개념이었지 거기에 자연이 끼어들 여지가 없었다. 자연을 훼손한다고 해서 불의한다고 보지 않았다는 말이다. 자연을 훼손한 것이 혹 다른 사람의 권리를 훼손하면 그때 불의하다고는 할 수 있을지언정 말이다. 인권개념이 자유에서 평등과 생존권으로 발전하기까지 자연은 언제나 객체였지 주체일 수 없었다. 사람은 주체요 자연은 객체였다. 이른바 주-객도식이다. 그것을 주도한 것이 기술문명이다. 기술문명은 사람을 주체로 내세운 공헌을 하면서 자연을 객체로 만들어 새로운 과제를 남겼다. 주객도식 속에서 객체는 언제나 이용당한다. 주체는 목적이요 객체는 수단이다. 사실 그동안 인권은 자연을 이용하면서 발전했다고 해도 지나치지 않다. 정의의 개념이 자유에서 실질적 평등의 개념까지 발전하기에는 생산량의 증대가 미친 영향이 크다. 그리고 그 생산량의 증대에 결정적 영향을 미친 것이 자연을 이용하는 기술이었다. 대중사회 곧 민주주의 사회가 형성되고 서민이 문화의 주체가 되는 데는 토인비의 말대로 기술발전이 큰 역할을 한 것이다. 물량이 적으면 몇 안되는 사람만 그것을 누리고, 잉여가치가 소수의 사람에게 집중되면서 문화주체가 소수의 사람이 된다. 물량이 많아지고 대중도 잉여가치를 누리면서 문화의 주체가 되는 것이다. 결국 그동안 인권개념의 발전은 자연이 객체로 존재하는 데 상당히 의존해 왔음을 인정해야 한다.

그러나 자연은 더 이상 이용당하고만 있지 않게 되었다. 환경이 오염되고 생태계가 파괴되면서 인간의 생존 자체가 위협을 받게 되었다. 이러한 상황에서 자연주의가 대두되고 반문명의 기운도 움트고 있다. 여기서 사람은 주체이기를 포기하고 자연으로 돌아가거나 자연의 일부임을 인정해야 할까? 그러나 자연으로 돌아가는 것이 불가능할 뿐더러 더 큰 문제는 자연으로 돌아가면 생태계 파괴를 막는 데는 도움이 될지 모르지만 인권은 사각지대에 들어선다는 점이다. 오늘날 생태계 문제를 해결하기 위한 학자들의 주장을 보면 인권과 자연권이 버성기는 것이 되고 만다. 우리는 인권과 자연권이 같이 어울리는 방식을 찾아야 한다. 만일 그것이 가능해진다면 자연권을 인정하는 것이 그동안 풀 수 없었던 인권의 문제를 치유하는 데도 도움을 줄 수 있다.

그 방식은 사람과 자연을 모두 주체로 인식하는 것이다. 그래서 사람과 자연의 관계를 주체 대 주체의 관계로 맺는 것이다. 그동안 인권개념을 정립하는 데 바탕이 된 인간주체는 그대로 살리고 다만 그 주체가 '다른 사람'과의 관계에서 이룩되었던 것을 '다른 존재'와의 관계로 확대하는 것이다. '다른 존재'란 다른 사람뿐 아니라 자연을 포함해서 존재하는 모든 것이다. 사람은 권력의지 때문에 상대방을 주체로 인정하기 어렵다. 그러나 성숙한 관계는 주체 대 주체의 관계다. 근대의 인권개념은 적어도 '다른 사람'을 주체로 대하도록 몰아가고 상당 부분 그렇게 하는 것을 정당한 것으로 만드는 데 성공했다. 그러나 이제 그 영역을 '다른 존재'에까지 넓혀 자연까지도 주체로 대하는 것이 정당한 것으로 인정받게 되어야 한다. 그리하여 사람은 자연을 '대상'(對象)이 아니라 '상대'(相對)로 봐야 한다. 그동안 기술과학은 자연을 대상화(對象化)하여 주객관계를 형성했다. 상대방을 상대하지 않고 대상화하는 것은 절대(絶對: 마주하기를 끊음)로 군림하는 것이다. 기술사회 속에서 사람은 사람을 상대하는 법을 형성했지만, 그래서 인권을 이룩하였지만, 자연은 대상화하였다. 그러면서 인권은 자연권에 대해 절대자로 군림했다. 그러나 이제 자연을 상대로 하지 않으면 인간 자신이 소외된다. 다른 사람뿐 아니라 자연도 상대하여야 총체적인 소외극복이 이루어질 것이다. 그러므로 종래의 인권개념은 그 영역이 확대되어야 한다. 사람과 사람 사이를 상대하는 관계로 만든 인권개념은 이제 사람과 자연 사이도 상대하는 관계로 되지 않으면 사람과 사람 사이도 위협받는다는 인식을 해야 할 것이다. 자연을 상대하는 정신, 그 정신으로 자연권을 인정하며 종래의 인권개념을 보완할 수 있으리라. 그것은 종래의 인권개념이 이룩한 공헌을 이어받으면서 그것을 넘어섬으로 인권으로 살지게 하는 새로운 지평이 될 것이다.

호모테크니쿠스

저자 / 양 명 수

초판인쇄/1995년 03월 10일
초판발행/1995년 03월 30일
2판발행/1997년 09월 01일

발행인/김성재
발행처/한국신학연구소
등록번호 제5-25호(973.6.8)

아우내재단
서울 출판/영업국
137-061 서울 서초구 방배1동 899-14
☎(02) 588-5734~6 FAX(02) 588-5737

한국신학연구소 출판/편집국
충남 천안시 병천면 병천 6리 산 626-1번지
☎(0417) 61-9802~3 FAX(0417) 64-1306

우체국 온라인 014167-0011682 (재) 아우내
지로번호 3006713

정가 · 7,000원

ISBN 89-487-0181-0 93230